기본에 집중한
파이썬 프로그래밍

손승일 지음

파이썬 프로그래밍 언어는
C, C++, Java, JavaScript 언어와 더불어
오늘날 가장 인기 있는 프로그래밍
언어중의 하나이다

21세기사

PREFACE

우리는 현재 초연결성(Hyper-connected), 초지능화(Hyper-intelligent)를 통해 모든 것이 상호 연결되고 보다 지능화된 사회로 변화하는 4차 산업혁명의 중심에 살고 있다. 아울러 단일 기술이 아닌 다양한 기술의 융복합을 통해 더 풍요로운 삶을 맞이하기 위해 분주히 노력하고 있다. 빅 데이터, 딥러닝(Deep Learning), AI(인공지능) 등의 분야가 새로운 성장 동력으로 부각되고 있으며, VR(가상현실), AR(증강현실) 등의 분야도 급격하게 주목받고 있다. 첨단 센서 기술과 결합한 자율주행이나 홈 오토메이션 등의 분야도 감지한 데이터를 모아서 분석해 적절한 제어를 구현하는 소프트웨어 기술이 핵심이다.

본 교재에서는 파이썬 프로그래밍 언어의 기초적인 내용에 중점을 두고 있지만, 전체적인 맥락에서는 파이썬 프로그램의 원리적인 측면을 강조하고 있다. 단순히 기계적인 코딩을 반복적으로 수행하는 것보다는 개념을 잘 정립하고 코딩을 수행할 때 프로그램에 대한 더 큰 관심을 가질 수 있을 것이라 판단하고 있다. 파이썬 프로그래밍 언어는 현재 전 세계적으로 가장 인기 있는 프로그래밍 언어이다. 파이썬 프로그래밍 언어 이외에 C, Java, Javascript, C++ 등의 프로그래밍 언어도 프로그래머들로부터 꾸준히 사랑받고 있는 언어이다.

파이썬 프로그래밍 언어가 최근들어 더 주목받고 있는 이유는 초보자들에게 진입 장벽이 낮기도 하지만, 빅 데이터 분석, 딥러닝, AI 등의 분야, 웹 서버 분야, IoT 분야 등에서 활발하게 사용되고 있기 때문이다. 예를 들어, 파이썬 언어에 대한 기초를 바탕으로 넘파이 및 판다스를 학습하게 되면 빅 데이터 분석에 쉽게 도전할 수 있다. 물론 파이썬 프로그래밍 언어를 활용한 능숙한 프로그래머가 되기 위해서는 많은 노력이 필요하다.

본 교재에서는 파이썬 프로그래밍 언어를 배울 때 특히 초보자들에게 흥미를 유발할 수 있다고 생각되는 그래픽 관련 부분들은 포함시키지 않았다. 그 이유는 파이썬 프로그램 자체의 기본에 집중하는 것이 여러분들의 프로그램 능력 향상에 유리할 것이라 판단하였기 때문이다.

본 교재의 내용을 충실하게 학습하였다면 향후 넘파이나 판다스, 딥러닝, AI 등을 학습할 때 많은 도움이 될 것이라 생각한다.

본 교재에서 제시한 예제나 문제 해결을 통해서 프로그래밍 언어에 대한 관심이 증대되기를 기대하는 바이다. 10장 파이썬 객체지향 프로그래밍까지 학습을 하게 되면, 여러분들이 프로그램을 바라보는 안목이 한 층 높아질 것이라 기대한다.

마지막으로 본 교재가 출시되기까지 많은 지원을 해주신 도서출판 21세기사 이 범만 대표님을 비롯한 관계자 여러분들께도 감사드립니다.

저자 손승일

CONTENTS

CHAPTER 1
파이썬 프로그램
작성을 위한 기초

1.1 프로그램이란?

프로그램이란 특정한 일(Task)을 수행하는 명령어들의 목록(모음)이다. 메모리의 특정 위치에서 데이터를 읽어와 연산을 수행하고 다시 저장하는 것, 메모리의 특정 위치에서 다른 메모리 위치로 데이터를 이동시키는 것, 데이터를 읽어와 우측이나 좌측 방향으로 회전시킨 후 저장하는 것, 키보드로부터 데이터를 읽어오는 것, 두 수를 비교하여 비교 결과를 알려주는 것 등은 컴퓨터 CPU(Central Processing Unit : 중앙처리장치)가 제공하는 명령어들이다. 즉, 이러한 명령어들을 잘 조합하여 여러분들이 원하는 일을 수행하는 것이 프로그램이다. 컴퓨터를 사용해 프로그램을 작성하는 것을 프로그래밍 혹은 코딩(Coding)이라 한다. 그리고 프로그래머(Programmer)란 컴퓨터 프로그래밍을 하여 소프트웨어를 개발하는 사람을 의미한다. 안드로이드 폰에서 동작하는 앱을 만들고 싶으며, 안드로이드 프로그래밍을 배워야 하며, 웹브라우저에서 동작하는 프로그램을 작성하기 위해서는 HTML, CSS 및 JavaScript 언어를 배워야 하고, 웹 서버에서 동작하는 프로그램을 작성하기 위해서는 Node.js, Python, PHP 등의 언어를 배워야 한다. 이처럼 응용 분야에 따라 배워야 하는 프로그래밍 언어가 다르다는 것을 알고 있어야 한다.

이 책을 통해서 여러분들은 파이썬(Python) 언어를 사용해 컴퓨터 프로그래밍을 작성하는 방법을 배우게 된다.

1.2 파이썬 프로그래밍 언어

파이썬 프로그래밍 언어는 C, C++, Java, JavaScript 언어와 더불어 오늘날 가장 인기 있는 프로그래밍 언어중의 하나이다. 파이썬은 네덜란드 출신의 귀도 반 로썸(Guido Van Rossum)이 1989년 12월 개발에 착수하여, 1991년 2월 최초의 공식 버전을 발표하였다. 최근에 파이썬 언어가 주목받는 이유는 일반적인 프로그래밍 분야뿐만 아니라, 빅데이터 처리, 머신러닝, AI 분야에서 핵심 프로그래밍 언어로 사용되기 때문이다.

■ 파이썬 언어의 특징

파이썬 언어의 특징은 아래와 같이 정리할 수 있다.

① 파이썬은 인터프리터(Interpreter) 방식의 언어이다.

파이썬 언어는 프로그래밍한 코드를 인터프리터가 한 줄씩 수행한다. 따라서 기존의 C, C++ 언어와 같이 프로그램 전체에 대한 실행 파일을 생성하여 실행하는 컴파일 방식과 다르다. 파이썬 언어로 코딩한 프로그램은 실행 파일이 존재하지 않기 때문에 실행할 때마다 항상 인터프리터가 실행되고 있어야 한다. 인터프리터 언어를 스크립트(Script) 언어라고도 부르며, 파이썬, 자바스크립트, Perl, PHP 언어 등이 여기에 속한다.

② 파이썬 언어는 코드가 간결하고, 사용이 편리하다.

C, Java 등 컴파일 방식의 언어와 비교하여 코딩이 간단하고 수월하며, 코드의 가독성이 높다.

③ 플랫폼 독립적인 언어이다.

파이썬 언어는 윈도우, 도스, 유닉스 및 리눅스 등 대부분의 운영 체제에서 잘 동작한다.

④ 과학기술, 빅데이터, 머신러닝, AI 분야 등 활용이 광범위하다.

파이썬 언어는 범용의 프로그램 작성 이외에도 과학기술 분야, 빅데이터 분야, 머신러닝 분야 및 AI 분야에서 활발히 사용되고 있다.

⑤ 웹 서버용 프로그램으로 사용할 수 있다.

파이썬 언어는 PHP, ASP, JSP 등의 프로그램들처럼 웹 서버용 프로그램으로 사용할 수 있다.

⑥ 무료로 설치하여 사용할 수 있는 오픈 소스이며, 다양한 라이브러리를 지원한다.

파이썬 언어는 오픈 소스로 개발되었으며, 엄청난 수의 모듈이라 불리는 라이브러리를 전 세계에서 개발하여 제공하고 있다. 공개된 적절한 모듈을 불러와 코딩을 수행하면 개발 기간의 단축, 코드의 효율화를 성취할 수 있다. 최초의 파이썬은 C 언어를 이용해 개발되었다.

⑦ IoT(Internet Of Thing : 사물인터넷) 분야에서 활용이 가능하다.

센서로부터 신호를 감지하여 처리할 수 있으며, 다양한 센서의 제어도 가능하다.

1.3 컴파일 방식과 인터프리터 방식 언어

파이썬, 자바스크립트, Node.js, PHP, Perl, Matlab과 같은 언어는 인터프리터 방식의 언어이며, C, C++, Java 등과 같은 언어는 컴파일 방식의 언어이다. 인터프리터 방식 언어와 컴파일 방식 언어의 차이점을 알아보자. 첫 째, 인터프리터 방식의 언어는 한 줄 씩 수행된다. 즉, 프로그램을 완성하지 않았더라도 프로그램 한 줄만 존재하여도 수행이 가능하다. 하지만, 컴파일 방식의 언어는 프로그램 전체를 한 번에 모아서 실행 파일(*.exe)을 도출해야 한다. 따라서 프로그램을 수행하기 위해서는 완성된 프로그램이 있어야 한다. 둘 째, 인터프리터 방식의 언어는 실행 속도가 느리다. 실행할 때마다 인터프리터가 한 줄 씩 수행해야 하기 때문이다. 그러나 컴파일 방식의 언어는 실행 속도가 빠르다. 컴파일 방식의 프로그램을 컴파일하여 실행 파일을 생성할 때까지의 과정은 더 복잡하고 시간이 오래 걸리지만, 일단 실행 파일이 만들어진 다음부터는 컴파일 과정이 없이 실행 파일을 수행하면 되기 때문에 인터프리터 방식보다 속도가 빠르다. 셋 째, 인터프리터 방식은 프로그램을 한 줄 씩 실행하기 때문에 메모리를 적게 사용한다. 그런데 컴파일 방식은 컴파일 과정에서 많은 메모리를 사용한다. 넷 째, 인터프리터 방식은 데이터의 형(type)을 설정하지 않고 실행 과정에서 동적으로 할당한다. 데이터형을 인터프리터가 동적으로 부여하기 때문에 변수를 정의할 때 원하는 값을 할당하면 인터프리터가 실행될 때 값을 확인하여 데이터형은 자동으로 부여한다. 그러나 컴파일 방식은 변수를 선언할 때 반드시 데이터형을 지정해야 한다. 데이터형은 특히 변수의 값을 저장할 메모리 공간의 크기를 결정하기 때문이다.

아래는 파이썬 언어의 간단한 실행 과정을 보여준다. a, b가 변수인데, 데이터 형을 알려주지 않고 값을 할당하고 있다. 그런데, 나중에 type( ) 함수를 통해 변수의 형을 보면 "int"(정수형)이라고 알려준다. 그리고 한 줄 씩 프로그램 문장을 입력하고 엔터키를 치면 즉시 수행된다.

```
>>> a = 100
>>> b = 200
>>> a+b
300
>>> a-b
-100
>>> a*b
20000
>>> type(a) #a의 데이터 형을 알려준다.
<class 'int'>
```

아래 그림은 컴파일 방식의 언어인 C 언어로 코딩하고, 컴파일하여 실행 파일(*.exe)을 생성하는 과정을 보여준다. 이 방식은 프로그램 전체를 일괄적으로 컴파일하여 실행 파일을 생성하며, 실행 파일이 생성된 이후에는 컴파일 과정에서 도출된 *.exe 파일을 수행하면 언제든지 결과를 확인할 수 있다.

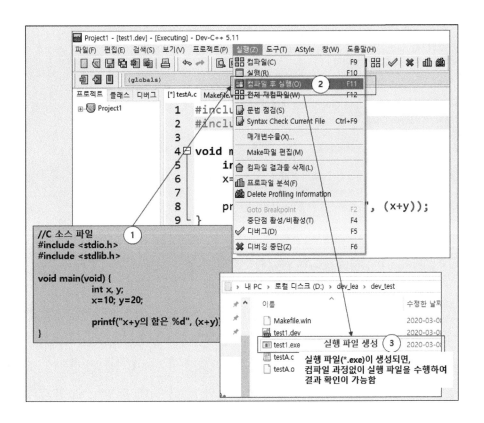

1.4 코드 블록 작성

사실 파이썬 언어를 사용한 프로그램은 코드 블록(Code Blocks) 들로 구성된다고 할 수 있다. 여기서 블록이란 하나의 단위(덩어리)처럼 수행되는 파이썬 프로그램의 일부를 말한다. 아직은 익숙하지 않지만, 모듈, 함수 정의부, 클래스 정의 등은 블록에 해당된다. 블록이나 함수 등은 아직 배우지 않았기 때문에 쉬운 예를 가지고 설명할 것이다. 만약에 어떤 조건이 참이라면, 3가지의 일을 수행하고 조건이 거짓이라면, 2가지의 일을 수행한다고 가정해 보자. 참일 때만 수행되는 3가지 일은 하나의 블록(덩어리)이 되고, 거짓일 때만 수행되는 2가지 일도 하나의 블록(덩어리)라고 볼 수 있다. 하나의 블록은 하나의 일만 수행할 수도 있고, 많은 일을 수행할 수도 있다. 심지어 아무 일도 수행하지 않을 수 있다. 코드 블록이 시작된다는 것을 알려주는 기호는 문장의 뒤에 ":"(콜론)을 붙이며, 하나의 실행 단위인 코드 블록은 일정한 들여쓰기를 하여 코딩을 수행해야 하며, 코드 블록이 종료되면 첫 열(Column)부터 코딩을 하면 된다. 아래 그림은 코드 블록의 개념을 설명하는 그림이다.

```
[코드 블록 설명 예]
a = ?   #여기에 임의의 값을 할당하자
b = 10
                               ← 코드 블록이 시작된다는 기호
만약에 a가 100보다 크다면 ( : ) #조건이 참이면 아래의 일을 수행하라
        1) a에 100을 더한 값으로 a를 변경한다.        코드 블록1
들여    2) a를 b로 나눈 값을 다시 a에 저장한다.
쓰기    3) a 값을 모니터(콘솔)에 출력한다.        하나의 일만 수행할 수도 있고,
                                                여러 개의 일을 수행할 수도 있음

그렇지 않고, 위의 조건이 거짓이라면 : #위의 조건이 거짓일 때 아래 수행하라
        1) a에 b를 곱한 연산을 수행하여 결과를 a에 저장한다.
들여    2) "a 와 b의 곱셈 결과는 xxx입니다."를 모니터에 출력한다.        코드 블록2
쓰기
나머지 프로그램 작성....

주) 위의 예는 코드 블록 1과 코드 블록 2 중에서 하나만 수행함
   각 코드 블록은 일정한 들여쓰기를 하여 작성해야 함
```

앞으로 많이 쓰이기 때문에 미리 소개하였지만, 실제 실습을 해보면 자연스럽게 의미를 알게 될 것이다. 코드 블록과 같은 개념을 C 언어 등 다른 프로그래밍 언어에서는 { }(중괄호)로 표시한다. 중괄호 내에 코딩을 하면 하나의 코드 블록으로 취급한다. C 언어의 경우에 코드 블록 내에서 들여쓰기 등은 핵심 사항이 아니며, 코드의 가독성을 위해 들여쓰기를 할 수 있다. 다만, 각 문장은 ";"(세미콜론)으로 종결해야 한다. 아래 그림을 보고 파이썬의 코드 블록과 C 언어의 코드 블록을 구현하는 방식을 이해하기 바란다.

```
[C 언어에서의 코드 블록 설명 예]
int a = ? ;  #여기에 임의의 값을 할당하자
int b = 10;

만약에 a가 100보다 크다면   {   //조건이 참이면 아래의 일을 수행하라
        1) a에 100을 더한 값으로 a를 변경한다. ;
        2) a를 b로 나눈 값을 다시 a에 저장한다. ;   코드 블록1
        3) a 값을 모니터(콘솔)에 출력한다. ;
    }
그렇지 않고, 위의 조건이 거짓이라면 {   //위의 조건이 거짓일 때 아래 수행하라
        1) a에 b를 곱한 연산을 수행하여 결과를 a에 저장한다. ;
        2) "a 와 b의 곱셈 결과는 xxx입니다."를 모니터에 출력한다. ;   코드 블록2
    }
나머지 프로그램 작성....

주) C 언어에서 코드 블록의 들여쓰기는 의무(필수) 사항이 아님
```

1.5 진법

진법이란 수를 셀 때 자리수가 올라가는 단위를 기준으로 하는 셈법의 총칭이다. 즉, 오늘날 가장 많이 사용하고 있는 10진법은 하나의 자릿값에 올 수 있는 값이 0부터 9까지 10개이며, 10이 되면 자리 수 올림이 발생한다. 이것은 모든 자리 값에 적용된다. 아래 그림은 수의 체계 (Number system)에서 컴퓨터 관련 분야에서 가장 많이 사용되고 있는 진법을 나타낸 것이다. 10진수 이외에 2진수, 8진수, 16진수가 많이 사용되며, 이중에서 10진수, 2진수, 16진수가 가장 보편적으로 사용된다. 그리고 N 진수는 BASE N 혹은 Radix N 수라고 말한다. 십진수 이외에 2진수, 8진수, 16진수가 많이 사용되는 것은 정보처리의 최소 단위가 이진수에 기반하고 있기 때문이다. 어떤 수의 체계를 사용해도 이 세상의 모든 수를 표현할 수 있다.

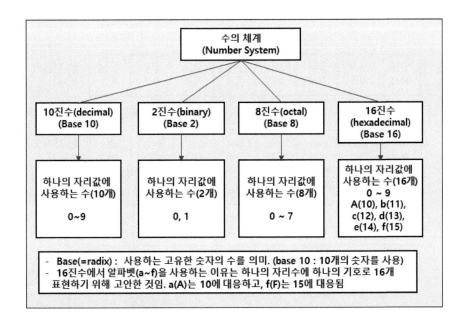

아래는 컴퓨터 관련 분야에서 사용하는 수 체계에 대한 해석 방법과 표현 방법을 설명한다. 십진수는 기존과 동일하게 아무런 표시 없이 사용하는 것이 일반적이며, 나머지 진법으로 숫자를 표현할 경우에는 일반적으로 수 뒤에 적용된 집법을 아래 첨자로 표기한다. 예를 들어 이진수 1010을 표현할 때는 1010_2라고 표시한다. 아마도 진법과 관련된 것은 이미 중학교 교과과정에서 배웠기 때문에 쉽게 이해할 수 있을 것으로 생각한다. 여러분들이 어떤 진법을 사용하더라도 다른 진법의 수로 변경할 수 있다. 일반적으로 10진수로 먼저 변환하고, 이를 다시 변환 공식을 적용해 다른 집법의 수로 변환할 수 있다. 이러한 변환은 논리회로나 컴퓨터구조 등의 교과목을 통해서 자세히 배울 것이기 때문에, 여기서는 프로그램을 위해 필요한 최소한의 것만을 다룰 것이다. 아래 그림은 base N 수 체계의 해석 방법 및 표현 방식을 나타내고 있다.

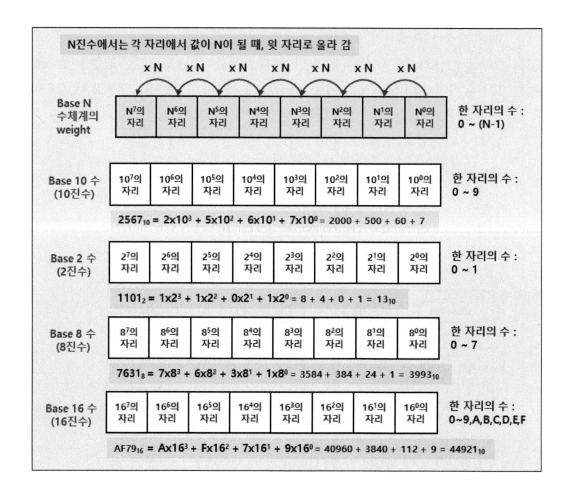

여기에 제시된 수 체계에서는 모두 십진수로 쉽게 변경할 수 있는 것을 알 수 있다.

컴퓨터 관련 분야에서 정보처리를 위한 최소 단위를 비트(bit : Binary digit)라고 하며, 0과 1 (혹은 True와 False, On과 Off)과 같이 2가지 정보만 표현할 수 있다. 그리고 8개의 비트를 결합한 것을 바이트(byte : Binary digit eight)라고 하며, 256가지의 정보를 표현할 수 있다.

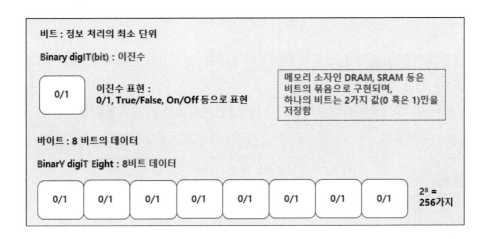

모든 수는 다른 진법을 사용하더라도 등가의 표현이 가능하다. 아래는 십진수, 이진수, 8진수 및 16진수의 등가적 표현을 보여준다.

10진수	2진수	8진수	16진수
0	0000	00	0
1	0001	01	1
2	0010	02	2
3	0011	03	3
4	0100	04	4
5	0101	05	5
6	0110	06	6
7	0111	07	7
8	1000	10	8
9	1001	11	9
10	1010	12	a(=A)
11	1011	13	b(=B)
12	1100	14	c(=C)
13	1101	15	d(=D)
14	1110	16	e(=E)
15	1111	17	f(=F)
16	10000	20	10
17	10001	21	11

▪ 2의 배수가 되는 진법간의 상호 변환

2진법, 4진법, 8진법, 16진법 등 2의 배수가 되는 진법 간에는 쉽게 상호 변환할 수 있다. 예를 들어 십진수 95에 해당하는 이진수를 가지고 4진수, 8진수, 16진수로 변환해 보자. 아울러 16진수 27을 이진수와 8진수로 변환해 보자. 아래 그림은 이러한 변환 과정을 보여준다.

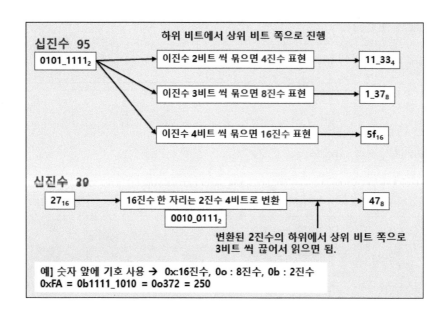

위의 그림을 보면 수를 표현하는 데, 수의 중간에 _(Underline)을 사용한 것을 볼 수 있을 것이다. 이것은 수를 읽을 때 가독성(Readability)을 향상시키기 위해서 사용할 수 있다. 실생활에서는 수의 중간에 _를 사용하지 않지만 프로그래밍과 관련해서는 십진수 이외의 수의 판독이 용이하도록 종종 사용한다. 물론 십진수에도 _를 사용할 수 있지만, 거의 대부분은 2, 8, 16진수 표현에서 사용한다. 즉, 이진수 11011010과 1101_1010은 동일한 값이다. 그리고 파이썬 언어는 프로그래밍 과정에서 이러한 _를 사용하는 것을 지원하고 있다. 아직 파이썬 언어를 배우지 않았지만, 아래 예제를 간단히 살펴보자.

```
>>> int(0b1010_1100) #0b로 시작하면 이진수이며, int( )는 10진수로 변환해줌
172
>>> int(0b10101100) #위와 동일한 수로 인식함
172
```

```
>>> int(10_10) #수 앞에 아무것도 없으면 십진수이며, _를 사용해도 무방함.
1010
>>> int(1010)
1010
>>> int(0x2f_3a) #0x로 시작하면 16진수를 의미함
12090
>>> int(0x2f3a)
12090
>>> 10_10 + 0b11  #십진수 1010과 이진수 11(십진수 3)의 덧셈 수행
1013   #사실 십진수에는 _를 사용하지 않는 것이 일반적임
```

윈도우 운영체제에서는 기본 프로그램으로 "계산기"를 지원하고 있다. 계산기 응용 프로그램은 프로그래머들이 쉽게 사용할 수 있도록 수를 다양한 진법으로 동시에 표현해준다. 여러분들이 프로그래밍하는 과정에서 특정 진수의 특정 값에 대한 등가의 다른 진수를 빠르게 확인하고 싶을 때 사용하면 유용하다. 여기서는 십진수, 2진수, 8진수, 16진수 간의 값 변환을 지원하고 있다.

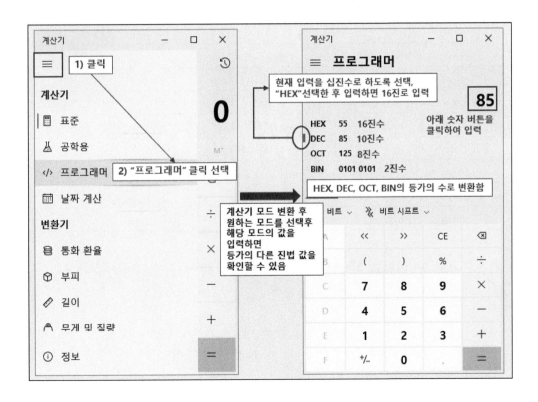

1.6 단위(Unit)

IT 분야를 전공하는 학생들이라면 여기서 소개하는 단위들에 익숙해져야 할 것이다. 여러분들의 대부분은 데스크 톱 컴퓨터나 노트북 컴퓨터를 보유하고 있을 것이다. 다른 사람에게 자신의 컴퓨터 성능을 설명하면서 CPU는 2GHz(기가 헤르츠)이고 메인 메모리는 16MB(메가바이트), 하드 디스크나 SSD(Solid Sate Disk)의 용량이 1TB(테라바이트) 등과 같이 표현하였을 것이다. 또한 아주 미세한 것을 표현하는 단위인 나노 테크놀로지 등도 들어 봤을 것이다. 이러한 단위는 규모가 커지는 단위가 있고, 규모가 작아지는 단위로 나눌 수 있다. 먼저 규모가 커지는 단위로부터 알아보자. 조금 전에 언급하였던, 컴퓨터 성능과 관련된 분야에서 많이 사용한다. 물론 단위에서 규모가 작아지는 단위를 사용하는 기술들도 당연히 존재한다. 아래 표를 살펴보기 바란다. 대개의 경우 컴퓨터 관련 분야에서는 통상적으로 Mega 이상은 "크다"는 의미로 많이 사용한다.

접두사	심볼	의미	예
deca	da	10	Decade(10년)
hecto	h	10^2 (=100)	Hectormeter(100미터)
kilo	k	10^3	Kilogram(킬로그램)
mega	M	10^6 (100만)	
giga	G	10^9 (10억)	2GHz(2기가 헤르츠)
tera	T	10^{12} (1조)	1TB(1테라바이트)
peta	P	10^{15} (1000조)	
exa	E	10^{18}	
zetta	Z	10^{21}	
yotta	Y	10^{24}	

다음은 규모가 작아지고, 미세한 것을 표현하기 위해 사용하는 단위들을 알아보자.

접두사	심볼	의미	예
deci	de	10^{-1}	decimal(십진수)
centi	c	10^{-2} (=1/100)	centimeter(cm)
milli	m	10^{-3}	milligram(밀리그램)
micro	μ	10^{-6} (100만분의1)	micrometer(1/100만미터) microscope(현미경)
nano	n	10^{-9} (10억분의1)	nanoparticle(나노입자)
pico	p	10^{-12} (1조분의1)	
femto	f	10^{-15} (1000조분의1)	
atto	a	10^{-18}	
zepto	z	10^{-21}	
yocto	y	10^{-24}	

통상적으로 마이크로(Micro) 이하는 "작다"는 의미로 많이 사용하고 있다.

단위와 관련하여 마지막으로 1부터 10까지의 의미로 사용하는 접두사를 소개할 것이다. 이러한 라틴어에서 유래된 영문 접두사는 알고 있으면 유용할 때가 많기 때문에, 가급적이면 외워두면 좋을 것 같다. 특히 고등학교 과정에서 유기 화학을 배운 학생들은 이미 이러한 용어에 익숙할 수 있다. 아무튼 처음 접하는 학생들도 숙지하고 있으면 유용하기 때문에 소개한다.

접두사	수(Number)	예
mono	1	monotonous(단조로운), monochrome(흑백모니터)
di (= bi)	2	dioxide(이산화물), bike(자전거, 오토바이)
tri	3	triangle(삼각형)
tetra	4	tetris(테트리스), tetragon(4각형)
penta	5	pentagon(5각형, 미 국방성), pentium
hexa	6	hexagon(6각형)
hepta	7	heptagon(7각형)
octa	8	octopus(문어), octave, octet(8비트)
nona	9	nonagon(9각형)
deca	10	decalogue(십계명), decagon(10각형)

1. 파이썬 언어는 네덜란드 출신의 (   )이 1989년 12월 개발에 착수하여, 1991년 2월 최초의 공식 버전을 발표하였다.

2. 파이썬 언어의 특징을 요약하시오.

3. 컴파일 방식과 인터프리터 방식 언어의 차이점을 설명하세요.

4. 정보처리의 최소 단위는 (   )이며, 2가지 정보만을 표현할 수 있다.

5. 진수를 표현하기 위해 숫자 앞에 0x를 붙이면 16진수를 의미하며, (   )을 붙이면 8진수를, (   )을 붙이면 2진수를 의미한다.

6. 16진수 AF3B를 2진수와 8진수로 표현하시오.

7. 백만분의 1을 의미하는 접두사는 (   )이고, 100만을 의미하는 접두사는 (   )이다.

8. 1부터 10까지를 의미하는 접두사를 적으시오.

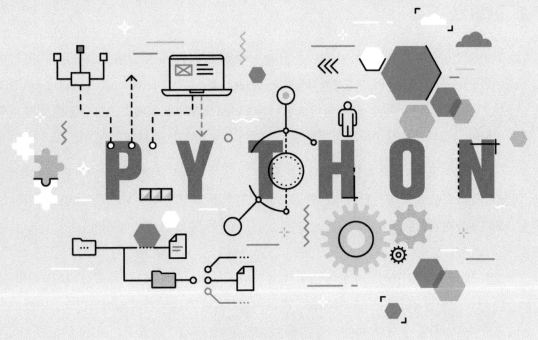

CHAPTER 2
파이썬 인터프리터 설치

2.1 파이썬 설치

파이썬 인터프리터를 설치해야 파이썬 문법을 사용해 작성한 프로그램을 실행할 수 있다. 파이썬 인터프리터는 상위 수준 언어(High-level language 혹은 User-friendly language)로 작성한 프로그램을 한 번에 한 줄씩 읽어서 실행하는 프로그램이다. 전체 프로그램을 한 번에 컴파일하여 실행 파일을 생성하는 컴파일 방식의 언어와는 차이가 있다.

이러한 파이썬 인터프리터를 제공해주는 툴이 있다. 본 장에서는 파이썬 프로그램을 설치하여 파이썬의 문법에 맞게 간단히 작성한 코드를 실행해 볼 것이다. 다음과 같은 단계로 파이썬 프로그램을 설치한다.

STEP 1 　파이썬 공식 사이트에 접속한다. "https://www.python.org"가 공식 사이트이며, 해당 사이트에 접속한 후에 "downloads" 메뉴를 클릭하면 최신 버전의 파이썬 프로그램을 다운로드하여 설치할 수 있다. 아래 그림은 다운로드 사이트에 접속한 웹 페이지를 보여준다.

2021년 현재 파이썬 버전은 3.9.6이며, 여러분이 설치하는 시점에서는 아마도 더 높은 버전의 파이썬 프로그램을 설치하게 될 것이다. 그리고 여러분이 사용하는 OS에 따라서 적절한 프로그램을 다운로드 받아 설치하면 되는데, 여기서는 windows용을 기본으로 설명한다.

STEP 2 　다운로드한 python.exe 파일을 클릭하여 설치를 진행한다. 아래와 같은 파이썬 설치 화면을 볼 수 있다. 여기서는 파이썬 3.9.1을 기준으로 설치할 것이다. 여러분들은 최신 버전을 설치하면 된다.

"Add Python 3.9 to PATH"의 체크 박스를 클릭하여 선택하고 "Install Now" 영역을 클릭하면 one-stop으로 설치를 진행한다. 경로에 파이썬 3.9를 추가하는 체크 박스를 클릭하면 명령창(cmd창)의 임의의 폴더에서 "python"을 타이핑하면 파이썬 인터프리터가 실행된다. 체크박스를 클릭하지 않으면 "python.exe" 프로그램이 설치되어 있는 경로로 폴더를 변경해야 파이썬 인터프리터의 실행이 가능하다.

STEP 3   파이썬 프로그램의 설치가 완료되면 아래와 같이 창이 보인다.

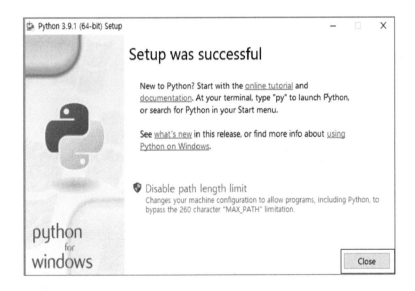

여기서 "close" 버튼을 클릭하면 파이썬 프로그램 설치에 대한 작업이 완료된다.

STEP 4   이제 파이썬이 정상적으로 설치되어 있는지 확인한다. cmd 창을 실행한다.

STEP 5   cmd 창(명령 프롬프트 창)에서 현재 설치되어 있는 파이썬 인터프리터 프로그램의 버전을 확인해 본다. 정상적으로 설치되어 있으면 해당 버전을 출력해 준다. (python --version 타이핑 후 엔터키 누름)

그리고 python만 타이핑하면 파이썬 인터프리터가 실행된다. 파이썬 인터프리터가 실행되면 ">>>"와 같이 표시된다. 여러분은 여기에 파이썬 문장이나 표현식을 작성한 후 엔터키를 치면 파이썬 인터프리터가 여러분이 작성한 문장이나 표현식을 번역하여 필요한 작업을 수행한다. 위의 예는 print("Hello Guys!!!")라는 프린트 함수를 수행한 것으로 타이핑 후 엔터키를 치면 즉시 결과를 아래에 보여준다.

██ STEP 6 ██   실제로 여러분들이 파이썬을 사용할 때는 IDLE(Integrated Development and Learning Environment)이라는 통합 개발 및 학습 환경을 사용한다. IDLE은 다음과 같이 2가지 방법 중 하나를 사용하여 실행할 수 있다. 첫 번째 통합 환경 실행 방법은 윈도우의 좌측 맨 아래 있는 시작 메뉴를 선택하여 IDLE을 찾아서 실행하는 것이고, 두 번째는 검색 창에서 "IDLE"을 타이핑하여 해당 프로그램을 찾은 후 엔터키를 치거나 해당 앱을 마우스로 클릭하면 실행된다.

파이썬 인터프리터 툴을 실행하는 방법은 다음 2가지 중의 하나를 사용하면 된다. 하나는 IDLE Shell 창을 이용하는 것이다. IDLE Shell 창은 대화형 인터프리터(Interactive interpreter)로 한 줄 씩 파이썬 문장이나 표현식을 작성하여 실행하고 결과를 즉시 확인할 수 있는 창이다. 다른 하나는 에디터 창을 사용하는 것이다. 에디터 창을 사용하여 코딩을 하면 하나의 파일로 저장하고 실행할 수 있으며 언제든지 다시 불러와서 사용할 수 있는 장점이 있다.

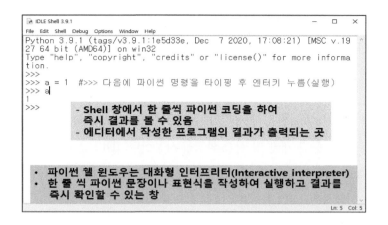

IDLE Shell 창을 사용하여 코딩을 하면 cmd 창에서 "python"을 실행하여 파이썬 인터프리터를 작동시킨 후 사용하는 방식과 동일하다. 이 방식은 한 줄씩 코딩을 하면서 결과를 즉시 확인할 경우에 유리하지만, 코딩 작업한 내용을 저장할 수 없기 때문에, 이전에 코딩한 소스 코드를 재사용할 수 없는 단점이 있다. 이러한 단점을 극복하기 위하여 에디터 창을 사용하여 코딩한다.

```
>>> print("Hello Guys!!!")
Hello Guys!!!
>>> print("즐거운 파이썬 공부가 되었으면 합니다.")
즐거운 파이썬 공부가 되었으면 합니다.
>>> a=100
>>> a
100
>>> b=200
>>> b
200
>>> a+b
300
>>> print(a+b)
300
>>> s = '문자열은 이렇게 생성합니다.'
>>> print(s)
문자열은 이렇게 생성합니다.
>>> #위의 예시를 보면 한 줄씩 즉시 실행되고, 바로 결과를 볼 수 있는
>>> #대화형 프로그램(interpreter)인 것을 알 수 있습니다.
>>>
>>> #좌측과 같이 꺽쇠가 3개 있는 부분의 우측에 파이썬 프로그램을 작성합니다.
>>> #출력을 보여주는 부분은 꺽쇠가 보이지 않습니다.
>>>
>>> # 여기서 사용된 #은 주석(comment)으로 실행되지 않고 문서화나 설명에 사용
>>>
```

STEP 7 이제는 에디터 창을 사용하여 파이썬 프로그램을 작성하는 방법을 알아보자. 에디터 창은 아래와 같은 방식을 사용하면 생성된다. IDLE Shell 창에서 File 메뉴를 누른 후 "New File"을 클릭하면 파이썬 프로그램을 위한 에디터 창이 생성된다. 이 에디터 창에서 여러분들이 C, C++와 같은 프로그램을 작성할 때와 같이 프로그램을 작성한다. 프로그램 작성이 완료

되면 작업한 내용을 파일로 저장한다. 파일을 저장할 때는 "CTRL-s"를 사용하여 저장한다. 즉, CTRL 키를 누른 상태에서 자판 s를 누르면 파일 저장을 위한 창이 뜬다. 이 때 폴더를 새롭게 지정한 후 저장하거나, 디폴트 폴더에 파일을 저장하면 된다. 저장되는 파일의 확장자는 *.py 이다. 참고로 파이썬 문법에서 #은 주석(comment)으로 실제로는 수행되지 않으며, 문서화나 설명을 작성하기 위해서 사용한다. "F5"(Run메뉴 → Run Module 선택과 동일) 자판을 누르면 현재 활성화된 프로그램 모듈을 수행하여 shell 창에 결과를 출력해준다.

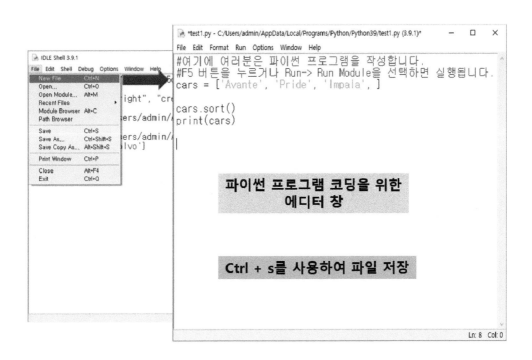

2.2 아나콘다 설치하기

2.1절에서 설명한 "www.python.org" 사이트에 접속하여 파이썬 인터프리터 설치하여 파이썬 프로그래밍을 학습하는 것은 초보자들이 가장 많이 사용하는 방식이다. 그러나 파이썬을 이용하여 빅 데이터분석 등을 하고자 할 경우에는 아나콘다를 설치하여 파이썬 프로그램 코딩을 한다. 아나콘다는 과학기술 및 데이터 분석을 위한 다양한 패키지들이 자동으로 설치되어 있기 때문이다. 여기서는 아나콘다를 설치하고 사용하는 방법을 간단하게 소개하려고 한다. 설치 과정은 다음과 같다.

먼저 아나콘다를 다운로드 받을 수 있는 "https://www.anaconda.com" 사이트에 접속한다. 접속한 사이트의 "Products" 메뉴를 클릭한 후 "Individual Edition" 항목을 클릭한다. 이 항목을 클릭하면 "download" 버튼을 볼 수 있으며, 이 버튼을 클릭하면 STEP 2 와 같은 화면이 나타난다.

STEP 2   아나콘다 설치 파일 화면에서 "64-bit Graphical Installer"를 클릭하여 설치 파일을 다운로드 받는다.

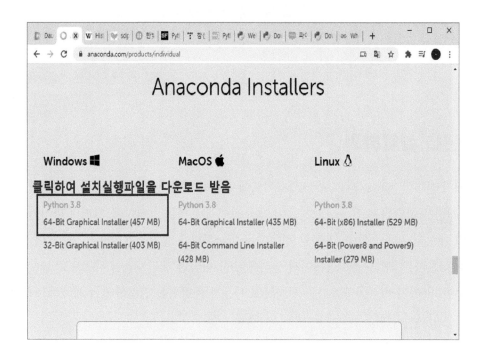

STEP 3 다운로드 받은 아나콘다 설치 실행 파일을 클릭하면 그래픽 화면이 나오는데, 이후의 과정들은 "next" 버튼이나 "I Agree" 버튼을 클릭하면 다음 단계로 진행하면서 아나콘다를 자동으로 설치한다. 설치 과정에서 볼 수 있는 화면들을 가로 방향으로 순차적으로 표시하였다.

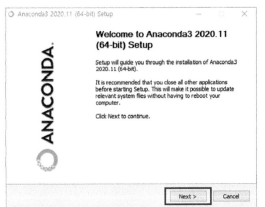
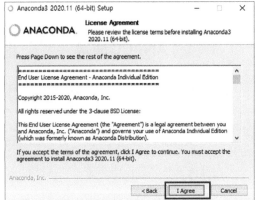

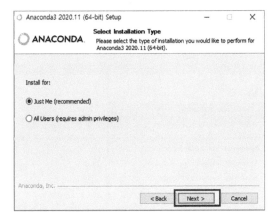
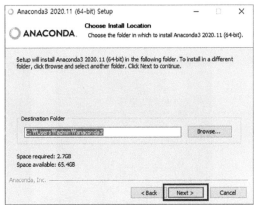

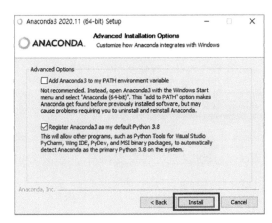
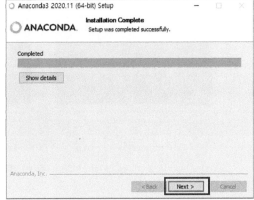

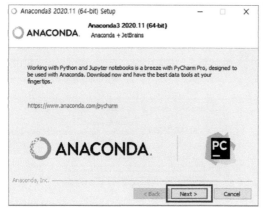
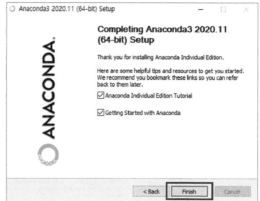

위와 같이 "Finish" 버튼까지 클릭하면 설치가 종료되며, 이제부터는 아나콘다를 사용하여 파이썬 프로그램을 작성할 수 있다.

STEP 4 설치가 완료되면 아래 2가지 방식중의 하나를 사용하여 "Anaconda Navigator"를 실행한다.

우측 방식과 같이 검색 창에 키워드를 입력하여 실행 프로그램을 찾아서 실행하는 방법을 많이 시도해 보면 좌측 방식보다 좀 더 편리하다.

"Anaconda Navigator"가 실행되면 다음과 같은 창을 볼 수 있다.

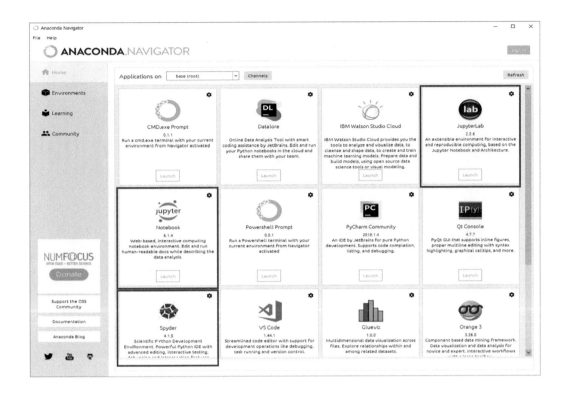

"Anaconda Navigator"를 실행하면 여러 가지 응용 프로그램들을 사용할 수 있는 화면이 나타난다. 좌측의 "Environments" 메뉴를 선택하여 파이썬 패키지 설치와 가상 환경 등을 생성할 수 있다. 이 부분은 생략하겠지만, 필요할 경우 구글링을 해보면 이해할 수 있을 것이다. 여기서는 자주 사용하는 프로그램만을 간단히 언급하겠다. "JupyterLab", "JupyterNotebook" 그리고 "Spyder" 프로그램은 여러분들이 파이썬을 사용한 코딩을 할 경우에 자주 접하는 툴들이다. "JupyterLab"은 "JupyterNotebook"의 진화된 버전으로 동시에 다중 창을 띄워서 작업할 수 있는 특징이 있기 때문에 데이터 분석이나 머신 러닝 등의 분야에서 유용하게 활용할 수 있다. 그리고 "Spyder" 응용 프로그램은 파이썬을 배우는 초보자들이 쉽게 사용할 수 있다. 본 교재에서는 일단은 "Spyder" 응용 프로그램에 대해서만 자세히 설명할 것이다.

STEP 5   "Spyder" 아이콘에 있는 "launch" 버튼을 클릭하면 "Spyder" 응용 프로그램의 창이 다음과 같이 뜬다. "Spyder" 또한 파이썬용 통합 개발 환경이다. 화면이 다를 경우에는 "View" → "Window Layouts" → "Sypder Default Layout"으로 설정하면 된다.

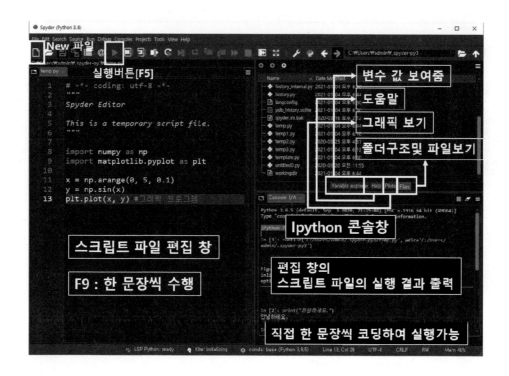

파이썬 언어는 한 번에 한 줄씩 수행된다고 하였다. 한 줄씩 수행되는 언어를 스크립트 언어라고 부르기도 한다. "Spyder" 통합 환경은 프로그램 편집창(스크립트 파일 편집창), 스크립트의 실행 결과를 보여주거나 직접 프로그램을 한 줄씩 타이핑하여 결과를 확인할 수 있는 콘솔(Console) 창, 그리고 변수 값이나 도움말, 그래픽 보기 및 폴더구조와 저장한 파일들을 볼 수 있는 통합 창으로 구성되어 있다. 그리고 파일을 저장할 때는 항상 "CTRL-s"를 사용하기를 권고한다.

"Spyder" 통합 개발 환경에서는 2.1절의 IDLE 통합 환경보다 좀 더 편리하기 때문에 소개하였으며, "Sypder" 통합 환경을 잘 활용하기 위해서 여러분들이 시간을 투자하여 메뉴를 하나씩 클릭하면서 자신의 것으로 만들어야 한다.

IDLE이나 Spyder를 번갈아 가면서 실습하면 두 툴 모두 능숙하게 다룰 수 있을 것으로 생각된다. 아래 그림은 Spyder 통합 환경에서 간단하게 프로그램을 작성하여 실행한 예제이다. F5를 누르면 프로그램이 수행된다.

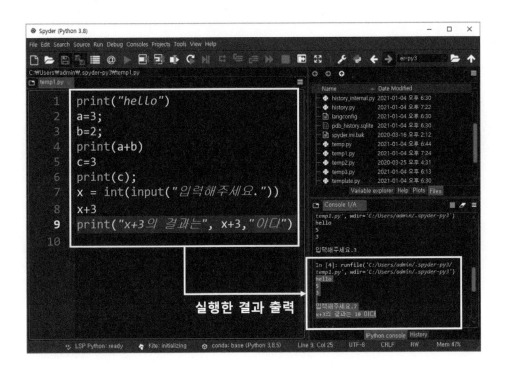

```python
1  print("hello")
2  a=3;
3  b=2;
4  print(a+b)
5  c=3
6  print(c);
7  x = int(input("입력해주세요."))
8  x+3
9  print("x+3의 결과는", x+3,"이다")
10
```

실행한 결과 출력

CHAPTER 3
파이썬 프로그램 시작하기

3.1 변수

변수는 데이터를 저장하는 그릇(용기)이라고 할 수 있다. 변수라는 말은 프로그램 수행 과정에서 값이 변경될 수 있다는 의미이기도 하다. 파이썬 언어는 변수에 값을 최초로 할당할 때 변수가 생성된다. 변수에 특정 데이터 형을 지정할 필요가 없으며, 언제든지 다른 데이터형의 값으로 변경하는 것도 가능하다. 위에 설명한 내용은 파이썬 언어와 같이 인터프리터를 사용하는 모든 언어들의 공통적인 특징이다. JavaScript도 인터프리터를 사용해 프로그램을 수행하므로 동일하게 적용된다.

아래는 파이썬 언어와 컴파일 방식인 C 언어의 변수 선언 방식을 보여준다.

파이썬 프로그램	C 프로그램

a = 3 #변수에 정수 3 할당
 	
a = "Hello" #변수에 문자열 할당
	void main(void) {
	  int a; //변수 선언(데이터형 지정)
	  a = 3; //변수 a에 3을 할당함.
	}

• 변수 a가 생성되면서 3을 할당함 • 값 할당 순간 데이터 형이 결정됨 • 언제든지 다른 데이터형의 값으로 변경이 가능	• 먼저 변수 a가 정수형이라는 것을 지정하고 값 할당은 가능함 • 변수 데이터형선언이 없으면 에러 발생함 • 데이터형지정은 데이터 저장을 위한 메모리 크기를 결정함

여기서 a에 값 3을 할당한다는 의미는 a라는 그릇에 3을 담는다는 뜻이며, 차후에 변수 a를 불러오면 그릇에 담긴 3을 사용한다는 의미가 된다. 아울러 a = 3이라는 문장은 a가 3과 같다는 뜻이 아니라 것도 명확히 할 필요가 있다. 대부분의 프로그래밍 언어에서 "같다"라는 것은 a == 3과 같이 표현한다.

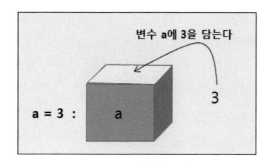

아래는 파이썬 쉘 창에서 파이썬 문장을 작성하고 실행한 결과를 보여준다. print( ) 함수는 괄호 안에 나열한 문자열이나 변수, 수식 등을 콘솔에 출력하는 기능을 한다.

```
>>> a=3  #변수 a에 정수 3을 할당
>>> print(a)
3 <-- 결과

#정수가 할당된 변수 a에 데이터 형이 다른 문자열을 저장
>>> a="string(문자열은 쌍 따옴표를 사용하면 된다)"
>>> print(a)
string(문자열은 쌍 따옴표를 사용하면 된다) <- 결과

>>> a= 'string(문자열은 단일 따옴표를 사용해도 된다.)'
>>> print(a)
string(문자열은 단일 따옴표를 사용해도 된다.)

#"a와 숫자 3이 같은가"라고 묻는 것이다. 참(True) 혹은 거짓(False)을 리턴
>>> a=3
>>> print(a==3)
True
```

아래는 실제로 IDLE 쉘에서 실행한 내용을 보여준다.

```
>>> a=3
>>> print(a)
3
>>> a="string(문자열은 쌍 따옴표를 사용하면 된다)"
>>> print(a).
string(문자열은 쌍 따옴표를 사용하면 된다)
>>> a='string(문자열은 단일 따옴표를 사용해도 된다.)'

>>> print(a)
string(문자열은 단일 따옴표를 사용해도 된다.)
>>> a=3
>>> print(a ==3)
True
```

변수는 할당 연산자 '='을 기준으로 왼쪽에 있을 수도 있고, 오른쪽에 있을 수도 있다. 그런데, 변수의 위치에 따라서 해석이 다르다. 먼저 변수가 할당 연산자를 기준으로 왼쪽에 있을 때는 변수에 값을 할당한다고 한다. 하지만, 변수가 할당 연산자를 기준으로 오른쪽에 있을 경우에는 변수로부터 값을 읽어오라는 의미이다. 아래 예제를 보자.

```
>>> x=3  #변수 x에 정수 3을 할당
>>> print(x)
3 <-- 결과 출력

#변수 x를 할당 연산자 오른쪽에 사용
>>> y = x + 3
#할당 연산자 오른쪽에 x를 사용하면 변수 x에 할당 값을 읽어와 연산을 수행 후
#변수 y에 할당함. 즉, y = 3(변수 x에 할당된 값) + 3 = 6
>>> print(y)
6 <-- 변수 y에 6이 저장되어 있음.

>>> k = 10
>>> z = x + k + 5 # z = 3(x할당값) + 10(k할당값) +5 [우측에 여러 변수 가능]
>>> z  #print(z) 함수를 사용하지 않아도 z값을 출력함.
18
```

정리하면, 할당 연산자를 기준으로 변수가 왼쪽에 있으면 우측의 연산 결과를 할당(저장)하라는 의미이고, 우측에 있으면 변수에 할당된 값을 읽어와 연산에 사용하라는 의미이다.

대부분의 인터프리터 방식의 언어는 컴파일 방식의 언어에서는 지원하지 않는 여러 개 값을 여러 변수에 할당할 수 있는 문장을 지원한다. 이 때 값의 개수와 변수의 개수는 같아야 한다. 그리고 각 값과 변수들은 콤마(,)로 구분해 주면 된다. 아래 예를 보면 쉽게 이해할 수 있다. 파이썬에서는 이러한 문법도 종종 사용하기 때문에 잘 알아두어야 한다.

■ 다중 값을 다중 변수에 각각 할당하기

a, b, c = 1, 3, [5,6] #우측과 동일한 결과 도출	a = 1 b = 3 c = [5,6] #리스트형의 데이터
x, y = [10, 20]	x=10; y=20
x, y, z = 10, 20 #할당 연산자를 기준으로 양쪽에 같은 수의 값 및 변수가 존재하지 않으면 아래와 같은 에러 발생 [에러 메시지] ValueError: not enough values to unpack (expected 3, got 2)	

```
>>> a, b, c = 1, 3, 5
>>> a
1
>>> b
3
>>> c
5
>>> x, y, z = 10, 20
Traceback (most recent call last):
  File "<pyshell#43>", line 1, in <module>
    x, y, z = 10, 20
ValueError: not enough values to unpack (expected 3, got 2)
```

단순히 단일 값들만 할당할 수 있는 것이 아니라, 어떤 종류의 데이터도 다중 할당이 가능하다. 예를 들면, x에는 [1,2,3,4]와 같은 리스트(C언어의 배열과 유사하지만 차이가 있음)를 할당하고, y에는 "string"과 같이 문자열을 저장하고, z에는 null 값을 할당할 수 있다. 파이썬에서는 C 언어의 null 값을 None으로 표현한다. None은 0, False 혹은 빈 문자열도 아니다. None의 데이터 형은 'NoneType'이다.

```
>>> x = [1,2,3]  #list 데이터
>>> y = "string" #문자열
>>> z = None #파이썬에서 비어있지만 어떤 데이터형도 아님(NoneType형)
>>> x
[1, 2, 3]
>>> y
'string'
>>> z
>>> #아래와 같이 하나의 문장으로 할당할 수 있음.
>>> x, y, z = [1,2,3], "string", None #다중 할당
>>> x
[1, 2, 3]
>>> y
'string'
>>> z
>>>
```

3.2 변수명 작명

변수의 이름을 작명할 때는 대부분의 프로그래밍 언어와 마찬가지로 규칙이 있다. 다음은 파이썬 언어에서 변수명을 작명할 때의 규칙이다. 일반적으로 프로그램에서 사용하는 다양한 변수, 함수, 클래스 등에 대해 다른 것과 구별하기 위해 부여하는 고유한 이름을 식별자(Identifier)라고 한다. 식별자의 작명 규칙은 변수명의 작명 규칙을 따른다.

■ 파이썬 언어의 변수 이름 작명 규칙(Naming Conventions)

1) 영문 대문자와 소문자를 구분한다. 변수 ABC, abc, Abc 등은 다른 변수임

2) 영문(대소문자), 숫자, _만을 조합하여 작명할 수 있다.
a123, circle_area, _hello7 등을 변수명으로 사용할 수 있다.
a#10이라고 하면, a 다음 #부터는 주석으로 이해한다.
a?로 선언하면 "SyntaxError: invalid syntax"라는 에러 메시지가 출력된다.

3) 한글로 변수명을 작명하는 것도 지원한다. **가급적 사용을 자제하기 바란다.**
면적 = 10 #변수 면적에 10을 할당한다.
면적area = 100 # 한글과 2)의 내용을 조합하여 변수명 작성도 가능하다.

4) 한글, 영문, 숫자, _(Underline)는 순서와 상관없는 조합을 허용하지만 숫자가 변수명(식별자)의 첫 번째에 위치할 수는 없다.
1stOrder = "파인애플" # 숫자 1이 첫 번째 위치하므로 에러 발생함

5) 변수를 선언할 때는 공백(space)이 있으면 안 된다.
my Name ="철수" # my와 Name 사이에 공백이 있으면 에러 발생함
myFavorite = "영화감상" # 공백이 없으므로 정상적으로 변수 생성됨

6) 의미 있는 단어의 조합을 사용해 변수명을 생성하라.
circleArea = 100 # x =100보다는 원의 면적이면 circleArea로 작명하라.

7) 파이썬 언어에서 사용을 위해 예약해 놓은 예약어는 변수로 사용하지 마라.
if, else 등과 같은 이름은 파이썬 문법에서 사용하므로 사용해서는 안 된다.
파이썬 언어 예약어는 아래 다시 정리할 것이다.

아래는 변수명과 관련된 규칙을 적용하여 변수를 선언한 예이다.

```
#파일명 : variableName.py

abc = 100
print(abc)  #abc 변수 값을 콘솔에 출력
ABC = 200#변수는 동일한 스펠링도 대소문자가 다르면 다른 변수임.
print(ABC)
#abc와 ABC는 다른 변수임.
_rectArea = 1000       #사각형의 면적이 1000
print(_rectArea)
a_2_z ="abcd...z"       #영문, 숫자, _ 등을 사용하여 변수 작명 가능함
print(a_2_z)
내이름 = "홍길동"     #한글을 사용하여 변수 작명을 할 수 있음.
                      #한글 변수에는 따옴표를 사용하지 않는다.
print(내이름)
면적Area = 200        #한글과 영문등의 조합도 허용
print(면적Area)

#아래는 abc 변수 값이 출력됨
k = abc#              #abc 다음의 #이 주석을 의미하므로 이 문장은 abc라고 해석함
print(k)

circleArea = 500      #원의 면적이라고 변수명을 보면 알 수 있음
print(circleArea)
```

출력
```
100
200
1000
abcd...z
홍길동
200
100
500
```

아래와 같은 방식으로 변수명을 작명하면 문법 에러가 발생하면서 프로그램이 종료된다.

```
>>> abc? = 100 #변수명 작명시 ?는 허용하지 않음.
SyntaxError: invalid syntax
>>> if = 5000 #예약어는 변수명으로 지정할 수 없음.
SyntaxError: invalid syntax
>>> my Name = "Hong gil-dong" #변수명 작명시 공백을 사용할 수 없음
SyntaxError: invalid syntax
>>> abc =100
>>> abc# = 200  #abc 다음의 #부터 주석으로 해석하므로 abc만 해석함
100
>>> 1stOrder = "pineapple" #숫자는 변수명의 첫 번째에 위치할 수 없음
SyntaxError: invalid syntax
>>>
```

다음은 파이썬 언어의 주요 예약어(Reserved Words)를 알아보자.

▸ 파이썬 언어 예약어

False	def	if	raise	None	del
import	return	True	elif	in	try
and	else	is	while	as	except
lambda	with	break	for	not	class
from	or	continue	global	pass	finally
None	assert	async	await	nonlocal	yield

이러한 예약어들을 자주 읽어보면 자연스럽게 숙지하게 될 것이다. 한 가지 팁을 주면 파이썬 인터프리터에서 help("keywords")를 타이핑하여 엔터키를 치면 언제든지 확인이 가능하다. 아래와 같다.

```
>>> help("keywords")
Here is a list of the Python keywords.  Enter any keyword to get more help.
False               break               for                 not
None                class               from                or
```

```
True            continue          global            pass
__peg_parser__  def               if                raise
and             del               import            return
as              elif              in                try
assert          else              is                while
async           except            lambda            with
await           finally           nonlocal          yield
>>>
```

지금까지 변수에 대해 배웠으니, 삼각형의 면적을 구하는 프로그램을 작성해 보자. 키보드를
통해서 입력을 받을 때는 input( )함수를 사용한다. 단, 입력 함수는 키보드로 입력한 내용을 문
자열로 변환해 돌려준다. 문자열을 숫자로 변환해 주는 함수는 int(숫자로 된 문자열)함수를
사용한다. spyder IDE에서 작성 후 F5 키를 누르면 실행된다.

```python
# triangleArea1.py
# 삼각형의 면적 구하기
#input( )함수 내의 문자열이 콘솔이 출력되며, 옆에 숫자를 타이핑해줌
a = input("밑변의 길이(cm)를 입력해주세요.: ") #문자열로 돌려줌
b = input("높이(cm)를 입력해주세요. : ")

a = int(a) #문자열로 된 숫자를 정수로 돌려줌
b = int(b)

triArea = (a * b) / 2 # * : 곱하기 연산자, / : 나눗셈 연산자

#print( )함수를 사용하여 출력함
print("밑변 : %d cm, 높이 : %d cm ==> 삼각형 면적 : %.1f 20cm입니다." %(a, b, triArea) )
```

실행 결과

밑변의 길이(cm)를 입력해주세요.: 10 <-숫자를 여러분이 직접 입력 후 enter키 침
높이(cm)를 입력해주세요. : 20   <-숫자 입력 후 enter키 침
밑변 : 10 cm, 높이 : 20 cm ==> 삼각형 면적 : 100.0 cm입니다.

원의 반지름(r)을 키보드를 통해서 입력을 cm 단위로 받아 원의 면적과 원의 둘레를 출력하는 프로그램을 작성하시오.

HINT

원의 둘레 : 2*π*r, 면의 면적 : π*r*r (π=3.14를 사용)

프로그램에서 곱셈 기호는 *이다.

3.3 주석

다음은 파이썬의 주석(Comment)에 대해 자세히 알아보자. 여러분은 이미 파이썬의 주석을 사용해 왔다. 각 명령 라인에서 #을 붙이면 # 이후의 내용은 주석으로 간주된다. 주석은 일반적으로 프로그램 코드의 설명을 작성할 때 사용한다. 또한 코드의 일부 영역에 대해 문서화를 통해 향후 코드의 이해도를 높이기 위해 사용한다. 명령 라인의 무작위 위치에 #이 나타나면 파이썬 인터프리터는 # 이후의 내용은 주석으로 간주한다. 주석은 프로그램에서 수행되지 않기 때문에 필요하면 언제든지 주석을 작성하여 프로그램 영역에 대한 설명을 추가할 수 있다. 아래는 주석을 사용한 예를 보여준다.

```
>>> # This is Comment
>>> # 주석은 설명이나 문서화를 위해 사용하며
>>> # 파이썬 인터프리터가 수행하지 않는다.
>>>     # 이처럼 여러 칸 들여쓰기 후 작성해도 무방하다.(좋은 방식은 아니다)
>>> circleArea = 100 # 원의 면적이 100이라고 할당하였다.
>>> # 주석은 필요할 때 언제든지 사용하면 된다.
```

파이썬 프로그램에서 #은 한 줄 범위 내에서 적용되는 주석이다. 즉, 하나의 명령 라인에서 칼럼 위치에 상관없이 # 이후는 주석으로 간주된다.

이제는 여러 줄로 주석을 작성하는 방법을 소개한다. 여러 줄을 묶어서 하나의 주석으로 정의할 때는 삼중 이중 인용부호(""")를 문자열 시작과 끝에 붙이면 된다. 물론 문자열의 시작과 끝에 삼중 단일 인용부호(''')를 붙여도 동일하다. 여러분들이 Spyder IDE를 사용하여 빈 스크립트 문서를 열면 아래와 같은 내용이 디폴트로 보일 것이다. 사실 삼중 이중 인용부호를 사용하면 다중 라인 문자열을 정의할 때도 사용한다. 다만, 변수에 할당하지 않으면 다중 라인 주석으로 간주한다.

```
# -*- coding: utf-8 -*-[한 줄 주석시 사용. C언어의 단일 라인 주석은 //임]
"""
Created on Mon Jan 11 11:55:27 2021
@author: admin
"""
```

```
# -*- coding: utf-8 -*-
"""
이 영역은 여러 줄(Multiline) 주석이다. 여기에 현재 프로그램과 관련된 의미있는 설명을 작성할 수 있다.
위의 디폴트 멀티라인 주석에 다양한 내용을 추가할 수 있다.
인터프리터는 이 부분을 수행하지 않는다.
Created on Mon Jan 11 11:55:27 2021
@author: 홍길동
date : 2025.03.07
version : 1.0
description : 본 프로그램은 파이썬을 사용한 간단한 예제 프로그램임
"""

#여기서 부터 여러분들의 프로그램을 작성합니다.
a = 100

'''
이처럼 3중 단일 인용 부호를 주석 문자열의 양쪽에 붙여도 다중 라인 주석으로
해석한다.
자주 사용하세요.
'''
......
```

아직 여러분들은 문자열에 대해 자세히 배우지 않았다. 다중 라인 주석은 변수에 할당하지 않은 문자열과 같은 개념이다. 만약에 여러분이 다중 라인 주석을 변수에 할당하면 다중 라인 문자열을 변수에 할당한 것이 된다. 그리고 출력을 살펴보면 '\n'을 볼 수 있는 데, 이 기호는 콘솔 창에 출력할 때 줄 바꿈을 하라는 의미로 해석되는 특수 기호라고 생각하면 된다. 즉, 엔터 키를 칠 때마다 '\n' 줄 바꿈 기호가 추가된다. 아래 예제를 살펴보기 바란다. 참고로 C언어의

다중 라인 주석은 /* ......주석작성..... */와 같이 사용한다.

```
#아래와 같이 다중 라인 문자열을 변수에 할당하면 다중 라인 문자열 할당을 의미함.
>>> x = """우리는
정말로
여러분의
프로그램 스킬 향상을
응원합니다."""
```

```
>>> x  #줄 바꿈이 '\n'으로 표시됨
'우리는\n정말로\n여러분의\n프로그램 스킬 향상을\n응원합니다.'
```

만약에 여러분이 단일(이중) 인용부호 내에 다중 라인으로 문자열을 선언하려 한다면 아래와 같은 에러가 발생한다. 즉, 다중 라인 문자열은 반드시 삼중 인용부호를 사용하는 것만을 파이썬은 허용하고 있다.

```
#이중 인용부호를 사용한 문자열은 여러 줄로 구성된 문자열을 지원하지 않음.
>>> str = "우리는
행복의
나라로
간다"
```

결과
```
str = "우리는
         ^
SyntaxError: EOL while scanning string literal
```

다만 한 줄에 문자열을 표현해야 하지만, 의도적으로 줄 바꿈하여 문자열을 표현하고 싶으면 각 라인의 끝에 '\'를 붙여주면 한 줄로 인식한다.

```
#한 줄의 문자열을 의도적으로 줄을 구분하여 표현하는 방법
>>> str = "우리는 \
행복의  \
나라로 \
간다"
>>> str
```

결과

'우리는 행복의 나라로 간다'

3.4 데이터형(Data types)

파이썬 언어는 다양한 형태의 데이터 형을 지원하고 있다. 변수의 데이터 유형은 크게 숫자형, 부울형, 시퀀스형, 사전(딕셔너리)형 그리고 집합형으로 나눌 수 있다. 숫자형은 다시 정수형, 실수형 및 복소수형으로 나누어진다. 아래 그림에 보면 각 데이터 형에 대한 예시가 나와 있다. 부울형 데이터는 True와 False 값만을 갖는다. True와 False의 첫 글자는 반드시 대문자를 사용해야 한다. JavaScript 언어의 경우에 부울형 데이터는 모두 소문자인 true와 false를 사용한다. 시퀀스형 데이터에는 문자열, 리스트 및 튜플이 해당된다. 시퀀스형 데이터는 순서가 있는 데이터를 의미하며, 인덱스(index)를 사용해 개별 요소에 접근할 수 있다. 자세한 것은 차후에 설명할 것이다. 사전형 데이터는 {키(key) : 값(value), ...}의 쌍들로 구성된 데이터 형이다. 이 방식은 키를 사용하여 값을 읽어 내거나 조작할 때 사용하는 방식이다. 집합형 데이터는 여러분들이 중,고등학교 때 배운 집합과 원소에 대한 개념을 따른다. 프로그램에서 집합에 {1, 2, 3, 1, 1, 2}와 같이 원소가 나열되어 있으면 최종적인 집합은 {1, 2, 3}으로 돌려준다. 집합에서는 동일한 원소가 중복되어 있으면 한 번만 표현한다. 그림에 나와 있는 예시들을 잘 살펴보기 바란다.

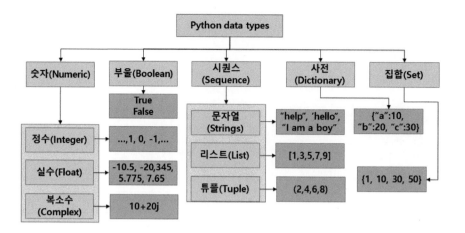

간단한 예제 프로그램으로 위에서 언급한 각 데이터형의 값들을 출력해보자.

```
# dataTypes.py
a = 3 #정수형 데이터
b = -10 #정수형 데이터
print("정수형 변수 a의 값 :", a)
c = 3.5 #실수(부동소수점)형 데이터
d = -3.775
print("실수형 변수 c의 값 :", c)
e = 3 + 7j #복소수형 데이터
print("복소수형 변수 e의 값 :", e)
f = True #부울형 데이터
print("부울형 변수 f의 값 :", f)
h = "문자열입니다."  #문자열 데이터
i = '단일 인용부호로 동일한 문자열입니다.'
print("문자열형 변수 h의 값 :", h)
j = [1, 2,3] #리스트 데이터
k = ["str1", "str2", 7, "안녕"]
print("리스트형 변수 j의 값 :", j)
l = (1, 2, 3) #튜플 데이터
m = ("a", "b", 3, 4)
print("튜플형 변수 l의 값 :", l)
#사전형 데이터(dictionary)
n = {"이름":"홍길동", "나이":24, "소속":"소프트웨어융합학부"}
o = {"key1" : 22, "key2":55, "key3": 77}
print("사전형 변수 n의 값 :", n)
p = {1, 2, 3, 1, 2, 3, 1} #집합형 데이터
```

```
print("집합형 변수 p : ", p)
g = False #부울형 데이터
```

```
정수형 변수 a의 값 : 3
실수형 변수 c의 값 : 3.5
복소수형 변수 e의 값 : (3+7j)
부울형 변수 f의 값 : True
문자열형 변수 h의 값 : 문자열입니다.
리스트형 변수 j의 값 : [1, 2, 3]
튜플형 변수 l의 값 : (1, 2, 3)
사전형 변수 n의 값 : {'이름': '홍길동', '나이': 24, '소속': '소프트웨어융합학부'}
집합형 변수 p :  {1, 2, 3}
```

3.5 데이터형 알아보기

여러분이 사용하고 있는 변수나 수식의 데이터 형을 알기 위해서는 type( )함수를 사용하면 된다. 여러분들은 사용하는 변수에 여러 가지 데이터형 중에서 하나의 데이터형에 해당하는 값을 저장한다. 데이터형에 따라 지원하는 연산이 상이하다. 파이썬에서 사용하는 데이터 형을 정리하면 다음과 같다. 파이썬에서 데이터형은 변수에 값을 할당할 때 결정된다는 것을 잊지 않기 바란다.

▸ 파이썬 데이터형 분류

수치형 데이터	int	정수 데이터
	float	실수 데이터
	complex	복소수 데이터
부울형 데이터	bool	부울 데이터(True, False)
시퀀스형 데이터	str	문자열 데이터
	list	리스트 데이터
	tuple	튜플 데이터
	range	범위 데이터
사전형 데이터	dict	사전 데이터(맵핑 방식)
집합형 데이터	set	집합 데이터

여러 가지 데이터 형을 알아보는 프로그램을 작성해 보자. type( ) 함수에 전달하는 인자로 값, 변수, 수식 등을 사용할 수 있다. <class 데이터형>과 같은 방식으로 type( ) 함수는 데이터 형을 리턴 해준다.

```python
# typeFunction.py

a = 15
print("변수 a(15)의 데이터형 : ", type(a))  #변수
print("수식 1-55의 데이터형 : ", type(1-55)) #수식
print("숫자 100의 데이터형 : ", type(100)) #값

b=3.77
print("변수 b(3.77)의 데이터형 : ", type(b))  #변수

c=3+7j
print("변수 c(3+7j)의 데이터형 : ", type(c))
print("bool형 False의 데이터형 : ", type(False))
print("문자열 abcdef의 데이터형 : ", type("abcdef"))
print("사전형 {'a':1, 'b':2, 'c':3}의 데이터형 : ", type({'a':1, 'b':2, 'c':3}))
print("튜플형 (1, 2, 3)의 데이터형 : ", type((1,2,3)))
print("범위형 range(5)의 데이터형 : ", type(range(5)))
print("집합형 {1,2,3,4}의 데이터형 : ", type({1,2,3,4}))
```

출력

```
변수 a(15)의 데이터형 :  <class 'int'>
수식 1-55의 데이터형 :  <class 'int'>
숫자 100의 데이터형 :  <class 'int'>
변수 b(3.77)의 데이터형 :  <class 'float'>
변수 c(3+7j)의 데이터형 :  <class 'complex'>
bool형 False의 데이터형 :  <class 'bool'>
문자열 abcdef의 데이터형 :  <class 'str'>
사전형 {'a':1, 'b':2, 'c':3}의 데이터형 :  <class 'dict'>
튜플형 (1, 2, 3)의 데이터형 :  <class 'tuple'>
범위형 range(5)의 데이터형 :  <class 'range'>
집합형 {1,2,3,4}의 데이터형 :  <class 'set'>
```

3.6 숫자

여기서는 정수와 실수에 대해 프로그램에서 사용하는 방식을 좀 더 알아보자. 정수는 소수점이 없는 모든 양수와 음수 그리고 0을 의미한다. -100, -33, 0, 1, 100 등은 정수이다. 실수는 소수점 이하의 수를 포함하고 있는 수이다. 여러분들은 정수나 실수에 대해서 이미 잘 알고 있을 것이다. 3의 3 제곱은 27인데, 프로그램에서 이를 표현하는 방법은 다음과 같다. 밑수나 제곱수는 정수나 실수 모두 사용할 수 있다.

일반 수학	프로그램 표현 방식	결과 값
10^3	10**3	1000
2.5^3	2.5**3	15.625
$3^{3.7}$	3**3.7	58.25707055931402
n^k	n**k	n^k

프로그램에서 숫자 n의 k 제곱을 표현하기 위해서는 n**k를 사용하면 된다.

```
>>> a = 10**3
>>> a
1000
>>> b = 2**3
>>> b
8
>>> 2.5**3
15.625
>>> 5.5**2.3
50.44686540422945
```

$3.3*10^5$과 같은 수식을 프로그램에서는 어떻게 표현할까? 다음과 같이 간단하게 표현할 수 있다. 프로그램에서는 밑수 10을 표현하기 위해 e 혹은 E를 사용한다. 한 가지 주의할 점은 $1*10^3$일 때, e3이라고 적으면 원하는 결과를 얻을 수 없다. 왜냐하면 영문으로 시작하는 것은 변수로 인식하기 때문이다.

일반 수학	프로그램 표현 방식	결과 값
$3.3*10^5$	3.3e5	330000.0
$4.0*10^5$	4.0E5	400000.0
$2.5*10^{3.5}$	2.5e3.5	제곱 수는 반드시 정수이어야 함[에러]
$1*10^3$	1e3	1000
10^3	e3	e3은 변수로 인식함 [10**3 사용할 것]

제곱근 표현 등 다양한 수식의 표현은 향후에 외부의 math 모듈을 불러와서 작업해야 한다. 이 부분은 차후에 설명할 것이다. 여기서는 초보 프로그래머들에게 필요한 최소한의 숫자 표현 방법을 알아보았다.

```
>>> 3.3e5
330000.0
>>> 4.0E5
400000.0
>>> 2.5e3.5 #제곱수는 정수만 허용함
SyntaxError: invalid syntax
>>> 1e3
1000.0
>>> e3  #영문으로 시작하기 때문에 변수로 인식함. 그런데 변수에 할당한 값이 없음
Traceback (most recent call last):
  File "<pyshell#171>", line 1, in <module>
    e3
NameError: name 'e3' is not defined
>>>
```

3.7 여러 가지 진법 사용하기

여러분들이 프로그래밍하면서 숫자를 사용할 때, 대부분의 경우에는 우리가 일상생활에서 사용하는 10진법을 사용한다. 즉, 10진법이 프로그램에서 숫자를 사용하는 일반적인 방식인 것이다. 그런데 여러분들이 향후에 프로그램을 작성하다보면 다른 진법의 숫자를 사용하는 것이 편리할 때가 있다. 비트 단위의 연산을 한다든지, 특정 비트 영역을 매스킹 할 경우에는 2진법

이나 16진법을 사용하는 것이 편리할 수 있다. 프로그래밍에서 10진법이 디폴트이다. 대부분의 프로그래밍 언어는 숫자 0~9와 영문자 a~z까지를 사용하여 36진법까지 표현할 수 있다. 영문자 a는 10을 의미하며, z는 35를 의미한다. a~z가 필요한 이유는 36진법까지 한 자리 숫자를 표현하기 위함이다. 10진법 이외에 주로 사용하는 진법은 2, 8, 16진법이다. 나머지 진법은 거의 사용할 일이 없다. 한 가지 주의할 것은 10진법 표현 방식을 제외한 다른 진법을 사용한 숫자의 표현은 정수에 대해서만 사용할 수 있다. 파이썬 언어에서 진법에 따른 숫자 표현 방식은 다음과 같다.

구분	숫자 앞 접두사	숫자 사용 예
10진수	없음	1750
2진수	0b 혹은 0B	0b1010, 0B1100
8진수	0o 혹은 0O	0o456, 0O753
16진수	0x 혹은 0X	0x3a, 0X3F [영문자는 대소문자 사용 가능함]

여러 가지 진법을 사용한 예제 프로그램은 다음과 같다.

```
# usingRadix.py
# 2, 8, 16진법 사용
a = 100 #디폴트인 10진법 숫자
print(a)
# 이진수 1010(십진수로 10)을 할당
b = 0b1010  #0b사용 (맨 앞은 숫자 0으로 시작함)
print("이진수로 저장한 숫자도 출력은 10진수로 함 :", b)
b = 0B1010 #0B사용
print("이진수로 저장한 숫자도 출력은 10진수로 함 :", b)
# 8진수 67(십진수로 55)를 할당
oct = 0o67
print("8진수로 저장한 숫자도 출력은 10진수로 함 :", oct)
oct = 0O67
print("8진수로 저장한 숫자도 출력은 10진수로 함 :", oct)
#16진수 4d(십진수로 77)를 할당
h = 0x4d #숫자로 사용하는 영문자는 대소문자 구분 없음(0X4D도 무방함 )
print("16진수로 저장한 숫자도 출력은 10진수로 함 :", h)
minus_h = -0x4d # 진법으로 표시된 숫자 앞에 - 붙임(음수)
```

```
print("minus_h의 출력은 ", minus_h)
#다양한 진법은 사용하여 연산을 수행하는 것도 가능함.
#단, 가급적 통일된 진법을 사용하는 것이 좋음
x = a + b  #100 + 0b1010 = 100 + 10
print("x의 값은 ", x)
y = oct + h #0o67 + 0x4d = 55 + 77
print("y 값은 ", y)
#참고 (에를 들어, 숫자 100을 16진법으로 출력하고 싶다면)
print("십진수 100은 16진수로 %x" %100) #나중에 다시 다루겠음
```

```
100
이진수로 저장한 숫자도 출력은 10진수로 함 : 10
이진수로 저장한 숫자도 출력은 10진수로 함 : 10
8진수로 저장한 숫자도 출력은 10진수로 함 : 55
8진수로 저장한 숫자도 출력은 10진수로 함 : 55
16진수로 저장한 숫자도 출력은 10진수로 함 : 77
16신수로 서상한 숫자도 출력은 10진수로 함 : 77
minus_h의 출력은  -77
x의 값은  110
y 값은  132
십진수 100은 16진수로 64
```

3.8 데이터형 변환 함수의 활용

본 절에서는 중요한 데이터형 변환 함수에 대해서 알아본다. 먼저 정수, 실수 및 문자열 사이의 형 변환은 파이썬 언어의 함수를 통해서 지원한다. 여러분은 정수를 실수로 변환할 수 있고, 반대로 실수를 정수로 변환할 수 있다. 또한 정수를 문자열로 변환할 수 있고, 반대로 문자열을 정수로 변환할 수 있다. 단, 문자열의 경우에 정수로 변환하기 위해서는 문자열이 숫자들의 조합으로만 이루어져 있어야 한다. 특정 진법이 사용되었다면 진법에 맞게 작성된 문자열이어야 한다. 이러한 변환은 프로그램에서 많이 활용되는 것이기 때문에 잘 이해두기 바란다. 함수는 정해진 특별한 작업을 수행하는 모듈이며, 호출될 때만 수행된다. 함수는 함수명 바로 뒤에 ( ) 가 붙는다. 즉, 함수명이 alpha이면 alpha( )와 같이 표현되면 함수를 의미한다. 함수는 함수에서 수행할 작업을 미리 정의해 놓아야 하며, 함수 호출시에 파라미터로 값을 전달할 수 있다. 파라미터의 전달은 ( ) 안에 적어주면 된다. 자세한 내용은 향후 자세히 설명할 것이다.

실수 값 혹은 숫자로 된 문자열을 정수로 변환하는 함수는 int( ) 함수이다. 즉, 함수명이 int인데 함수의 이름은 함수가 수행할 일을 알려준다. int는 정수형 데이터를 의미하기 때문에 int( ) 함수는 입력받은 값을 정수로 변환한다는 의미이다. 특히 다른 함수들과 달리 int( ) 함수는 다양한 진법으로 표현된 문자열을 받아서 정수로 변환할 수 있다. int( ) 함수의 기본 형태를 살펴보면 다음과 같다.

■ int( ) 함수의 기본형

int(변환할데이터[, 변환할 데이터의 진법])
• 변환할 데이터 : 정수로 구성된 문자열을 정수로 변환. 실수를 정수로 변환 가능함 • 변환할 데이터의 진법 : 변환할 데이터가 숫자로 된 문자열이면 문자열에 사용된 진법 • 주) 기본형에서 [　]로 표시된 부분은 필수가 아니라, 필요할 경우에만 사용하라는 의미

정수로의 데이터형 변환에 대한 프로그램 예를 살펴보자.

```
>>> int(33.3)  #실수를 정수로 변환
33
>>> int(33) #허용됨
33
>>> int("457") #문자열이 10진수로 표현된 경우의 변환
457
>>> int("2a", 16) #문자열이 16진수로 표현된 경우의 변환
42
>>> int("345", 8) #문자열이 8진수로 표현된 경우의 변환
229
>>> int("0x7a", 16) #숫자 앞에 0x가 붙으면 16진수라는 의미임.
122
>>> int("45.7") #문자열이 실수로 표현된 경우는 변환 불가능함[실수 변환 함수 사용할 것]
Traceback (most recent call last):
  File "<pyshell#196>", line 1, in <module>
    int("45.7") #문자열이 실수로 표현된 경우는 변환 안됨
ValueError: invalid literal for int() with base 10: '45.7'
>>>
```

다음은 정수나 숫자로 된 문자열을 실수로 변환하는 함수를 소개한다.

▪ float( ) 함수의 기본형

float(변환할데이터)
• 변환할 데이터 : 정수 혹은 문자열. 실수 사용도 가능 주) 하나의 파라미터만 받음. 단, 문자열은 10진법으로 작성되어 있어야 함

실수로의 데이터 변환에 대한 프로그램 예를 살펴보자.

```
>>> float(127) #정수를 실수로 변환
127.0
>>> float(33.3) #허용됨
33.3
>>> float("33") #문자열을 실수루 벼화
33.0
>>> float("785.18")
785.18
>>> float(0x3a) #정수에 다른 진법을 적용한 것은 정상적으로 변환함
58.0
>>> float("0x2f") #문자열에 진법 표시가 포함되면 변환 불가함
Traceback (most recent call last):
  File "<pyshell#30>", line 1, in <module>
    float("0x2f") #문자열은 반드시 십진법으로 작성되어 있어야 함
ValueError: could not convert string to float: '0x2f'
>>>
```

이제는 정수나 실수를 문자열로 변환하는 함수를 소개한다.

▪ str( ) 함수의 기본형

str(변환할데이터)
• 변환할 데이터 : 정수, 실수 혹은 문자열. 주) 하나의 파라미터만 받음. 즉, 정수는 10진법으로 변환된 값을 문자열로 변경함

문자열로의 데이터형 변환에 대한 프로그램 예를 살펴보자. 여기서는 추가적으로 숫자 앞에 0x를 사용하면 16진수 정수를 의미하며, 0o는 8진수 정수를 의미하고, 0b는 2진수를 의미한다. 최종적으로 출력되는 형태는 등가의 10진수 값이 문자열로 변환된다.

여기서 소개된 3개의 데이터형 변환 함수는 많이 사용되므로 반드시 숙지하기 바란다.

```
>>> str(33) #정수를 문자열로 변환
'33'
>>> str(35.7)  #실수를 문자열로 변환
'35.7'
>>> str(0x37) #16진수 정수를 문자열로 변환
'55'
>>> str(0o55) #8진수 정수를 문자열로 변환
'45'
>>> str(0b1010) #2진수 정수를 문자열로 변환
'10'
>>>
```

정리하면 다음과 같은 그림으로 요약할 수 있다.

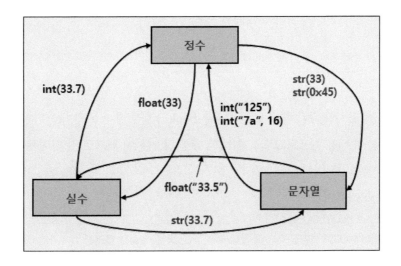

3.9 부울형 데이터(Boolean Data)

프로그램을 코딩하다 보면 표현식이 참(True)인지 거짓(False)인지를 알 필요가 있다. 파이썬 언어는 모든 표현식을 평가할 수 있으며, 평가 결과에 따라 True 혹은 False를 돌려준다. 그런데 여러분 프로그래밍 언어들은 0, -0, -0.0과 같이 숫자 0과 None, ""(빈 문자열)을 False로 간주하고, 이외의 3, -0.1 "hello"와 같은 모든 값들은 True로 간주한다. 부울형 데이터는 2가지 값 중에서 True나 False 하나만 가질 수 있다. 그리고 True나 False는 첫 글자가 대문자이다. 즉, True는 부울형 데이터를 의미하고, true는 변수명을 의미한다.

■ 부울형 데이터

```
  True 혹은 False 2가지 값만 가질 수 있음.
>>> a = True
>>> b = False
>>> type(a)
<class 'bool'>   #데이터형은 bool로 출력
>>> type(b)
<class 'bool'>
>>> a = true #소문자로 시작하는 true는 변수로 인식
Traceback (most recent call last):
  File "<pyshell#434>", line 1, in <module>
    a = true
NameError: name 'true' is not defined #변수가 정의된 적이 없다는 에러 메시지
```

위에서 언급하였지만, 0이 아닌 모든 숫자는 bool( ) 함수에 적용해 데이터형을 변환하면 True로 변경된다. 이 내용은 프로그램을 이해할 때 가장 기본이 되므로 잘 알아두기 바란다.

■ 부울형 데이터로의 변환

```
  bool(변환할데이터) : 변환할 데이터 값에 따라 True 혹은 False를 돌려줌
>>> bool(True)
True
>>> bool("hello")
```

```
True
>>> bool(20)
True
>>> bool(-0.001)
True
>>> bool(0)
False
>>> bool(-0)
False
>>> bool([1,2,3])
True
>>> bool("33")
True
```

부울형 데이터를 사용해 4칙 연산을 할 수 있는데, 이 경우에는 True는 1 값으로 변환되고 False는 0 값으로 변환되어 연산이 이루어진다. 실제로는 이러한 연산은 거의 사용하지 않으니 참고만하기 바란다.

```
>>> True + True   #True는 1로          >>> 3 * True
2                                      3
>>> 10 / True                          >>> 3 / True
10.0                                   3.0
>>> True * True                        >>> 3 - True
1                                      2
>>> True – False #False는 0으로          >>> bool(3) + 5
1                                      6
```

1. 변수는 (   )라고 할 수 있다.

2. 하나의 문장으로 변수 a, b, c에 10, "문자열", 300을 할당하는 문장을 작성하시오.

3. 파이썬에서는 C 언어의 null 값을 (   )으로 표현한다. (   )은 0, False 혹은 빈 문자열도 아니다.
   (   )의 데이터형은 'NoneType'이다.

4. 파이썬에 변수명을 작성할 때 사용할 수 없는 것들을 모두 고르시오.
   ① 대문자   ② _   ③ $ ④ 한글   ⑤ ?   ⑥ 소문자   ⑦ elseif

5. 파이썬 언어에서 키보드로 입력한 내용을 문자열로 변환해 돌려주는 함수는 (   )이다.

6. 파이썬 언어에서 지원하는 데이터형은 숫자형, 부울형, (   ), (   ), 및 (   ) 등이 있다.

7. 부울형 데이터는 (   )와 (   )의 값만을 가진다.

8. 10의 3제곱을 파이썬 언어에서 표현하는 2가지 방법으로 작성하시오.

9. int("0o37", 8)의 수행 결과 값은 (   )이다.

10. 부울형 데이터를 사용해 4칙 연산을 할 수 있는데, 이 경우에는 True는 (   ) 값으로 변환되고 False는
    (   ) 값으로 변환되어 연산이 이루어진다.

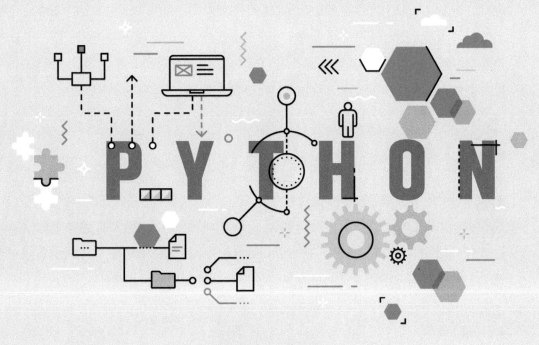

CHAPTER 4
print( )와 input( )함수 그리고 연산

print( ) 함수와 input( ) 함수는 입출력을 관할하는 핵심 함수이다. 그리고 eval( ) 함수는 문자열로 된 수식을 연산하여 수식의 형태에 따라 적절한 데이터형의 값을 돌려주는 함수이다. 이러한 함수는 파이썬 인터프리터에서 기본적으로 제공하는 함수이다. 본 장에서는 위의 3가지 함수를 심도 있게 다룰 것이다. 그리고 수식과 연산자에 대해서도 다룰 것이다.

4.1 print( ) 함수

print( ) 함수를 사용해 콘솔 창에 출력할 수도 있고, 파일로 출력할 수도 있다. 파일로 출력할 경우에는 별도의 파일 입출력 함수를 많이 사용하기 때문에 여기서는 주로 콘솔 창에 출력하는 것에 대해 다룰 것이다. 파이썬 언어에서 print( ) 함수는 표준 출력을 지원하는 데, 파이썬 프로그램에서 표준 출력은 콘솔이다. print( ) 함수의 기본 문법은 다음과 같다.

- print( ) 함수

```
print(value1, value2, ..., sep=' ', end='\n', file=sys.stdout, flush=False)
```

- value1, value2,... : 출력할 대상 객체들. 변수, 수식, 문자열 등이 가능함.
- sep : 콤마로 구분된 출력 대상 객체들 사이에 삽입되는 문자열. 디폴트는 1칸 공백임.
- end : 마지막 객체 출력 후 덧붙이는 문자열. 디폴트는 줄 바꿈('\n')임.
- file : sys.stdout은 표준 출력인 콘솔을 의미하며, 특정 파일로 저장도 가능함.
  file = "test.txt"라 기술하면 출력 대상들이 text.txt 파일에 저장됨.
- flush : 강제적으로 스트림을 flush할 것인지를 지정. 디폴트는 False.

여러분들은 이미 print( ) 함수를 사용해 왔다. 프린트할 내용들을 출력할 순서대로 콤마로 구분해 나열하고 print( ) 함수를 수행하면 출력 객체 사이에 한 칸의 공백을 두고 콘솔에 출력된다. 아래와 같이 한 줄씩 코딩하면서 실행해 보자.

```
#프린트 함수에서 출력을 원하는 대상 객체를 콤마로 구분하여 나열함
#sep, end, file 들의 파라미터를 설정하지 않은 경우[대부분 많이 사용함]
>>> a=10
>>> print(a, "문자열 출력", 3+5) #변수, 문자열, 수식(3+5)
```

```
10 문자열 출력 8  <== 프린트함수의 콤마를 기준으로 한 칸씩 띄어서 출력함
>>> print("abc", a, a, "str1"+"str2", 100)#문자열, 변수, 변수, 문자열합치기, 숫자100
abc 10 10 str1str2 100
>>>
```

이제는 print( ) 함수의 파라미터인 sep를 설정하면 콘솔에 어떻게 출력되는지 확인해 보자. 출력할 각 객체들을 구분하는 ,(콤마)를 구분자(Separator)라고 한다. sep 값은 디폴트로 공백이 설정되어 있지만, 여러분이 원하는 문자열을 설정할 수 있다. 참고로 '\t'는 각 출력 대상들을 설정된 탭(tab)만큼 띄우라는 의미다.

```
>>> x=100
>>> print(x, "abc", 3+12, sep="좌우에는 출력 대상 객체임") #구분자는 문자열만 허용
100좌우에는 출력 대상 객체임abc좌우에는 출력 대상 객체임15
>>> #디폴트 한 칸 공백이 대상 객체 사이에 sep에 설정한 값이 출력됨.
>>> print(10, 20, 30, 40, 50, sep="\t") #각 출력 대상 객체를 설정된 탭만큼 띄움.
10      20      30      40      50
```

다음으로는 print( ) 함수의 파라미터인 end를 설정하면 마지막 대상 객체를 출력한 후 어떻게 변화되는지 확인해 보자. end 파라미터의 디폴트 값은 줄 바꿈('\n')이다. 예를 들어, end 파라미터를 ' '로 설정하면 줄 바꿈이 발생하지 않고 다음 줄의 print( ) 함수 결과가 같은 줄에 출력된다.

한 명령 라인에 2개의 print( ) 함수를 연속으로 작성해 보자. 한 명령 라인에 2개의 문장을 작성할 때는 ;(Semicolon)으로 문장을 구분해 주어야 한다. 아래는 2회의 print( ) 함수가 수행되었음에도 줄 바꿈이 발생하지 않은 것을 확인할 수 있다.

```
>>> print("hello", end=""); print("hello", end="")
hellohello
```

아래는 하나의 파일로 작성하여 print( ) 함수의 end 파라이미터 동작을 확인하는 예제이다.

```
# endParameter.py
x = 300
y=700
print(x, "string1", y, 33+2, end=" ") #마지막 대상 출력 후 1칸 공백
print("줄 바꿈이 없이 바로 연결되어 출력되네요.")

#sep, end 파라미터를 적절히 활용해 보아요.
print(x, x+100, x+200, x+300, sep="incr_hund", end="1st-print종료")
print('This is 2nd print문입니다.') #여기에 end 설정이 없으므로 줄바꿈 발생
print("This is 3rd print문입니다.")
```

출력

```
300 string1 700 35 줄 바꿈이 없이 바로 연결되어 출력되네요.
300incr_hund400incr_hund500incr_hund6001st-print종료This is 2nd print문입니다.
This is 3rd print문입니다.
```

다음은 print( ) 함수의 file 파라미터에 대해 설명한다. "sys.stdout", "sys.stderr" 및 별도로 저장할 파일 이름 지정 등의 방식으로 사용한다. 그렇지만, 위에서 설명한 기본 방식 이외에는 잘 사용하지 않으니 이 부분은 skip해도 무방하다. 별도의 파일에 저장하는 방식은 예제로 간단히 소개한다. 다만, 파일로 저장할 경우에는 이 책의 후반부에 나오는 파일 입출력 부분을 학습하기 바란다.

```
# print_file.py

a=100
b=200

fp = open('text1.txt', 'w')
print('여러분 환영합니다. 단순히 참고만 하세요.', a, b,  file = fp)
fp.close()
```

text1.txt 파일 내용

```
여러분 환영합니다. 단순히 참고만 하세요. 100 200
```

지금까지는 print( ) 함수를 사용해 개별 변수나 수식 등을 콤마로 분리하여 나열해서 출력하는 방식을 학습하였다. 이 때, 각 출력 대상은 디폴트로 한 칸씩 띄어서 출력한다는 것을 알았다. 그러나 하나의 문자열 내에 서식을 적용하여 출력하는 방식을 많이 사용한다. 출력 관련 서식은 문자열 내에 %d, %f, %s 등을 변수나 수식 결과가 출력될 자리에 표시한 후에 문자열 뒤에 %(출력할 대상들)를 작성하면 된다. 설명이 어려울 수도 있으니, 예제를 활용하여 알아보자.

```
>>> a = 100
>>> b = 200
>>> print(a,"+", b , "=", a+b) #기존의 출력 방식
100 + 200 = 300
>>> print("%d + %d = %d" %(a, b, a+b)) #문자열 내에 %서식을 적용한 출력
100 + 200 = 300
>>> print("%d - %d = %d" %(a, b, a-b)) #2개 이상의 값은 %(값1, 값2, ...)와 같이 작성
100 - 200 = -100
>>> print("행운의 값은 바로 %d입니다." %a) #단일 값은 %값 혹은 %(값)으로 작성함.
행운의 값은 바로 100입니다.
```

여러분들은 정수, 실수, 문자열 등에 대해 서식을 사용하여 출력하고자 한다면 적합한 서식을 사용해야 한다. 필요할 경우에는 10진수 이외에도 8진수 혹은 16진수로 출력해야 할 상황도 존재한다. 아래는 기본적인 출력 서식을 정리한 것이다.

▸ print( )의 함수에 사용하는 서식

%d	정수로 출력. 실수를 정수로 출력하면 소수점 이하를 절삭한 정수부 출력
%f	실수로 출력. 정수를 실수로 출력하면 소수점 이하 6자리 출력
%s	문자열 출력
%c	한 문자 출력(파이썬에서는 %s를 사용해도 문제 없음)
%%	%를 출력할 때 사용함(서식이 존재할 때만 유효함)
%o, %x, %X	o: 8진수, x, X : 16진수 형태로 출력. 2진수 출력 서식은 없음.

```
#  기본출력서식.py

a = 200
b = 300
c = a+b

print("%d + %d = %d" %(a, b, c))
d = a/b
print("%d / %d = %f" %(a, b, a/b)) #나눗셈의 디폴트 소수점 자리수 6자리
s = "hello"
g = "guys"
print("%s %s" %(s, g))
#한 문자일 때도 just %s 사용하자.
print("%s is alphabet" %"k")
order = 1
print("대한민국은 상위 %d %% 나라입니다." %order) # %를 출력하기(서식존재시)
print("서식이 존재하지 않으면 %를 한번만 쓰면 된다.")

z = 55 #이진수로는 110111, 8진수 : 67, 16진수 : 37에 해당됨
print("55는 8진수 : %o, 16진수 : %x임" %(z, z))
```

출력

```
200 + 300 = 500
200 / 300 = 0.666667
hello guys
k is alphabet
대한민국은 상위 1 % 나라입니다.
서식이 존재하지 않으면 %를 한번만 쓰면 된다.
55는 8진수 : 67, 16진수 : 37임
```

기본 서식을 약간만 확장하면 각 정수나 문자가 출력될 칸 수를 지정할 수 있고, 실수의 경우에는 소수점 이하의 자리수도 지정할 수 있다. 출력될 칸 수를 지정하는 방법은 다음과 같이 정리할 수 있다.

▸ print( ) 함수에 사용하는 서식의 출력 칸 수 지정

출력할 공간이 넓으면 디폴트는 우측 정렬함	
확보한 공간이 실제 값보다 작으면, 값을 절삭하지 않고 실제 값이 출력됨	
%10d	- 10 칸의 정수 출력 공간을 확보한 다음 우측 정렬하여 출력
%07d	- 7 칸의 정수 출력 공간을 확보한 다음 우측 정렬하여 값을 출력하고, 비어있는 공간은 0으로 채움
%10.1f	- 소수점 포함 총 10칸의 자리를 확보하고 소수점 이하 1자리까지만 출력하며, 우측 정렬하여 값을 출력함(소수점 자리수 미만은 반올림함)
%.2f	- 소수점 이하 2자리까지만 출력함.
%10s	10 칸의 문자열 출력 공간을 확보한 다음 우측 정렬하여 출력함.
출력할 공간이 넓을 때 좌측 정렬할 수 있음(% 다음에 - 를 붙임)	
%-10d	10 칸의 정수 출력 공간을 확보한 다음 좌측 정렬하여 출력
%-10.1f	- 소수점 포함 총 10칸의 자리를 확보하고 소수점 이하 1자리까지만 출력하며, 좌측 정렬하여 값을 출력함(소수점 자리수 미만은 반올림함)
%-10s	- 10 칸의 문자열 출력 공간을 확보한 다음 좌측 정렬하여 출력함.

아래 프로그램 예제를 살펴보면 쉽게 이해할 수 있다.

```
# 기본프린터서식.py
a = 700
print("일반적인 숫자 출 :%d" %a)
print("숫자 출력을 위해 10칸 확보 :%10d" %a)
print("숫자 출력을 위해 10칸 확보 및 빈 칸은 0으로 채움 :%010d" %a)
print("숫자 출력을 위해 10칸 확보 후 두 출력 좌측정렬 :%-10d%-10d" %(a,a))
f = 345.678
print("일반적인 실수 출력 : %f" %f) #디폴트 소수점 6자리 출력
print("소수점 이하 1자리까지만 출력 : %.1f" %f) #반올림 발생
print("소수점 포함 전체 자리수를 10자리로 출력 :%10.1f" %f) #디폴트 : 우측정렬
print("2개 값을 좌측 정렬하여 출력 :%-10.1f%-10.1f" %(f,f)) #% 다음에 –는 좌측정렬
s = "문자열을 출력하기"
print("일반적인 문자열 출력 :%s" %s)
print("20칸 확보 후 문자열 출력 :%20s" %s) #디폴트 : 우측정렬
print("10칸 확보 후 문자열 좌측 정렬 출력 :%-10s%-10s" %("abc","def"))

# %s를 사용하면 모든 데이터형을 출력할 수 있음[반올림 등이 없음]
# 제시된 값를 그대로 문자열로 변환하여 출력함
print("정수 : %s, 실수 : %s"  %(a, f))
```

```
일반적인 숫자 출 :700
숫자 출력을 위해 10칸 확보 :        700
숫자 출력을 위해 10칸 확보 및 빈 칸은 0으로 채움 :0000000700
숫자 출력을 위해 10칸 확보 후 두 출력 좌측정렬 :700       700
일반적인 실수 출력 : 345.678000
소수점 이하 1자리까지만 출력 : 345.7
소수점 포함 전체 자리수를 10자리로 출력 :      345.7
2개 값을 좌측 정렬하여 출력 :345.7     345.7
일반적인 문자열 출력 :문자열을 출력하기
20칸 확보 후 문자열 출력 :          문자열을 출력하기
10칸 확보 후 문자열 좌측 정렬 출력 :abc       def
정수 : 700, 실수 : 345.678
```

4.2 탈출문자(Escape Character)

문자열 안에서 본래의 문자로 인식되는 것이 아니라 새로운 의미로 해석되도록 할 필요가 있다. 이처럼 문자열에서 기존의 문자와 달리 특별한 의미로 해석되기 위해서는 반드시 '\'(Back-slash)를 문자 앞에 붙인다. 이처럼 특별한 의미로 해석되는 문자를 탈출 문자(Escape Character)라고 부른다.

문자열에서 임의의 문자 앞에 '\'를 붙였다고 해서 무조건 탈출 문자로 해석하지는 않는다. 탈출 문자로 해석되는 것들은 정의되어 있다. '\'와 뒤에 오는 문자 조합이 탈출 문자로 정의되어 있지 않다면 '\'는 단순히 '\'인 것이다. 일반적으로 문자열 내에서 탈출 문자를 배울 때, 가장 먼저 접하는 예는 문자열 내에 이중 인용 부호나 단일 인용 부호를 사용하는 경우이다. 아래의 예를 보면 이해할 수 있다.

```
>>> # 여러분은 "최고의 학생들"입니다.
>>> # 문자열 안에 최고의 학생들 부분을 이중 인용부호로 강조할 때
>>> print("여러분은 "최고의 학생들"입니다.")
SyntaxError: invalid syntax <== 문법 에러 발생
>>> # 위의 예는 문자열을 알리는 첫 번째 "부터 시작해 첫 번째 나오는 "까지가 문자열임
>>> # 따라서 뒤에 이어지는 최고의 학생들"입니다.는 인터프리터가 해석하지 못함
```

```
수정된 코드

>>> print("여러분은 \"최고의 학생들\"입니다.")
여러분은 "최고의 학생들"입니다.
>>> # 문자열 내에서 \"는 문자열의 종료가 아닌 단순히 "로 출력하라는 의미
```

하지만 파이썬 언어는 다음과 같은 경우에는 문자열 내에 단일 혹은 이중 인용 부호를 문자열로 인식하도록 할 수 있다. 문자열은 단일 인용부호나 이중 인용부호를 사용해서 정의할 수 있으며, 다만 문자열의 시작과 끝에 동일한 인용부호를 사용해야 한다.

```
>>> #이중 인용부호 내에 단일 인용부호는 문자열로 인식함
>>> print("여러분은 '최고의 학생들'입니다.")
여러분은 '최고의 학생들'입니다.
>>> #단일 인용부호 내에 이중 인용부호는 문자열로 인식함.
>>> print('여러분은 "최고의 학생들"입니다.')
여러분은 "최고의 학생들"입니다.
```

파이썬 언어에서 정의한 핵심 탈출 문자를 정리하면 아래와 같다.

탈출 문자	의미
\n	줄 바꿈(New Line) : 다음에 오는 문자들부터 줄을 바꾸어 출력
\t	탭(Tab) : 정의된 탭만큼 띄운 다음 문자를 출력
\r	캐리지 리턴(Carriage Return) : \n과 동일한 기능을 수행함
\b	백 스페이스(Back Space) : 커서를 한 칸 앞 칸으로 이동
\\	백슬래시(Backslash) : 문자 \를 의미함
\'	단일 인용부호 : 문자 '를 의미함
\"	이중 인용부호 : 문자 "를 의미함

여기서 많이 사용되는 것은 '\t'이다. 문자열 내에서 해당 탈출 문자가 위치하면 탭만큼 띄어쓰기를 한 후에 다음 문자열을 출력한다. 설정된 탭 단위는 일반적으로 4칸이나 8정도를 많이 사용한다. 사용하는 툴에 따라 탭 설정이 다를 수 있다.

```
>>> print("이름\t나이\t소속")
이름        나이        소속
>>> print("홍길동\t29세\t한국대학교")
홍길동      29세        한국대학교
>>>
```

문자열 내에서 '\'를 단순 문자열로 출력하고 싶으면 '\\'와 같이 표현하는 것이 좋다. 한 가지 주의할 점은 문자열 내에서 '\' 다음에는 반드시 어떤 문자라도 사용되어야 한다. 그렇지 않으면 에러가 발생한다. '\' 다음의 문자와 조합이 탈출 문자로 해석되지 않으면 '\\'로 변환되어 저장된다.

```
>>> a = "우리 \\ 나라 \\ 화이팅"
>>> a
'우리 \\ 나라 \\ 화이팅'
>>> a = "아름다운 \강산 \높고 푸른 \하늘"
>>> a    #\를 하나만 사용해도 실제 저장될 때는 \\로 변환되어 저장
'아름다운 \\강산 \\높고 푸른 \\하늘'
>>> c = "한 걸음\t 한 걸음 \"    #마지막 '\' 다음에 문자가 없음(에러발생)
SyntaxError: EOL while scanning string literal
```

4.3 str.format( ) 함수(메서드)를 사용한 출력

이 방식은 문자열 내에 존재하는 { }(중괄호)와 format( ) 함수(메서드)를 사용한다. { } 내부에 정의된 포맷에 따라 format( ) 함수로부터 전달받은 인자(파라미터)값으로 대체하여 문자열을 완성한다. { } 내부가 비어있으면 format( ) 함수로부터 순차적으로 값을 받아 대체한다. 비어 있는 { }는 공백이 포함되어 있으면 안 된다. 여기서 메서드란 용어를 사용하였는데, 여러분은 아직 객체를 배우지 않았기 때문에 일단 함수와 같은 기능을 하는 것이라고 알아두기 바란다.

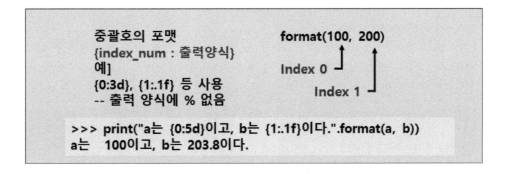

주) {} 안에 인덱스를 사용하지 않으면 빈 공간이 없어야 정상 수행됨.

```
>>> a = 100
>>> b = 500
>>> print("a의 값은 {}이고, b의 값은 {}이다.".format(a, b))
a의 값은 100이고, b의 값은 500이다.
>>> print("a의 값은 { }이고, b의 값은 { }이다.".format(100, 200)) #{ }안에 공간이 존재함
Traceback (most recent call last):
  File "<pyshell#387>", line 1, in <module>
    print("a의 값은 { }이고, b의 값은 { }이다.".format(100, 200))
KeyError: ' '
```

str.format( ) 방식을 사용하는 일반적인 방법은 아래와 같다.

중괄호의 포맷
{index_num : 출력양식}
예]
{0:3d}, {1:.1f} 등 사용
-- 출력 양식에 % 없음

format(100, 200)

Index 0
Index 1

```
>>> print("a는 {0:5d}이고, b는 {1:.1f}이다.".format(a, b))
a는    100이고, b는 203.8이다.
```

출력 서식은 이미 여러분이 학습한 것에서 %를 제외하면 된다. 인덱스 번호(Index_num)는
format( ) 함수에서 전달받은 인자 중에서 첫 번째 인자 값을 사용할 때는 인덱스 0을 사용하
고, 두 번째 인자 값을 사용할 때는 인덱스 1번을 사용한다. 인덱스는 0부터 1씩 증가하면서 순
차적으로 증가한다. { } 내의 인덱스는 중복 사용도 가능하다.

```
>>> a = 10
>>> b = "{0} x {0} = {1}".format(a, a*a)  #변수에 저장(출력 양식은 지정하지 않았음)
>>> print(b)
10 x 10 = 100
>>>
>>> print("a의 값은 {0}이고, b의 값은 {1}이다.".format(100, 200))
a의 값은 100이고, b의 값은 200이다.
```

4.4 f-string 방식

변수 및 숫자 등을 포함하는 문자열을 조작함에 있어서 가장 선호되는 방식은 f-string 방식이다. 이 방식은 포맷화된 문자열(Formatted string literals)이라고 한다. 파이썬 버전 3.6부터 지원되는 기능이다. f-string은 f(혹은 F)로 시작하고, 문자열 내부의 중괄호({ }) 안에 값, 변수 혹은 표현식을 적으면 해당 값으로 대체된다. 물론 { } 내에 출력 서식을 지정할 수 있다. 가장 핵심적인 특징은 { } 안에 직접 변수나 표현식을 작성하면 된다.

■ F-string 문법(An improved string formatting syntax)

f'문자열 {변수명 혹은 값 혹은 표현식 : 출력서식} 중괄호에 작성합니다'

• 문자열 앞에 f 혹은 F로 시작
• { } : 내부에 변수명, 값, 표현식등 작성 가능
• 출력서식 : 기존의 10d, .1f, 20s 등 사용 가능(%는 사용하지 않음)
• 문자열 뒤에 .format( ) 메서드가 제거됨

먼저 가장 간단한 예를 살펴보자.

```
# f_string_ex1.py

name = "홍길동"
age = 24
소속 = "한국대학교"
```

```
x = f'이름은 {name}이고, 나이는 {age}세이며, 현재 {소속}에 다닙니다.'
print(x)
```

이름은 홍길동이고, 나이는 24세이며, 현재 한국대학교에 다닙니다.

f-string 방식을 사용하면 { } 내에 표현식을 직접 작성할 수 있다. 아래 예제를 살펴보기 바란다.

```
# f_string_ex2.py

a = 100
b = 3
print(F"{a} / {b} = {a/b}") #실수 값 : 소수점 이하  15자리
print(F"{a} / {b} = {a/b:.3f}") #실수 값 : 소수점 이하 3자리

print(f'{a} + {b} -3 = {a+b-3}') #마지막 { }에 수식을 작성
```

```
100 / 3 = 33.333333333333336
100 / 3 = 33.333
100 + 3 -3 = 100
```

다음으로는 여러 개의 f-string을 ( )로 묶어서 사용할 수 있다. 다음의 예를 간단히 살펴보기 바란다.

```
# f_string_multipleString.py
#다중 f-string으로 작성할 때는 ( )안에 f-string을 나열한다.[콤마 사용하지 않음]
multip = (f"행복한 하루\n"
        f"즐거운 하루"
        f"활력있는 \t하루"
        f"\n이것이 홍길동의 하루"
    )
print(multip)
```

행복한 하루
즐거운 하루활력있는 하루 <-- 줄바꿈이 없으므로 연결 출력됨.
이것이 홍길동의 하루

아직은 여러분들이 리스트나 사전 등을 제대로 배우지 않았기 때문에 이 부분은 간단히 참고만 하기 바란다. 리스트 x=[1,2,3,4,5]에서 데이터 접근은 x[index]와 같이 사용하며, index는 0부터 1씩 증가한다. x[0]은 첫 번째 리스트 원소를 의미한다. 딕셔너리 d={"x":10, "y":20}의 경우, :을 기준으로 앞에는 키(Key)가 오고 뒤에는 대응하는 값(Value)이 온다. d["x"]와 같이 사용하면 키 "x"에 대응하는 값 10을 얻을 수 있다.

```
# f_string_listDic.py

a = [1,2,3,4,5] #이것은 리스트. a[0]:첫번째 원소, a[1]은 두 번째 원소
b ={"a":10, "b":20, "c":30} #사전형, b["a"]는 값 10을 돌려줌

#여러분 문자열 안에 다시 문자열을 사용하려면 외곽 문자열이 이중 인용부호이면
#내부의 인용 부호가 필요하면 단일 인용부호를 사용해야 함.(키 값 "c")
print(f"리스트 3번째 원소 : {a[2]}, 딕셔너리 키 값 'c'에 저장된 값 : {b['c']}")
```

출력

리스트 3번째 원소 : 3, 딕셔너리 키 값 'c'에 저장된 값 : 30

4.5 진수 변환 함수

print( ) 함수를 배웠으니, 이제 진수 변환 함수 bin( ), oct( ), hex( ) 함수를 알아보자. 아울러 print( ) 함수에서 특정 진수의 값을 출력하는 방식도 알아볼 것이다.

여러분들은 함수의 이름 bin, oct, hex를 주목하기 바란다. 함수의 이름은 함수가 하는 일을 알려주는 힌트를 제공한다. bin은 binary의 약자로 2진수로 변환하는 일을 하는 함수를 의미하며, oct는 octal의 약자로 8진수로 변환하는 일을 하는 함수이며, hex는 hexadecimal의 약자로 16진

수로 변환하는 일을 하는 함수라는 의미이다. 다만, 함수의 입력은 숫자(정수)를 입력해야 하며, 함수의 수행 결과 진법에 맞게 문자열로 변환된 값을 돌려준다. 아래 기본 문법을 살펴보자.

- **특정 진수로 변환하는 함수**

bin(정수)
정수 값을 인자(파라미터)로 받아서 접두어 0b를 붙인 2진수 문자열로 돌려줌

oct(정수)
정수 값을 인자로 받아서 접두어 0o를 붙인 8진수 문자열로 돌려줌

hex(정수)
정수 값을 인자로 받아서 접두어 0x를 붙인 16진수 문자열로 돌려줌

사실 여러분은 이미 int( ) 함수를 배웠다. int( ) 함수는 숫자로 된 문자열을 인자로 받아서 10진수로 변환한 값을 돌려주는 기능을 한다. 이 때 입력되는 인자가 어떤 진법으로 표기된 문자열인지를 알려주기 위해 표기에 사용된 진법을 지정해 주어야 한다. 10진수가 디폴트이므로, 나머지 진법은 지정해야 한다. int( ) 함수에 문자열이 아닌 실수(Floating-point)를 인자로 전달하면, 실수를 정수로 변환하여 돌려준다.

int(integerString, radix)

- integerString : 정수문자열로 소숫점을 포함면 안됨
- radix(진법) : integerString에 사용한 진법을 10진법 이외의 경우에는 반드시 지정해야 함
주) 진법은 2~36진법까지 파이썬은 허용하며, 10, 2, 8, 16진법을 많이 사용함

아래는 진수의 변환과 관련된 함수들을 정리해 그림으로 나타낸 것이다.

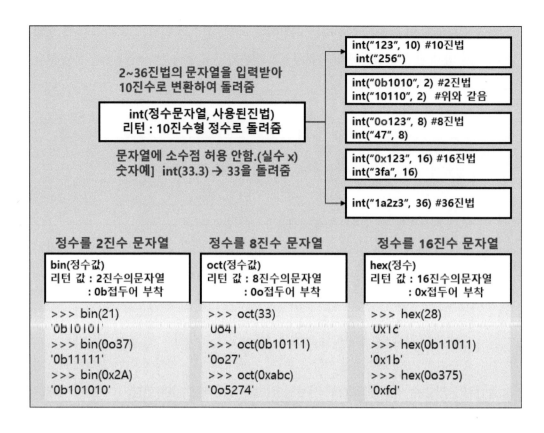

아래는 숫자(정수)를 특정 진법의 문자열로 변환하는 함수를 활용한 예제 프로그램이다.

```python
# radixConversion.py

#정수(실수 아님)를 0b, 0o, 0x를 붙인 진수로 변환한 문자열 변환
d = 43   #10진수
b = 0b1011 #2진수
o = 0o357 #8진수
x = 0xa7c #16진수
#bin(정수) : 2진수로 변환한 값을 문자열로 돌려줌(앞에 0b를 붙임)
print(f"bin()함수를 적용한 출력 : {bin(d)}, {bin(b)}, {bin(o)}, {bin(x)}")

#oct(정수) : 8진수로 변환한 값을 문자열로 돌려줌(앞에 0o를 붙임)
print(f"oct()함수를 적용한 출력 : {oct(d)}, {oct(b)}, {oct(o)}, {oct(x)}")

#hex(정수) : 16진수로 변환한 값을 문장열로 돌려줌(앞에 0x를 붙임)
print(f"hex()함수를 적용한 출력 : {hex(d)}, {hex(b)}, {hex(o)}, {hex(x)}")
```

```
#여러분 문자열로 구성된 숫자(0b, 0o, 0x접두사 가능)는 언제든지 정수로 변환 가능함
temp = hex(b) #2진수의 숫자를 16진수 문자열로 변환
print(f"hex(b)의 내용을 정수로 되돌리기 {int(temp, 16)} ")
```

> **출력**
>
> bin()함수를 적용한 출력 : 0b101011, 0b1011, 0b11101111, 0b101001111100
> oct()함수를 적용한 출력 : 0o53, 0o13, 0o357, 0o5174
> hex()함수를 적용한 출력 : 0x2b, 0xb, 0xef, 0xa7c
> hex(b)의 내용을 정수로 되돌리기 11

다음은 숫자로 된 문자열을 10진수로 변환해 돌려주는 int( ) 함수에 대한 예제이다.

```
# int함수사용하기.py

#int( )에 실수를 입력하면 정수를 돌려줌
print(f"int( )에 숫자 33.5를 넣으면 정수로 변환 : {int(33.5)}")

#int( )함수는 2~36 진법의 정수문자열을 10진수 정수로 출력해줌
#숫자로 된 문자열에는 접두어 0b, 0o, 0x 등을 사용하여 진수 표기 가능함
print(f"10진수 문자열 835에 int( )적용하면, {int('835')}") #디폴트입력은 10진수
print(f"10진수 문자열 835에 int( )적용하면, {int('835', 10)}")
print(f"이진수 문자열 1010에 int( )적용하면, {int('1010', 2)}")
print(f"이진수 문자열 0b1010에 int( )적용하면, {int('0b1010', 2)}")
print(f"8진수 문자열 375에 int( )적용하면, {int('373', 8)}")
print(f"8진수 문자열 0o375에 int( )적용하면, {int('0o373', 8)}")
print(f"16진수 문자열 7f8에 int( )적용하면, {int('7f8', 16)}")
print(f"16진수 문자열 0x7f8에 int( )적용하면, {int('0x7f8', 16)}")
#36진법까지 허용(숫자표현을 위해 0~9. a~z까지 36개사용가능함)
print(f"36진수 1akz8dp int( )적용하면, {int('1akz8dp', 36)}")
print("여러분 10진수, 2진수, 8진수, 16진수 정도 알고 있어야 좋습니다.")
```

> **출력**
>
> int( )에 숫자 33.5를 넣으면 정수로 변환 : 33
> 10진수 문자열 835에 int( )적용하면, 835
> 10진수 문자열 835에 int( )적용하면, 835
> 이진수 문자열 1010에 int( )적용하면, 10
> 이진수 문자열 0b1010에 int( )적용하면, 10
> 8진수 문자열 375에 int( )적용하면, 251

```
8진수 문자열 0o375에 int( )적용하면, 251
16진수 문자열 7f8에 int( )적용하면, 2040
16진수 문자열 0x7f8에 int( )적용하면, 2040
36진수 1akz8dp int( )적용하면, 2816680237
여러분 10진수, 2진수, 8진수, 16진수 정도 알고 있어야 좋습니다.
```

마지막으로 print( ) 함수에서는 임의의 정수 값을 여러분들이 원하는 진법으로 출력하는 방법을 제공하고 있다. 여기서 제시한 방법을 잘 숙지하면 향후 유용하게 활용할 수 있다.

```python
# printRadix출력.py
print("기본, format, f-string 등의 서식은 해당 진법의 수 앞에 0b, 0o, 0x가 오지 않음")
#기본 print( ) 함수
a = 121
#기본 프린트함수는 %b를 지원하지 않음
print("십진수 : %d,  8진수 : %o, 16진수 : %x" %(a, a, a))

#.format( ) 메서드(함수) 사용(이진수 서식 b 지원)
print("format()->십진수 : {0:d}, 2진수 : {0:b}, 8진수 : {0:o}, 16진수 : {0:x}".format(a))

#f-string 사용(이진수 서식 b 지원)
print(f"f-string->십진수 : {a:d}, 2진수 : {a:b}, 8진수 : {a:o}, 16진수 : {a:x}")

##해당 숫자의 진법을 표기하고 싶으면 ...(2, 8, 16진수 등은 정수만 허용)
print(f"f-string->십진수 : {a:d}, 2진수 : 0b{a:b}, 8진수 : 0o{a:o}, 16진수 : 0x{a:x}")
```

출력
```
기본, format, f-string 등의 서식은 해당 진법의 수 앞에 0b, 0o, 0x가 오지 않음
십진수 : 121,  8진수 : 171, 16진수 : 79
format()->십진수 : 121, 2진수 : 1111001, 8진수 : 171, 16진수 : 79
f-string->십진수 : 121, 2진수 : 1111001, 8진수 : 171, 16진수 : 79
f-string->십진수 : 121, 2진수 : 0b1111001, 8진수 : 0o171, 16진수 : 0x79
```

16진수 0xfa, 0xFA, 0Xfa, 0XFA는 모두 같은 수로 해석된다. 다만 print( )함수에서 서식 x와 X의 차이가 무엇인지는 아래 예제를 보고 확인해 보자.

```
#십진수 255를
print("225를 서식 x를 사용한 출력 값:", "%x"%255)
print("225를 서식 X를 사용한 출력 값:", "%X"%255)
```

출력

```
225를 서식 x를 사용한 출력 값: ff
225를 서식 X를 사용한 출력 값: FF
```

마지막으로 문자열 앞에 r이나 R을 결합하면 raw 문자열(가공하지 않는 문자열)을 생성할 수 있는 방법이 있다. 이 때는 backslash(\)를 단순 문자로 취급한다. 즉, 탈출 문자를 처리하지 않고, 여러번 타이핑한 문자열을 그대로 출력할 때 사용한다.

```
>>> print(r"\n탈출 문자로 해석하지 않고 \\ 단순한 문자열로 \n로 취급\t합니다.")
\n탈출 문자로 해석하지 않고 \\ 단순한 문자열로 \n로 취급\t합니다.
>>> a = 10
>>> print(r"{a} : 모두가 단순 문자입니다.")
{a} : 모두가 단순 문자입니다.
>>> print(r"{} : \\모두가 단순 문자입니다.".format(a)) #탈출문자는 지원않고, format가능
10 : \\모두가 단순 문자입니다.
```

4.6 input( ) 함수

input( ) 함수는 표준 입력으로부터 데이터를 입력받을 때 사용하는 함수이다. 일반적으로 표준 입력은 키보드로 생각하면 된다. 즉, 키보드를 통해서 데이터를 입력받고 싶으면 input( ) 함수를 사용해야 한다. input( ) 함수의 일반적인 형태는 아래와 같다.

■ input( ) 함수의 기본형 : 키보드(표준 입력)로부터 데이터를 받을 때 사용.

input([prompt])

- [prompt] : 옵션으로 문자열로 작성하며, 표준 출력(콘솔 창)에 출력되는 메시지
- 리턴 값 : 이 함수의 리턴 값은 항상 문자열이며, 숫자를 입력해도 문자열로 돌려줌.
  만약에 숫자로 된 문자열을 숫자로 변환하려면 int( ), float( ) 함수를 사용함

이제 가장 간단한 형태의 input( ) 함수를 알아보자. Spyder IDE(통합 환경) 툴을 사용한 예이다.

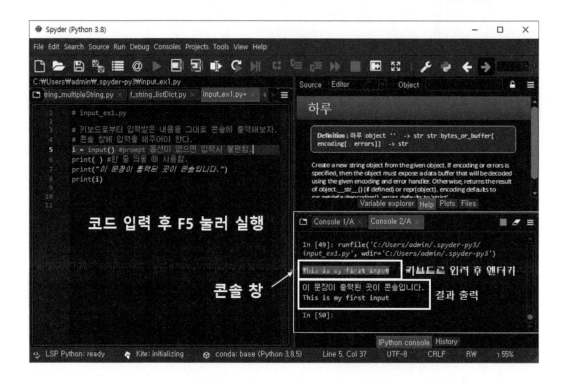

코드를 작성하고 파일을 저장한 다음 F5 키를 누르면 실행된다. input( ) 함수가 실행되면 콘솔 창에 마우스를 클릭한 다음 키보드로 타이핑하여 입력할 내용을 작성한 후 엔터키를 치면 입력한 내용을 문자열로 돌려준다. 리턴 된 값은 변수 i에 할당된다.

이제 input( ) 함수에 prompt 메시지를 표준 출력에 출력하여 입력을 하는 방식을 알아보자. 가급적이면 이 방법을 사용할 것을 권장하는 바이다. 이 번 예제는 2회에 걸쳐 input( ) 함수를 통해 문자열을 입력받은 후, 2개의 문자열을 하나로 합쳐서 출력하는 프로그램이다. 문자열 사이의 덧셈은 두 문자열을 하나의 문자열로 합쳐준다.

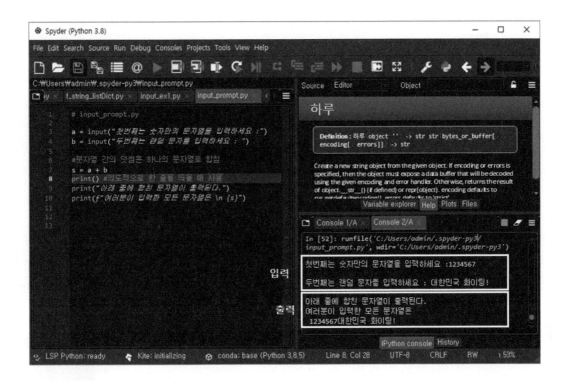

이번에는 input( ) 함수를 사용해 숫자로 된 문자열 입력을 받아서 간단한 연산을 하는 프로그램을 작성해 보자. 숫자로 구성된 문자열을 숫자로 변환하려면 int( ) 혹은 float( ) 함수를 사용해야 한다.

```python
# num_input1.py
# 문자열 숫자입력을 숫자로 변환하여 연산

a = input("첫번째 숫자(정수)를 입력하세요 : ")
#문자열로 받은 숫자를 정수로 변환
a = int(a) #숫자 변환
#문자열을 입력받으면서 즉시 숫자(실수)로 변환
b = float(input("두번째 숫자(실수)를 입력하세요. : "))

sum = a+b

print(f"{a} + {b} = {sum : .2f}")  #sum을 출력할 때 소수점 2자리로 반올림 후 출력
```

첫번째 숫자(정수)를 입력하세요 : 300 <==키보드로 숫자를 입력하고 엔터 키
두번째 숫자(실수)를 입력하세요. : 127.567 <== 키보드로 입력하고 엔터 키
300 + 127.567 = 427.57

4.7 표현식(Expression)과 문장(Statement)

표현식은 값을 평가하는 일을 수행하는 것이고, 문장은 어떤 행위를 하는 것을 의미한다. 변수 y에 어떤 값을 할당하는 일, print( ) 함수를 사용해 콘솔 창에 출력하는 일 등은 문장에 해당한다. 프로그래밍에서 표현식(Expression)이란 하나 이상의 값으로 표현되는 수식이라고도 한다. 즉 여러분들이 수학에서 일반적으로 사용했던 사칙 연산(10+10, 10-5, 10*3, 10/5)은 프로그래밍의 표현식에 해당된다. 다만, 컴퓨터 프로그래밍에서 수식은 단순히 숫자만을 포함하는 것이 아니라, 변수, 함수, 리스트, 문자열 등을 포함할 수 있다. 특히 주목할 점은 표현식은 최종적으로 연산을 완료하여 하나의 값을 돌려준다. 또 하나 주의할 점은 표현식은 단순히 숫자들만의 연산이 아닌 문자열 간의 연산("abc"+"de"="abcde")도 가능할 수 있다. 한 표현식의 결과는 이웃하는 다른 표현식과 사용하여 새로운 값을 도출할 수 있다.

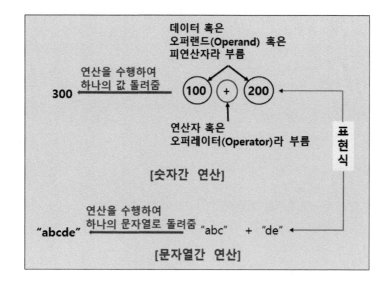

문장(Statement)은 파이썬 인터프리터가 수행하는 코드 단위이다. 일반적으로 문장은 계산 결과를 저장할 변수를 지정한다. 즉, 문장은 중첩하여 사용할 수 없다.

```
x = 10 /2 #우측은 표현식이며, 전체는 문장에 해당됨.
#10/2라는 표현식은 다른 표현식에서 사용 가능
(10/2) + 125*x  #이것은 표현식
y = (x=10/2) + 100 #새 문장을 생성하기 위해 기존 문장과 수의 표현식은 불가능함
y = x + 2  #변수, 상수는 표현식을 구성할 수 있음.
```

4.8 산술연산자(Arithmetic Operator)

파이썬 언어에서는 다양한 산술 연산을 수행하는 연산자를 지원하고 있다. 기본적인 사칙연산은 쉽게 이해할 수 있지만, 나눗셈의 몫을 구하는 연산자(//)와 나머지를 구하는 연산자(%)는 낯설 수 있다. 아래에 정리된 산술 연산자를 반드시 익혀두기 바란다.

파이썬 연산자	해석	예
+	덧셈	3+5 = 8
−	뺄셈	10-2 = 8
*	곱셈	3 * 4 = 12
/	나눗셈	주) 연산 결과를 실수(Float)로 돌려줌 10 / 3 = 3.3333333333333335
//	나눗셈 몫	주) 나눗셈 수행 후 몫(정수부)을 돌려줌 10 // 3 = 3
%	나눗셈 나머지	주) 나누는 수가 n이면 나머지를 0~n-1 사이의 값으로 돌려줌 10 % 3 = 1
<<	좌측 이동	10 << 3 #10(이진수 1010)을 좌측으로 3비트 이동 #곱하기 8의 효과[비트 연산에 다룸]
>>	우측 이동	10 >> 3 #10을 우측으로 3비트 이동 #8로 나눈 몫과 동일한 결과[비트 연산에서 다룸]
**	제곱	2**3 = 8(2의 3제곱)
파이썬에서 지원하지 않는 연산자[C, C++ 등의 언어에서는 지원함]		
++	1증가	++a, a++ 등은 지원하지 않음
−−	1감소	−−a, a−− 등은 지원하지 않음

```
>>> a = 100
>>> b = 3
>>> a + b #덧셈
103
>>> a - b #뺄셈
97
>>> a * b #곱셈
300
>>> a / b #나눗셈(float로 돌려줌)
33.333333333333336
>>> a // b #나눗셈의 몫을 돌려줌
33
>>> a % b #나눗셈 후 나머지를 돌려줌
1
>>> ++a #단항 증가 연사자 [지원하지 않음] a 값의 변동이 없음
100
>>> a-- #단항 감소 연산자[숫자 뒤에 단항 연산자를 사용하는 것을 허용하지 않음]
SyntaxError: invalid syntax
>>> --a # 단항 감소 연산은 지원하지 않음.
100
>>> a
100
>>>
```

산술 연산 이외에도 논리 연산이 있는데, 이 내용은 차후에 다루도록 하겠다.

여기서 배운 다양한 산술 연산을 적용한 프로그램을 실습해 보자. input( ) 함수를 사용해 2개의 값을 받아서 다양한 산술 연산을 수행하는 프로그램이다.

```
# arithmetic.py

a = int(input("첫번째 수를 입력하세요. : "))
b = int(input("두번째 수를 입력하세요. : "))

print(f"덧셈 : {a} + {b} = {a+b}") #{ } 안에서 직접 연산을 수행할 수 있음
print(f"뺄셈 : {a} - {b} = {a-b}")
print(f"곱셈 : {a} * {b} = {a*b}")
print(f"나눗셈 : {a} / {b} = {a / b:.2f}") #소수점 2째 자리까지 출력
```

```
print(f"몫 : {a} // {b} = {a // b}")
print(f"나머지 : {a} % {b} = {a % b}")
```

出力

```
첫번째 수를 입력하세요. : 100 <== 여러분이 100 입력
두번째 수를 입력하세요. : 3  <== 여러분이 3 입력
덧셈 : 100 + 3 = 103
뺄셈 : 100 - 3 = 97
곱셈 : 100 * 3 = 300
나눗셈 : 100 / 3 = 33.33
몫 : 100 // 3 = 33
나머지 : 100 % 3 = 1
```

다음은 1항의 값 a가 1이고, 마지막 10항의 값 k가 37이며, 총 항의 개수가 n=10개인 등차수열의 총합을 구하는 프로그램을 작성해보자. 등차수열의 공식에 따라 최종 합은 sum = n(a+k)/2이다.

```
# 등차수열.py

a = 1  #초항의 값
k = 37 #마지막 항의 값
n = 10 # 총 항의 갯수
sum = 0 #최종 합을 저장할 변수
# sum = n(a+k)/2 [등차 수열 공식: n=항수, a=초항, k=마지막 항]
sum = n * (a + k ) / 2
print("수열 : 1, 5, 9, 13, 17, 21, 25, 29, 33, 37의 합 구하기 ")
print(f"sum = {sum}")
```

出力

```
수열 : 1, 5, 9, 13, 17, 21, 25, 29, 33, 37의 합 구하기
sum = 190.0
```

4.9 비교연산자(Comparison Operator)

2개의 값을 비교할 때는 비교 연산자를 사용한다. 비교 연산은 2개의 값이 같은지, 큰지, 작은지 혹은 같지 않은지를 판별하는 연산이며, 비교 연산 결과는 부울형인 True 혹은 False로 돌려준다. 이러한 비교 연산은 특히 조건문, 반복문 등에서 조건을 판별할 때 사용한다.

먼저 파이썬 언어에서 제공하는 비교 연산자를 알아보자.

비교연산자	명칭	예
==	equal	3 == 3 [True]
!=	not equal	3 != 3 [False]
〉	greater than	3 〉2 [True]
〈	less than	3 〈 2 [False]
〉=	Greater than or equal to	10 〉= 5 [True]
〈=	Less than or equal to	10 〈= 5 [False]

아래는 비교 연산자를 활용한 간단한 프로그램이다.

```
# comparisonOperator.py

a = 100
b = 100
c= 200
#비교 결과가 참이냐 거짓이냐에 따라 True 혹은 False를 돌려줌
print(f"{a}와(과) {b}은 같나요 ? : {a ==b}")
print(f"{a}와(과) {b}은 같지 않나요 ? : {a !=b}")
print(f"{c}이 {b}보다 큰가요 ? : {c > b}")
print(f"{c}이 {b}보다 작나요 ? : {c < b}")
print(f"{c}이 {b}보다 같거나 큰가요 ? : {c >= b}")
print(f"{c}이 {b}보다 같거나 작은가요 ? : {c <= b}")
```

100와(과) 100은 같나요 ? : True
100와(과) 100은 같지 않나요 ? : False
200이 100보다 큰가요 ? : True
200이 100보다 작나요 ? : False
200이 100보다 같거나 큰가요 ? : True
200이 100보다 같거나 작은가요 ? : False

조건문을 아직 배우지 않았지만, 조건문(if)에서 비교 연산자를 활용하는 예를 살펴보자. if, elif, else 문장의 마지막에는 :(콜론)이 위치해야 하며, 각 조건들에 해당하는 코드들은 일정한 들여쓰기(Indentation)를 해야 한다. 이것은 파이썬 언어의 문법에서 규정한 것이며, 이를 따르지 않으면 에러가 발생한다.

```
# usingComparison.py

a = 100
b = 200
#if 문의 문장 끝에 :을 반드시 붙일 것
#각 조건이 만족될 때 수행할 코드들은 일정한 들여쓰기 필요함.
#if, elif, else 중에서 위에서부터 첫 번째 참인 코드 블록만 수행함
if a > b : #a가 b보다 크다면(참이면), 아래를 수행함.
    #a>b를 만족할 때 수행하는 모든 부분은 일정한 들여쓰기 필요함.
    print(f"{a}이 {b}보다 {a-b}만큼 큽니다.")
elif a < b : #a가 b보다 작다면 수행
    #들여쓰기 필요함
    print(f"{b}이 {a}보다 {b-a}만큼 큽니다.")
else : #위의 두 조건이 거짓이면(a와 b는 같음)
    #들여쓰기 필요함
    print(f"{a}와 {b}는(은) 같습니다.")

print("프로그램을 종료합니다.") #if문과 상관없음(들여쓰기 없음)
```

200이 100보다 100만큼 큽니다.
프로그램을 종료합니다.

4.10 논리연산자(Logical Operator)

논리 연산은 조건문과 반복문 등에서 일반적으로 사용한다. 물론 독립적으로도 사용할 수는 있다. "a and b"는 a가 참이고 b가 참일 때, True를 돌려준다. "a or b"는 a가 참이거나 b가 참이면, True를 돌려준다. 그리고 "not a"는 a가 참이면, 이를 부정하여 False를 돌려준다. 파이썬 프로그래밍 언어에서 논리 연산자는 "and", "or" 및 "not" 등 3가지가 있다. 이러한 논리 연산자를 정리하면 아래와 같다.

논리 연산자	명칭	예[x = 10이라 하자]	C, C++언어
and	논리적 and	x > 7 and x < 12 [True]	&&
or	논리적 or	x < 7 or x >12 [False]	||
not	논리 부정	not(x > 7 and x < 12) [False]	!

대부분의 프로그래밍 언어는 "and", "or" 및 "not"을 사용하지 않고, 동일한 기능을 하는 "&&", "||" 및 "!"를 사용한다.

논리 연산자를 사용하는 프로그램 예제를 살펴보자.

```
# logicalOperator.py

a = int(input("1에서 100사이의 값을 입력해주세요 : "))
#if문을 만날 때마다 수행됨.
if a > 30 and a < 70 :
    print(f"입력한 값 {a}는(은) 30과 70 사이에 있음.")

if a < 30 or a >70 :
    print(f"입력한 값 {a}는 30보다 작거나 70보다 큼")

if not(a > 30 and a < 70) :
    print(f"입력한 값 {a}는(은) 30과 70 사이에 있지 않음.")
```

1에서 100사이의 값을 입력해주세요 : 33 <== 첫 번째 실행
입력한 값 33는(은) 30과 70 사이에 있음.

1에서 100사이의 값을 입력해주세요 : 25 <== 두 번째 실행
입력한 값 25는 30보다 작거나 70보다 큼
입력한 값 25는(은) 30과 70 사이에 있지 않음.

아래는 반복문에서 논리 연산자를 사용하는 경우이다.

```python
# 논리연산과반복문1.py
a = 10
b = 30
sum = 0
i = 0 #루프를 수행한 횟수
while a > 0 or b >7 :
    sum += a + b
    a -= 3
    b -=7
    i += 1

print("반복문 수행 횟수 :", i)
print(f"sum = {sum}")
```

```
반복문 수행 횟수 : 4
sum = 100
```

4.11 멤버쉽 연산자(Membership Operator)

멤버쉽 연산자는 시퀀스형 데이터 목록에 특정 원소가 포함되어 있는지를 확인할 때 사용한다. 이 연산자는 문자열, 리스트, 튜플, 사전형 데이터를 다룰 때 유용한 연산이다. 다만, 키-값 쌍으로 구성되는 사전형 데이터의 경우에는 사전형 데이터에 특정 키가 존재하는지를 확인할 때 사용한다. 멤버쉽 연산자가 적용된 연산에서는 True나 False를 돌려준다.

멤버쉽연산자	사용 예	설명
in	3 in [1,2,3,4,5] "b" in {"a":1, "b":2}	리스트 원소에 3이 있으면 True 돌려줌 딕셔너리의 키로 "b"가 있으면 True 돌려줌
not in	100 not in (1,2,3,4)	튜플 원소에 100이 속해있지 않으면 True 돌려줌

멤버쉽 연산자를 활용한 프로그램 예제를 살펴보자.

```
# membershipOperator.py

print(3 in [1,2,3,4,5], "in list[in]") #3이 리스트의 원소냐?
print(10 in (1,3,5,7,9), "in tuple[in]") #10이 튜플의 원소냐?
print("a" in {"a":10, "b":20}, "in dictionary[in]") #"a"가 딕셔너리의 키인가?

print(3 not in [1,2,3,4,5], "in list[not in]") #3이 리스트의 원소가 아닌가?
print(10 not in (1,3,5,7,9), "in tuple[not in]") #10이 튜플의 원소가 아닌가?

#활용예
li = [1,3,5, 7, 9]
if 3 in li :
    print("3은 리스트 li의 원소입니다.")
    print("1,5,7,9도 리스트의 원소입니다.")
else :
    print("3은 리스트 li의 원소가 아닙니다.")

print("프로그램을 종료합니다.")
```

True in list[in]
False in tuple[in]
True in dictionary[in]
False in list[not in]
True in tuple[not in]
3은 리스트 li의 원소입니다.
1,5,7,9도 리스트의 원소입니다.
프로그램을 종료합니다.

4.12 비트 연산자(Bitwise Operator)

비트 단위 연산자는 값들을 2진수 형태로 비교한다. 즉, 두 수를 2진수 형태로 표현하고, 두 수의 동일한 비트 위치에 대해 비트 단위로 연산을 수행한다.

비트 연산자	명칭	설명 [a, b는 정수형 변수]
&	Bitwise AND	a & b : 동일한 비트 위치가 모두 1이면, 1
|	Bitwise OR	a | b : 동일한 비트 위치가 하나라도 1이면, 1
~	Bitwise NOT	~a : a의 모든 비트 값을 반전(1-->0, 0-->1로)
^	Bitwise XOR	a ^ b : 동일한 비트 위치에 1의 개수가 홀수이면 1
<<	Zero fill left shift	a << 2 : a의 모든 비트를 우측 방향으로 2비트 이동하고, 우측의 빈 비트 공간은 0으로 채움
>>	Signed right shift	a >> 2 : a의 모든 비트를 우측으로 2비트 이동하고, 좌측의 빈 자리는 부호 비트로 채움[부호 보존]

아래는 비트 연산을 이해하기 쉽도록 값들을 2진수 형태로 변환하여 연산이 수행되는 것을 보여준다.

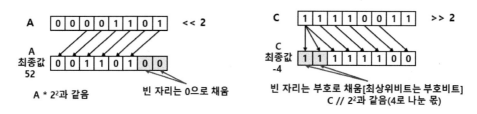

설명을 위해 값이 8비트로 표현된다고 가정한다.
컴퓨터는 숫자를 2의 보수로 다룬다.
A = 13   [2진수 : 0000 1101](양수 13)
B = 27   [2진수 : 0001 1011](양수 27)
C = -13 = [2진수 : 1111 0011](음수 13)

```
  A = 0000 1101          A = 0000 1101          A = 0000 1101        ~ A = 0000 1101
& B = 0001 1011        | B = 0001 1011        ^ B = 0001 1011       ---------------------
---------------------  ---------------------  ---------------------            1111 0010
      0000 1001              0001 1111              0001 0110        [정수 -14를 돌려줌]
  [정수 9를 돌려줌]       [정수 31을 돌려줌]       [정수 22를 돌려줌]
```

```
A  0 0 0 0 1 1 0 1   << 2          C  1 1 1 1 0 0 1 1   >> 2

A                                  C
최종값  0 0 1 1 0 1 0 0            최종값  1 1 1 1 1 1 0 0
52                                 -4

A * 2² 과 같음    빈 자리는 0으로 채움       빈 자리는 부호로 채움[최상위비트는 부호비트]
                                            C // 2² 과 같음(4로 나눈 몫)
```

아래는 비트 연산을 수행하는 프로그램 예제이다. 잘 살펴보기 바란다. 특별한 경우에 비트 연산이 필요할 수 있으니, 이와 관련된 코딩 연습을 많이 해보기 바란다.

```python
# bitwiseOperation.py
#컴퓨터는 숫자를 2의 보수 체계로 다룹니다.
a = 13;  b = 27;  c = -13
#x = a & c; print(f"a & b = {x}") <-- 이러한 방식으로 수행해도 무방함
print(f"a & b = {a & b}")
print(f"a | b = {a | b}")
print(f"~a = {~a}")
print(f"a ^ b = {a ^ b}")
print(f"a << 2 = {a << 2}")
print(f"c >> 2 = {c >> 2}")
```

출력

```
a & b = 9
a | b = 31
~a = -14
a ^ b = 22
a << 2 = 52
c >> 2 = -4
```

4.13 복합할당연산자(Compound Assignment Operator)

다음은 복합 할당연산자에 대해 알아보자. 복합 할당연산자를 사용하는 경우는 임의의 변수 x 가 할당문 우측에 나오는 수식에서 사용되고, 결과 값이 다시 변수 x에 할당될 때 사용한다. 이 러한 경우에는 기존의 방식을 사용하는 것보다 복합 할당연산자를 사용하는 것이 연산 시간측 면에서 유리하다고 한다.

아래는 복합 연산자에 대한 내용을 정리한 것이다.

복합 할당연산자	사용방법	등가의 기존 방식
+=	x += 7	x = x + 7
-=	x -= 7	x = x - 7
*=	x *= 7	x = x * 7
/=	x /= 7	x = x / 7
%=	x %= 7	x = x % 7
//=	x //= 7	x = x // 7
**=	x **= 7	x = x ** 7
&=	x &= 7	x = x & 7
|=	x |= 7	x = x | 7
^=	x ^= 7	x = x ^ 7
>>=	x >>= 7	x = x >> 7
<<=	x <<= 7	x = x << 7

```
# compoundAssignmentOperator.py
x = 77
y = 3
x += y #x 값을 읽어서 연산을 한 후 다시 x 변수에 할당
print(f"77 += {y} : {x}")
x = 77 #값을 처음 값으로 변경
x -= y
#위의 연산을 통해 x값이 변경되었으므로 본래의 x 값 77
print(f"77 -= {y} : {x}")
```

```
x=77; x *= y #한 줄에 2문장 이상이면 각 문장을 ;콜론으로 구분함
print(f"77 *= {y} : {x}")
x=77; x /= y
print(f"77 /= {y} : {x:.2f}") #소수점 2째 자
x=77; x %= y
print(f"77 %= {y} : {x}")
x=77; x //= y
print(f"77 //= {y} : {x}")
x=77; x **= y
print(f"77 **= {y} : {x}")
x=77; x &= y
print(f"77 &= {y} : {x}")
x=77; x |= y
print(f"77 |= {y} : {x}")
x=77; x ^= y
print(f"77 ^= {y} : {x}")
x=77; x >>= y
print(f"77 >>= {y} : {x}")
x=77; x <<= y
print(f"77 <<= {y} : {x}")
```

출력

```
77 += 3 : 80                    77 **= 3 : 456533
77 -= 3 : 74                    77 &= 3 : 1
77 *= 3 : 231                   77 |= 3 : 79
77 /= 3 : 25.67                 77 ^= 3 : 78
77 %= 3 : 2                     77 >>= 3 : 9
77 //= 3 : 25  --> 우측에서 계속   77 <<= 3 : 616
```

4.14 연산자 우선순위(operator precedence)

할당 연산자(=)가 가장 낮은 우선순위를 가진다. 상식적으로 생각하면 모든 표현식의 연산을
완료한 이후에 변수에 값을 저장할 수 있기 때문이다. 그리고 가장 우선순위가 높은 것은 괄호
( )이다. 여러분들이 프로그램을 코딩하면서 연산 순위가 모호할 경우에는 괄호로 묶어주면 된
다. 사칙 연산의 우선순위는 이미 여러분들이 초중등 수학에서 배운 것과 동일하다. 덧셈이나
뺄셈보다 곱셈, 나눗셈의 우선순위가 높으며 동일한 우선순위일 경우에는 왼쪽부터 오른쪽으
로 연산을 수행한다.

연산자 우선순위는 번호가 작을수록 우선순위가 높다.

우선순위	연산자	설명
1	(expression)	괄호로 묶은 표현식
2	**	제곱 연산자
3	+x, -x, ~x	단항 연산자
4	*, /, //, %	곱셈, 나눗셈, 몫, 나머지
5	+, -	덧셈, 뺄셈
6	〈〈, 〉〉	쉬프트(shift) 연산자
7	&	Bitwise AND
8	^	Bitwise XOR
9			Bitwise OR
10	〈, 〈=, 〉, 〉=, !=, ==	비교연산자
11	not x	논리부정 연산자
12	and	논리 and 연산자
13	or	논리 or 연산자
14	=	할당 연산자

4.15 eval( ) 함수

eval( ) 함수는 문자열로 입력된 표현식(Expression)을 연산하여 결과 값을 돌려주는 함수이다. 이 함수는 자주 사용되지는 않지만, 가끔 사용될 수 있으니 알아두면 좋을 것 같다. eval( ) 함수의 기본형은 다음과 같다.

■ eval( ) 함수의 기본형

eval(expression[, globals, locals])

- expression : 문자열 내에 숫자, 문자열, 변수 등을 포함하여 표현된 표현식
- globals, locals : 옵션으로 표현식에 전역 변수나 지역 변수를 딕셔너리로 전달.
  표현식에서 키 값을 기술하면 대응하는 값을 사용할 수 있음
- 리턴 값 : 표현식의 연산 결과 값을 돌려줌

여러분은 아직은 프로그래밍에 경험이 많지 않기 때문에 eval("표현식") 코딩 방식에 집중하면 된다. 이제 간단한 코딩 예를 살펴보자.

```
# evalFunction1.py
# 일반형 : eval(expression, globals, locals)
#locals를 사용할 일은 거의 없음
#숫자로만 된 표현식 사용
x = eval("1 + 2 + 3 + 5")
print(f"x값은 {x}이고, 데이터형은 {type(x)}") #데이터형은 int(정수형)
#표현식 내에서 문자열의 덧셈(문자열 합침)
s = eval("'abcd' + '한글' + '합쳐진 문자열'")
print(s, "eval( ) 수행후 리턴한 데이터형:",  type(s)) #데이터형 str(문자열)

#이 이하의 코드는 참고만 하기 바람.
a = 100 #함수 밖에 있으면 전역 변수
#eval에서 전역 변수를 사용하려면, {키1:전역변수명1, 키2:전역변수명2,...}
#eval 함수의 표현식에 전역 변수를 직접 사용하는 것을 허용하지 않음.
#eval 표현식에서 키(key) 값을 변수로 대체하여 연산함
sum = eval("a_key + 10", {"a_key": a}) #globals={"a_key": a}와 같은 할당 불가함.
print(f"sum is {sum}")

#globals에 존재하지 않는 변수를 설정하는 것도 가능함
sum1 = eval("a_key + 10 + k", {'a_key': a, 'k':100})
print("eval(\"a_key + 10 + k\", {'a_key': a, 'k':100}):", sum1)
```

출력
```
x값은 11이고, 데이터형은 <class 'int'>
abcd한글합쳐진 문자열 eval( ) 수행후 리턴한 데이터형: <class 'str'>
sum is 110
eval("a_key + 10 + k", {'a_key': a, 'k':100}): 210
```

eval( ) 함수는 종종 키보드를 사용하여 다양한 수식을 입력하고, 이에 대한 연산 결과를 바로 확인하고자 할 때도 사용한다.

```
# eval응용1.py

exp = input("계산 값을 알고 싶은 수식을 입력하세요. : ")
print("입력한 수식 : ", exp)
s = eval(exp)
print(s)
```

출력

```
계산 값을 알고 싶은 수식을 입력하세요. : (33*45+37)/7 + 3    #다양한 수식이 가능함
입력한 수식 :  (33*45+37)/7 + 3
220.42857142857142
-----------------------------
계산 값을 알고 싶은 수식을 입력하세요. : "여러분" + "  " + "Fighting!!!"
입력한 수식 :  "여러분" + "  " + "Fighting!!!"
여러분  Fighting!!!
```

여러분 위의 프로그램은 입력을 원할 때마다 F5 버튼을 클릭하여 실행해 수식을 입력하는데, 만약에 이 프로그램을 여러분이 수식을 입력할 때마다 계산하여 결과를 출력해주는 프로그램 으로 변경하고 싶지 않나요? 아직 배우지 않았지만, while 반복문을 사용하면 간단히 구현이 가능하다.

```
# eval응용2.py
#while 조건 :  <-- 조건이 참인 동안 while 코드 블록 수행
print("프로그램 종료를 원하면 1만 입력하세요.")
while 1 :  #1은 True와 같음
    exp = input("계산 값을 알고 싶은 수식을 입력하세요. : ")
    if exp == "1" :
        break  #while문을 탈출하라는 예약어
    print("입력한 수식 : ", exp)
    s = eval(exp)
    print("결과 값 ==> ", s)  #여기까지가 while 코드 블록임(들여쓰기 확인)
print("프로그램을 종료합니다.")
```

프로그램 종료를 원하면 1만 입력하세요.

계산 값을 알고 싶은 수식을 입력하세요. : 10*7
입력한 수식 : 10*7
결과 값 ==> 70

계산 값을 알고 싶은 수식을 입력하세요. : 33//8
입력한 수식 : 33//8
결과 값 ==> 4

계산 값을 알고 싶은 수식을 입력하세요. : 1   <-- 1을 입력하면 종료하도록 프로그램됨
프로그램을 종료합니다.

1. 다음의 문장들을 수행하면 콘솔에 출력되는 내용은 ?

```
>>> a = 20
>>> b = "{0} x {1} = {2}".format(a, a-10,  a*(a-10) )
```

2. 콘솔에 출력되는 내용을 만족하도록 빈 영역을 채워서 완성하시오. 선언된 모든 변수가 사용되고 f-string 포맷을 적용하여 구현하시오.

```
carName = "벤츠 S클래스"
modelYear = 2025
odometer = 25000
(
)
```

출력
자동차의 모델은 벤츠 S클래스이며, 2025년도 출시 모델이고, 현재의 주행 거리는 25000km입니다.

3. 정수 100을 적절한 함수를 활용하여 2진수, 8진수 및 16진수의 문자열로 변환하시오.

4. 16진수 0xfa, 0xFA, 0Xfa, 0XFA는 모두 같은 수로 해석된다. O, X로 답하시오.

5. input( ) 함수를 사용해 수신한 데이터형은 (   )이다.

6.   a= 0b1100, b=0b1010일 때, 비트 단위 연산인 a & b와 a | b를 수행하면 결과 값은?

7.   a =200일 때, a << 2 연산을 수행한 결과 값은?

8.   input( ) 함수를 사용하여 "10+ 15 / 5 *3"의 수식을 입력받아 eval( ) 함수에 전달하여 값을 계산하고, 최종 결과를 print( ) 함수를 출력하도록 코딩하시오.

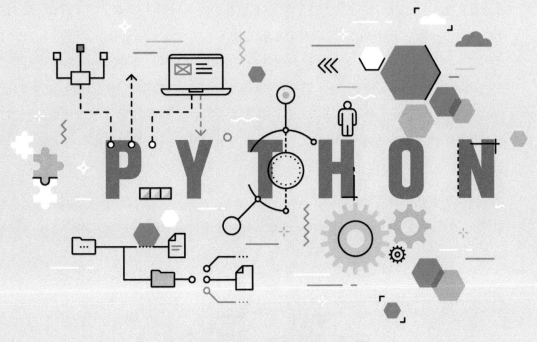

CHAPTER 5
조건문

조건문은 컴퓨터 프로그래밍에서 가장 중요한 문법 중의 하나이다. 조건문은 if 키워드로 시작한다. if 다음에는 조건식이 오며, 조건식이 참이면 if 문 이하의 코드 블록을 수행한다. 코드 블록이란 특정한 동작을 하는 문장들을 모아놓은 덩어리를 말한다. 파이썬 언어에서 이러한 코드 블록은 일정한 들여쓰기가 되어 있어야 동일한 블록으로 인식한다. 들여쓰기는 보통 2칸, 4칸, 탭 들여쓰기 중에서 한 가지 방식으로 선택하여 사용한다. 핵심은 동일 블록에 대해 동일한 들여쓰기를 해서 코딩해야 한다. 서로 다른 블록에 대해서는 다른 들여쓰기를 해도 문제가 되지 않는다.

if 문의 조건으로 사용할 수 있는 것들은 아래와 같이 요약할 수 있다. 다양한 방식으로 사용할 수 있기 때문에 잘 파악해 두어야 한다. 대부분의 표현식이 허용되지만, 조건 영역에 할당 문을 사용하는 것은 허용하지 않는다.

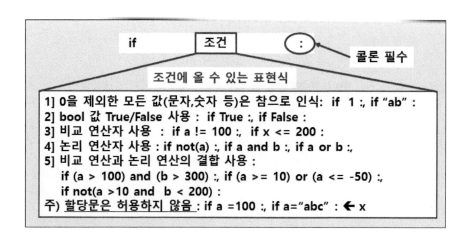

if 문과 관련하여 다양한 형태로 구현이 가능한데, 구현하는 방식에 따른 코딩을 알아보자.

5.1 단독 if 문

단독 if 문은 if 조건 문이 하나만 존재할 때 사용한다. 쉽게 말해서, if 조건이 참이면 코드 블록을 수행하고, 그렇지 않으면 if 문의 코드 블록을 건너뛰고 다음부터 수행한다. "if 조건 : "과 같이 조건 다음에 반드시 :(콜론)을 사용해야 하는데, 이것은 if 문이 참일 때 수행될 코드 블록이 온다는 것을 인터프리터에게 알리는 역할을 한다. 그리고 코드 블록은 반드시 일정한 들여쓰기를 해야 한다. 아래 그림의 프로그램 흐름도를 보면 사각형 박스 안에는 일반적으로 프로그램의 초기화나 수행될 문장들을 작성하며, 마름모는 조건을 판단할 때 사용한다. 프로그램 흐름도와 관련하여 다른 박스들도 사용하지만, 일반적으로 2가지 정도만 사용해도 크게 문제가 되지는 않는다.

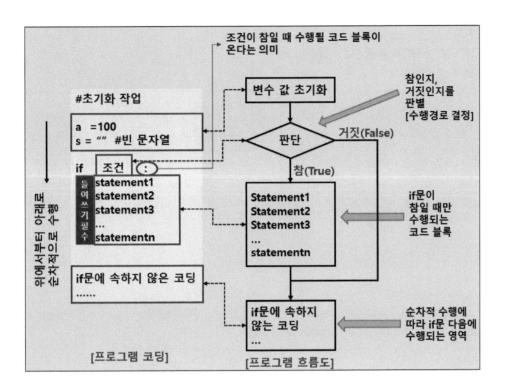

아래는 삼각형이 될 수 있는 조건을 판별하는 프로그램이다. 가장 긴 변의 길이가 나머지 두변의 길이의 합보다 작다면 삼각형을 만들 수 있다.

```
# ifOnly.py

변1, 변2 = 50, 50

변3 = 70 #변3 변수는 가장 큰 변의 길이를 할당하는 변수라 하자.
#단독 if문은 조건이 참이면 코드 블록을 수행하고, 그렇지 않으면 수행하지 않음.
```

```
if 변3 < (변1+변2) : #변3이 100보다 작다면 아래 코드 블록 수행
    print("삼각형을 만들 수 있습니다.")
    print("두변 길이의 합이 가장 긴 변보다 크기 때문입니다.")

print("프로그램을 종료합니다.") #들여쓰기가 없으므로 if문과는 상관이 없음
```

출력

삼각형 구성이 가능합니다.
두변의 합이 다른 한 변보다 크기 때문입니다.
프로그램을 종료합니다.

위의 예를 보면, 만약에 조건이 거짓이라면, if 문에 해당되는 코드 블록을 건너뛰고 다음을 수행하는 것을 알 수 있다.

조건을 판정할 때, 논리 연산자도 자주 사용된다. 간단한 예를 살펴보자.

```
>>> a, b = 200, 300
>>> c = 250
>>> if c > a or c > b :
        print("c는 a 혹은 b 중에서 하나의 이상의 값보다 큽니다.")
c는 a 혹은 b 중에서 하나의 이상의 값보다 큽니다.
```

```
>>> a, b = 200, 300
>>> c = 100
>>> #not 연산자는 연산 결과를 부정하는 것으로 참은 거짓으로, 거짓은 참으로 변경함
>>> if not(c > a and c > b) :
        print("c는 a 및 b 두 수와 비교해 크지 않습니다.")
c는 a 및 b 두 수와 비교해 크지 않습니다.
```

파이썬 언어는 다른 조건 없이 하나의 if 문만 존재할 경우에 코드 블록이 한 문장이면 간단하게 한 줄 작성하는 것을 허용한다. 아래의 예를 살펴보기 바란다.

```
>>> a = 100
>>> if a == 100 : print("a is 100")  #한 줄 if문 가능함
a is 100
--------------------------------
>>> a =100
>>> if a < 200 : a =  a + 50
>>> a
150
```

5.2 if~else 문

if~else 문은 if 조건이 참이면 if 다음에 오는 코드 블록을 수행하고, 그렇지 않으면 else 다음에 오는 코드 블록을 수행한다. 따라서 두 코드 블록 중의 한 코드 블록은 반드시 수행한다.

아래 그림을 잘 살펴보기 바란다.

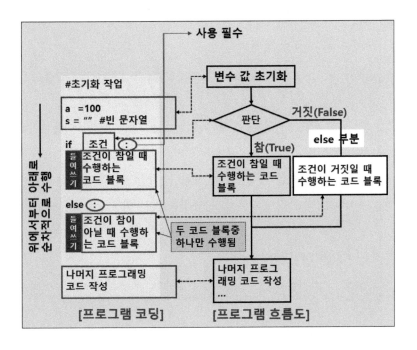

이전 예제를 조금 변경하여 if~else 문을 적용한 프로그램을 실습해 보자. 삼각형에서 가장 긴 변의 길이가 나머지 두 변의 길이의 합보다 작아야 한다는 것을 염두 해두고 프로그램을 수행

하여 결과를 확인해 보자.

```
# ifElse.py

변1, 변2 = 50, 50  #예를 위해 변수명에 한글을 사용하였지만, 가급적 영문 사용 권고

변3 = int(input("가장 긴 변의 길이를 숫자로 입력하세요(50이상) : "))

if 변3 < (변1+변2) : #변3이 100보다 작다면 아래 코드 블록 수행
    print("삼각형을 만들 수 있습니다.")
    print("두변 길이의 합이 가장 긴 변보다 크기 때문입니다.")
else : #콜론의 의미는 아래 else 관련 코드 블록이 온다는 의미
    print("삼각형을 만들 수 없습니다.")
    print("가장 긴 변의 길이보다 두 변의 길이의 합이 작아요.")

print("프로그램을 종료합니다. )
```

출력
```
가장 긴 변의 길이를 숫자로 입력하세요(50이상) : 120  <-- 가장 긴 변의 길이를 크게 입력
삼각형을 만들 수 없습니다.
가장 긴 변의 길이보다 두 변의 길이의 합이 작아요.
프로그램을 종료합니다.
```

if~else 문에서 수행할 코드 블록이 한 문장만 존재할 경우에는 보다 간편하게 사용할 수 있는 방법을 파이썬 언어는 지원한다. 이 경우에는 if~else 문의 전체 코드를 한 줄로 작성하며, 코딩 방법은 기존 방식과 약간 상이하므로 잘 파악해두기 바란다. 다만, 이 때는 참일 때 수행할 수식과 거짓일 때 수행할 수식에 대해 각각 할당 문을 사용하는 것은 허용하지 않는다.

■ **간략형 if~else 문의 기본형(파이썬 삼항 연산자)**

```
변수 = 참일 때 수행할 표현식 if 조건  else  거짓일 때 수행할 표현식

1] 예제 1
>>> a = 200
>>> print(f"출력 : {a+100}") if a >100 else print(f"출력 : {a-100}")
출력 : 300
```

```
2] 예제 2
>>> x, y = 500, 0
>>> y = x+100 if x <= 500 else x-100
>>> y
600
3] 각각에 할당문을 사용하는 것은 허용하지 않음
>>> a = 200
>>> a += 50 if a >100 else a -= 50
SyntaxError: invalid syntax
```

5.3 if~elif 문

if~else 문은 조건이 참이냐 거짓이냐에 따라 어느 한 코드 블록을 수행하는 것을 확인하였다. if~elif 문은 먼저 if의 조건을 조사하고 참이면 if 문 관련 코드 블록을 수행한다. if 문의 조건이 거짓이라면, elif에 제시된 조건을 조사하여 참이면 elif 관련 코드 블록을 수행하는 방식이다. 쉽게 설명하면, if 문 조건이 참이 아니면, 다음에 위치한 elif 문 조건을 조사하고 마찬가지로 참이 아니면 그 다음에 위치한 elif 조건을 조사하여 첫 번째로 조건을 만족하는 관련 코드 블

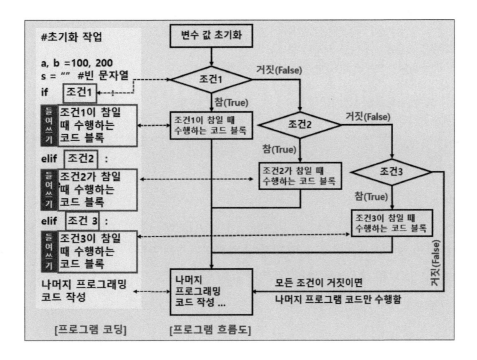

록만을 수행하는 방식이다. 대부분의 프로그래밍 언어는 if~ else if 문을 사용하는데, 파이썬 언어는 if~elif 문을 사용한다. if~elif 문에서 모든 조건이 거짓이라면, if~elif 문을 건너뛰고 다음에 위치해 있는 나머지 코드들을 수행하게 된다. elif 문은 필요한 만큼 사용할 수 있다.

if~elif 문을 활용한 예제 프로그램을 작성해 보자. 1에서 10사이의 값을 키보드를 통해서 입력받아서 처리하는 데, 2 혹은 5를 입력받았을 때만 2만원, 5만원 상금을 주는 프로그램이다. 나머지 값에 대해서는 아무런 응답도 없이 프로그램을 종료한다고 하자.

```python
# if_elif.py
print("숫자를 맞추면 상금을 드립니다. 시도해 보세요.")
s = input("1에서 10까지 하나의 숫자만 입력해주세요. : ") #입력을 숫자의 문자열로 받음

if s == "2" :
    print("축하합니다. 2만원 상품권입니다. )
    print("유용하게 사용하세요.")
elif s == "5" :
    print("행운을 잡으셨군요.")
    print("최고 상금 5만원 상품권입니다.")
#당첨되지 않은 사람에게는 아무런 메시지가 없으니 답답하네요.
print("프로그램을 종료합니다.")
```

> **출력**
>
> 숫자를 맞추면 상금을 드립니다. 시도해 보세요.
> 1에서 10까지 하나의 숫자만 입력해주세요. : 5   <-- 입력
> 행운을 잡으셨군요.
> 최고 상금 5만원 상품권입니다.
> 프로그램을 종료합니다.

5.4 if~elif~else문

이전 예를 보면, 숫자를 입력하고 당첨되지 않은 사람에게는 아무런 메시지도 출력해주지 않는 것을 알 수 있다. if~elif~else 문은 이처럼 if~elif 문의 모든 조건이 거짓일 때, else 문을 수행하도록 하는 것이다. 이전 예제를 조금만 수정하면 된다.

```
# if_elif_else.py
print("숫자를 맞추면 상금을 드립니다. 시도해 보세요.")
s = input("1에서 10까지 하나의 숫자만 입력해주세요. : ")

if s == "2" :
    print("축하합니다. 2만원 상품권입니다.")
    print("유용하게 사용하세요.")
elif s == "5" :
    print("행운을 잡으셨군요.")
    print("최고 상금 5만원 상품권입니다.")
else : #위의 모든 조건이 거짓일 때만 수행됨
    print("안타깝네요.")
    print("다음에 다시 도전해 주세요.")
print("프로그램을 종료합니다.")
```

출력

```
숫자를 맞추면 상금을 드립니다. 시도해 보세요.
1에서 10까지 하나의 숫자만 입력해주세요. : 7     <-- 입력
안타깝네요.
다음에 다시 도전해 주세요.
프로그램을 종료합니다.
```

5.5 모든 if~elif 문이 참일 때

논리적으로 판단해 보면, 모든 if~elif 문이 참인 경우가 있다. 그러나 여러분들은 모든 조건들이 참이라고 해도 코딩의 위에서부터 아래 방향으로 첫 번째로 조건을 만족하는 영역의 코드블록만을 수행한다는 것을 명심해야 한다. 아래 예제를 살펴보자. 성적을 부여하는 프로그램인데, 90점이 이상은 A, 80점 이상은 B, 70점 이상은 C, 60점 이상은 D, 60점 미만은 F를 출력하는 프로그램이다. 입력을 95점을 입력하면 else문을 제외한 모든 조건문이 참이 된다. 하지만 제일 먼저 조건이 만족된 코드블록만을 출력하는 것을 알 수 있다.

```
# allTrueIfElif.py
score = int(input("0부터 100까지의 점수를 입력하세요. : "))

if score >= 90 :
    print(f"{score}점의 성적은 A입니다.")
```

```
    elif score >= 80  :
        print(f"{score}점의 성적은 B입니다.")
    elif score >= 70  :
        print(f"{score}점의 성적은 C입니다.")
    elif score >= 60  :
        print(f"{score}점의 성적은 D입니다.")
    else  :
        print(f"{score}점의 성적은 F입니다.")
```

[결과 출력]
0부터 100까지의 점수를 입력하세요. : 95   <- 입력[다른 값도 입력하여 수행해 보세요.]
95점의 성적은 A입니다.

5.6 if 문 안에 if 문

if 문 안에 다시 if 문을 넣어 코딩할 수 있다. 다만, if 안에 if 문이 있을 경우에는 내부의 if 문을
수행하는 해당 코드 블록에서만 유효하다. 예를 들어, 25세 이상의 성인들만을 대상으로 남성
에 대해서는 야구 배트를 증정하고, 여성에 대해서는 축구공을 선물한다면, 아래와 같이 프로
그래밍 할 수 있다. 내부에 있는 if 문도 if 문의 기본 문법을 준수해야 한다.

```
# if_안에_if.py
age = int(input("자신의 나이를 입력하세요 : "))
gender = input("자신의 성별[남성 혹은 여성]을 입력하세요 : ")

if age >= 25  :
    if gender == "남성" :
        print("야구 배트를 선물로 증정합니다.")
    else  : #남성이 아니면, 나머지 여성이겠지요.
        print("축구공을 선물로 증정합니다.")
else  :
    print("선물이 없습니다. 죄송합니다.")
```

출력
자신의 나이를 입력하세요 : 56   <-- 입력
자신의 성별[남성 혹은 여성]을 입력하세요 : 남성
야구 배트를 선물로 증정합니다.

5.7 코드 블록이 비어 있는 경우

코딩을 하다보면 아주 드물게 코드 블록을 잠시 비워두고 자리만 확보할 필요가 있을 때가 있다. 왜냐하면 코드 블록의 내용을 확정하지 못했기 때문이다. 이럴 경우에는 예약어 pass를 반드시 사용해야 한다. 그렇지 않으면 에러가 발생한다. pass 예약어는 비어있는 모든 코드 블록에 적용할 수 있다.

```
# ifEmptyBlock.py

a = 100
if a > 75 :
    #여기가 비어있네요.

print("프로그램을 종료합니다.")
```
```
File "C:\Users\admin\.spyder-py3\untitled36.py", line 6
    print("프로그램을 종료합니다.")
    ^
IndentationError: expected an indented block [들여쓰기한 블록이 요구된다는 에러]
```

```
# ifEmptyBlock1.py
a = 100
if a > 75 :
    pass  #코드 블록이 비어있으면 반드시 사용

print("프로그램이 정상적으로 완료되었습니.")
```
출력
```
프로그램이 정상적으로 완료되었습니다.
```

참고로, 파이썬 언어는 C, C++, JAVA 언어와 달리 switch~case 문을 지원하지 않는다. 이와 관련된 내용을 알고 싶으면, C 언어 등의 switch 문을 찾아보기 바란다.

1.　2020년도 기준으로 대한민국의 년 평균 기온은 13.2℃이며, 봄의 평균 기온은 12.2℃, 여름의 평균 기온은 2 4℃, 가을의 평균 기온은 14.4℃, 그리고 겨울의 평균 기온은 1.2℃이다. 여러분들이 input( ) 함수를 사용해 "봄", "여름", "가을", "겨울" 등의 입력을 제공하면 해당되는 평균 기온을 출력해 주는 프로그램을 작성하시오. 그리고 이외의 입력을 제공할 경우에는 "잘못된 입력입니다. 다시 입력해주세요"를 출력한다. if~elif~else 구문 을 적용하여 코딩을 완성하시오.

　　ex) 봄을 입력하였다면, "봄의 평균 기온은 12.2도씨입니다."와 같이 출력

2.　일반 가정용 선풍기의 분당 회전수는 다음과 같다고 하자.

1단	2단	3단	4단	5단
3000회	600회	1300회	1800회	2100회

　　여러분들이 if~elif~else 구문을 적용하여 input( ) 함수를 통해 단을 입력하면 해당되는 분당 회전수를 출력하 는 프로그램을 작성하시오.

3.　태양을 중심으로 돌고 있는 지구의 공전의 속도는 평균 29.7859km/s이며 공전 주기는 365.26일(대략 365일 5시간 49분)이다. 윤년의 개념은 지구가 태양을 완전하게 한 바퀴 회전하는 시간이 1년이 되어야 하는데, 실제로 는 약 5시간 49분이라는 오차가 존재하기 때문에 이를 보정하기 위해 도입된 개념이다. 윤년에는 2월달이 28일 이 아닌 29일이다. 정확한 윤년의 계산은 다음과 같은 조건에 따른다. 이러한 조건을 보고, 윤년을 알아내는 프로 그램을 작성하시오.

> 윤년은 다음 조건을 만족해야 한다.
> 1) 년도를 4로 나누어 나머지가 0이어야 한다.
> 2) 1)의 조건을 만족하더라도, 년도를 100으로 나누어 나머지가 0이면 안된다.
> 3) 1)조건을 만족하고, 100으로 나누어 나머지가 0이 될 경우에는 400으로 나누어 나머지가 0이어야 한다.

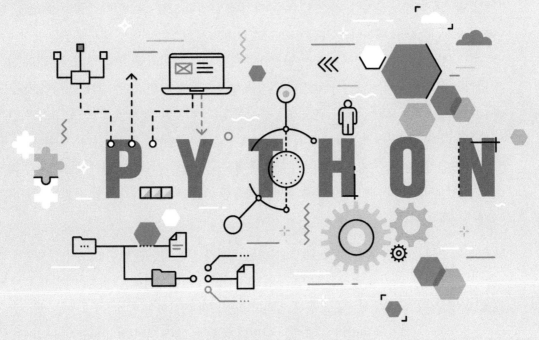

CHAPTER 6
시퀀스형 데이터

시퀀스형 데이터에는 문자열, 리스트, 튜플, 딕셔너리, 집합(Set) 등이 있다. 이외에도 range 데이터가 있는데, range 데이터는 차후에 학습할 것이다. 시퀀스의 의미는 순서가 있는 데이터를 말한다. 대부분은 처음 생성시 규정한 엄격한 순서가 있는 데이터형 이지만, 딕셔너리와 집합은 엄격한 순서를 갖지는 않는다. 순서가 엄격하지 않다는 것은 여러분이 처음 작성한 것과 달리 데이터를 조작해보면 순서가 변경되는 경우가 있다. 하지만, 문자열, 리스트, 튜플과 같은 시퀀스형 데이터는 인덱스(Index)를 사용해 개별 원소를 액세스를 할 수 있다. 딕셔너리와 집합과 같은 데이터는 조작 방법이 다르기 때문에 별도로 설명할 것이다. 6장에서는 먼저 엄격한 순서가 있는 시퀀스형 데이터에 대해 자세히 학습한 다음, 딕셔너리와 집합 시퀀스 데이터형에 대해 다룰 것이다.

문자열, 리스트, 튜플과 같은 시퀀스형 데이터는 아래와 같은 공통된 데이터 조작을 사용할 수 있는 특징이 있다. 이러한 특징을 잘 알고 있으면 시퀀스형 데이터를 다룰 때, 매우 도움이 되므로 꼭 이해하기 바란다. s, s1, s2 등은 임의의 시퀀스형 데이터이고, n, i, j, k 등은 정수 값이다. 그리고 x는 시퀀스형 데이터 내에 있는 임의의 원소(요소)를 의미한다. 반드시 기억하고 있어야 하는 것이 있는데, 양의 인덱스와 음의 인덱스를 동시에 지원하고 있다는 것이다.

▶ 문자열, 리스트, 튜플 시퀀스형 데이터에 모두 적용 가능한 연산

연산	설명	s="abcdefghabcdedfhz"
s[i]	시퀀스형 변수 s의 index i에 해당하는 원소	s[0] => "a"
s1 + s1	동일한 시퀀스형 변수(s1,s2)를 하나로 합침	"ab"+"ac" => "abac"
s * n	s를 n회 반복한 새로운 시퀀스를 돌려줌	"ab"*3 => "ababab"
s[i:j]	s의 인덱스 i부터 인덱스 (j-1)까지의 데이터만 잘라서(slicing) 동일한 데이터형으로 돌려줌	s[0:3] => "abc"
s[i:j:k]	s의 인덱스 i부터 (j-1)까지 증분 k씩 증가시키며 데이터를 추출해 동일한 데이터형 으로 돌려줌	s[1:10:2] => 'bdfhb'
len(s)	시퀀스형 변수 s의 원소 개수를 돌려줌	len(s) => 17
min(s)	시퀀스 원소 중에서 가장 작은 값을 돌려줌 다만, 각 원소는 동일한 데이터형이어야 함	min(s) => 'a'
max(s)	시퀀스 원소 중에서 가장 큰 값을 돌려줌	max(s) => 'z'
s.count(x)	시퀀스 원소에 존재하는 x의 개수를 돌려줌	s.count("a") => 2
s.index(x)	시퀀스 원소 중에서 처음으로 x와 일치하는 원소의 인덱스 값을 돌려줌. 일치하는 원소가 없으면 에러 발생함.	s.index("z") => 16

위에서 설명한 내용의 일부를 그림으로 알기 쉽게 표현하면 아래와 같다.

데이터형	문자열(String)	리스트(List)	튜플(Tuple)
선 언	s = "Hello"	li = [1, 2, 3, 4, "a"]	tu = ("a", "b", "c", "d", "e")
인덱스 (index) 양/음지원	원소 (요소) H e l l o 0 1 2 3 4 -5 -4 -3 -2 -1	원소 1 2 3 4 a 0 1 2 3 4 -5 -4 -3 -2 -1	원소 a b c d e 0 1 2 3 4 -5 -4 -3 -2 -1
	인덱스 번호는 0부터 시작. 인덱스를 변수명 다음에 [인덱스]를 붙여 원소(요소) 접근(변수명[인덱스]) 음의 인덱스도 지원함 : 마지막 원소가 -1의 인덱스이며, 시작 원소 방향으로 -1씩 감소함		
개별 원소 접근	s[0] : 첫 번째 원소(요소) s[1] : 2 번째 원소 s[2] : 3 번째 원소 s[3] : 4 번째 원소 s[4] : 5 번째 원소	li[0] : 첫 번째 원소(요소) li[1] : 2 번째 원소 li[2] : 3 번째 원소 li[3] : 4 번째 원소 li[4] : 5 번째 원소	tu[0] : 첫 번째 원소(요소) tu[1] : 2 번째 원소 tu[2] : 3 번째 원소 tu[3] : 4 번째 원소 tu[4] : 5 번째 원소
사용 예	x = s[0] #x에 'H'를 할당	y = li[4] #y에 'a'를 할당	z = tu[2] #z에 'c'를 할당

지금부터는 시퀀스형 데이터 중에서 문자열을 자세히 알아보자.

6.1 문자열(String)

문자열은 프로그래밍에서 중요한 데이터형 중의 하나이다. 문자열인 "홍길동"이란 성명을 저장하고 싶다면, 홍길동을 이중 인용부호가 감싸도록 하였다. 인간의 눈으로 보면, 홍길동, "홍길동", ^홍길동^ 등 홍길동을 기준으로 특별한 기호가 있거나 없지만, 홍길동이라는 것을 알 수 있다. 그런데 프로그램 영역으로 들어오면 순수하게 홍길동만 있는 것은 변수로 인식한다. 따라서 변수와 구별하기 위한 방법이 필요한데, 프로그래밍 언어에서는 문자열의 양쪽 끝에 이중 인용 부호가 있는 것을 문자열로 사용하기로 약속한 것이다. 문자열은 다음과 같은 방식으로 정의한다. 다만 문자열에 탈출 문자를 사용하는 것은 이 책의 앞부분을 참고하기 바란다.

```
>>> a = "이중 인용부호를 사용하여 문자열을 만듭니다."
>>> b = '단일 인용부호를 사용하여도 문자열을 만들 수 있습니다.'
>>> c = """여러 줄로 문자열을
입력하려면,
3중 인용부호를 사용하여 만듭니다."""
>>> a
'이중 인용부호를 사용하여 문자열을 만듭니다.'
>>> b
'단일 인용부호를 사용하여도 문자열을 만들 수 있습니다.'
>>> c
'여러 줄로 문자열을\n입력하려면,\n3중 인용부호를 사용하여 만듭니다.'
```

단일 인용부호나 이중 인용부호를 사용하여 문자열을 만드는 것은 이미 알고 있을 것이다. 그리고 3중 인용부호를 사용하면 2줄 이상의 문자열을 만들 수 있다. 이 때 "엔터키"는 '\n'으로 변환되어 변수에 저장된다. print( ) 함수에서 문자열을 출력할 때, '\n'은 술 바꿈을 의미하기 때문이다.

그렇다면, 단일 혹은 이중 인용부호를 사용하여 2줄 이상을 입력하면 어떻게 될까? 아래와 같이 에러가 발생한다. 즉 단일 혹은 이중 인용부호를 사용하여 문자열을 만들 때에는 글자 수는 제한이 없지만 줄 바꿈을 의미하는 엔터키를 사용하면 오류를 발생하면서 프로그램을 종료한다.

```
# multiline_doublequote.py

a = "여러분 지금
이중 인용부호 내의 문자열에서
줄 바꿈(enter key)을 적용하였습니다."

#정상으로 처리될까요?
print(a)
```

출력

```
    a = "여러분 지금
                ^
SyntaxError: EOL while scanning string literal
```

다만, 여러분들이 프로그램을 코딩하는 과정에서 줄을 바꾸어 가독성(Readability)을 향상시키고 싶으면 각 줄의 끝에 '\'를 붙이면 줄 바꿈을 하지 않았지만 줄을 바꾸어 코딩하고 있다는 것을 알려준다.

아래 예제를 살펴보자.

```
#아래는 실제로 줄을 바꾸는 것이 아니라 편의를 위해 줄을 바꾸어
#쓰고 있다는 것을 알려주고 있다. (줄 끝에 \사용)
a = "지금처럼만 열심히 생활한다면,\
멀지 않은 미래에 좋은 결실을 \
얻을 수 있으리라."
print(a)
```

결과 출력

지금처럼만 열심히 생활한다면,멀지 않은 미래에 좋은 결실을 얻을 수 있으리라.

문자열 안에 인용 부호를 사용하고 싶을 때의 코딩 방법을 이미 설명하였기 때문에 간단히 다음과 같은 방법 중의 하나를 사용하면 된다.

```
>>> a = "문자열 안에 '단일 인용부호'를 사용하고 싶으면..."
>>> a
"문자열 안에 '단일 인용부호'를 사용하고 싶으면..."
>>> b = '문자열 안에 "이중 인용부호"를 사용하고 싶으면...'
>>> b
'문자열 안에 "이중 인용부호"를 사용하고 싶으면...'
>>> c = "문자열 안에 \"탈출문자\"를 사용하여 인용 부호 표현하고 싶으면..."
>>> c
'문자열 안에 "탈출문자"를 사용하여 인용 부호 표현하고 싶으면...'
```

■ **문자열 간의 덧셈**

문자열 간의 덧셈은 더해지는 문자열들을 하나의 문자열로 결합하여 돌려준다. 아래 예제를 보자.

```
>>> s1 = "string #1"
>>> s2 = 'string #2'
>>> s3 = "문자열 #3"
>>> s1 + s2
'string #1string #2'
>>> s1 + s2 + s3 #실제 코딩에서는 새로운 변수에 할당할 것
'string #1string #2문자열 #3'
```

여러분들이 한 가지 주의할 점이 있는데, 문자열과 숫자의 덧셈은 파이썬 언어에서는 지원하지 않는다. 파이썬 언어는 엄격한 순서가 있는 동일한 시퀀스형 데이터에 대해서만 덧셈을 지원한다고 이해하기 바란다. 참고로 JavaScript와 같은 언어는 문자열과 숫자의 덧셈은 숫자를 문자열로 변환한 후 합친 문자열을 돌려준다.

```
>>> s1 = "문자열입니다."
>>> num = 375
>>> s1 + num
Traceback (most recent call last):
  File "<pyshell#203>", line 1, in <module>
    s1 + num
TypeError: can only concatenate str (not "int") to str
```

■ 문자열과 정수의 곱셈

문자열 s와 정수 n의 곱셈을 지원하는데, 이 경우에는 문자열 s를 n번 결합한 문자열을 돌려준다.

```
>>> s = 'happy day!'
>>> s * 3 # s + s + s와 같음
'happy day!happy day!happy day!'
```

■ 문자열의 길이, 최소값, 최대값

파이썬 언어는 문자열의 길이, 최소값 및 최대값을 알아낼 수 있는 함수를 제공하고 있다. len (문자열), min(문자열), max(문자열) 함수를 사용한다. 다만, 문자열이 영문자와 숫자의 조합

으로 이루어져 있으면 최소 및 최대값을 결정할 때 숫자를 작은 값으로 인식한다. 이것은 ASCII 코드의 숫자는 0x30부터 시작하고, 대문자는 0x41부터 시작하며, 소문자는 0x61부터 시작하는 것에서 힌트를 얻으면 된다. 동일한 영문자에서는 대문자가 소문자보다 작은 값으로 인식한다. 또한 한글과 영문이 혼합된 문자열에서는 영문자를 더 작은 값으로 인식한다.

```
>>> x = "Beautiful season 37"
>>> len(x)  #문자열의 길이
19
>>> min(x) #빈 칸이 최소값 값
' '
>>> max(x)
'u'
>>> y = "한글의우선순위를파악해보자"
>>> len(y)
13
>>> min(y) #한글은 사전순으로 크기를 파악함
'글'
>>> max(y)
'해'
```

■ 인덱스를 사용한 문자열 개별 원소(요소) 접근하기

문자열에 존재하는 각 문자는 문자열의 원소가 된다. 따라서 시퀀스형 데이터에서는 하나 혹은 부분 문자열을 뽑아 낼 수 있다. 먼저 하나의 문자 요소만을 얻고자 한다면, 다음과 같은 문법을 사용하면 된다.

문자열명[인덱스]

- 문자열명 :문자열 혹은 문자열 변수
- 인덱스 : 각각의 문자는 인덱스 0번부터 1씩 순차적으로 증가하는 인덱스를 가짐
  마지막 원소는 인덱스 −1이며, 역방향으로 −1씩 감소하는 인덱스 사용 허용
- 예 : s = "string"; a = s[0] #s에서 인덱스 0에 해당하는 문자
  b = s[−1] #s의 인덱스 −1에 해당하는 문자 g를 변수 b에 할당

```
>>> s = "abcdef"
>>> a = s[0]
>>> a
'a'
>>> "alphabet"[3]  #양의 인덱스 사용
'h'
>>> "alphabet"[-1]  #음의 인덱스 사용
't'
>>> "alphabet"[-3]
'b'
```

문자열은 변경 불가능한(Immutable) 데이터형에 속한다. 문자열의 원소를 액세스할 수 있지만, 해당 원소를 특정 값으로 변경할 수 없다. 중요한 내용이니 꼭 기억하고 있어야 한다.

```
>>> a = "Help us"
>>> b = a[0] # 특정 원소만 읽을 수 있음
>>> a[0] = "F" #원소 H를 F로 변경할 수 없음(문자열 : Immutable data type)
TypeError: 'str' object does not support item assignment
```

■ 인덱스를 사용한 부분 문자열 원소(요소) 접근하기[Slicing]

문자열의 특정 영역의 원소들만을 얻을 수 있는 방법을 제공해준다. 이처럼 특정 문자열 원소 영역만을 잘라서 돌려받는 것을 슬라이싱(Slicing)이라고 한다. 이 때, 기존의 문자열 원본은 변화되지 않는다.

■ 인덱스를 사용한 부분 문자열 액세스

기본형1 : s[i:j]
기본형 2 : s[i:j:k]

- s는 문자열 변수 혹은 문자열 자체
- i : 추출한 문자열의 시작 인덱스
- j : 추출한 문자열의 마지막 인덱스. 마지막 인덱스 값은 포함하지 않음
    인덱스 (j-1)까지의 범위 내에서만 추출함
- k : 시작 인덱스의 원소부터 추출할 원소의 위치를 알려주는 인덱스의 증분
    증분이 존재하지 않으면 디폴트 값은 1이면, 1이외의 증분은 반드시 명시
    증분은 문법에 위반되지 않으면 양의 정수 혹은 음의 정수를 사용할 수 있음

먼저 문자열 슬라이싱의 예를 살펴보자. 양의 정수 및 음의 정수를 문자열의 원소를 얻기 위해 사용하는 것이 가능하다. 다만, 증분 k가 존재하지 않으면 디폴트 증분인 +1이 사용된다.

문자열의 인덱스 범위를 벗어나는 인덱스 값을 사용해도 에러가 발생하지 않고, 존재하는 문자열의 인덱스 범위까지만 돌려준다.

```
>>> a = "123456789"
>>> a[0:5] #index 0부터 index (5-1)까지의 부분 문자열을 돌려줌
'12345'
>>> a[3:5] #index 3, 4 위치의 원소를 추출하여 돌려줌
'45'
>>> a[-4:-1] #디폴트 증분이 1이므로, 앞의 인덱스보다 뒤의 인덱스가 커야함
'678'
>>> a[-1:-4] #증분 규칙을 위한  슬라이싱 문법
''   <- 증분 규칙(디폴트 : +1)에 위반하기 때문에 빈 문자열을 돌려줌
>>> a[0:100] #인덱스 범위를 초과한 사용(존재하는 문자열까지만 처리함)
'123456789'
```

이제는 증분 k를 사용한 문자열 슬라이싱을 살펴보자.

```
>>> a = "13579abcde" #10개의 문자열
>>> a[0:10:2] #index 0부터 시작해 (0, 0+2(2), 2+2(4), 4+2(6), 6+2(8)의 인덱스에 위차한 원소를 추출해
문자열로 돌려줌
'159bd'
>>> a[1:10:2]
'37ace'
>>> a[-1:-11:-2] #마지막 원소부터 (-1, -1-2(-3), -3-2(-5), -5-2(-7), -7-2(-9)의 인덱스에 위치한 원소를
추출해 문자열로 돌려줌
'eca73'
>>> a[-5:0:2]  #종료 값 0은 시작 인덱스를 의미함(탐색 범위에 값이 없음)
''
>>> a[-5:0:-2] #시작값과 종료값은 가급적 같은 부호를 사용하는 것이 좋음
'a73'
>>> a[-5::2] #종료값이 비어있으면 마지막 원소까지를 의미함
'ace'
>>> a[-1:-5:-1] #거꾸로 읽어서 부분 문자열 추출
'edcb'
```

문자열 슬라이싱을 위한 범위를 지정하는 방법을 위에 살펴보았다. 그런데 범위 지정시 시작 인덱스 부분을 비워두면 파이썬 언어는 문자열의 첫 번째 원소부터 슬라이싱 한다고 인식한다. 반대로 종료 인덱스 부분을 비워두면 문자열의 마지막 원소까지 슬라이싱 한다고 인식한다. 그리고 시작과 종료 인덱스를 모두 비워두면 문자열 전체 범위를 의미한다. 아래 예를 살펴보자. 아래 예는 종종 사용하기 때문에 잘 파악해두기 바란다.

```
>>> a = "나는 도전을 두려워하지 않는 사람입니다."
>>> a[:11] #첫 번째 문자부터 11번째 문자까지 추출하여 돌려줌
'나는 도전을 두려워하'
>>> a[7:40] #인덱스 7(8번째 문자)부터 마지막 문자까지 추출하여 돌려줌
'두려워하지 않는 사람입니다.'
>>> a[7:] #마지막 문자의 위치를 계산하기 어려우니 종료값을 공백으로 하면 마지막 원소까지를 의미함
'두려워하지 않는 사람입니다.'
>>> a[:] #시작과 종료 인덱스를 비워두면, 모든 문자열을 돌려줌
'나는 도전을 두려워하지 않는 사람입니다.'
>>> a[::-1] #모든 문자열을 추출하는데, 증분이 음수이니 역순으로 돌려줌
'.다니입람사 는않 지하워려두 을전도 는나'
>>> a[::2] #문자열 전체에 대해 인덱스 0, 2, 4,... 등 위치에 문자열들을 추출해 돌려줌
'나 전 려하 는사입다'
>>> a[::-2] #문자열 전체에 대해 증분이 음수이므로 역순으로 증분 적용함.
'.니람 않지워두을도는'
```

인덱스를 사용한 부분 문자열 관련 연산은 아래 그림에 요약하여 정리하였다.

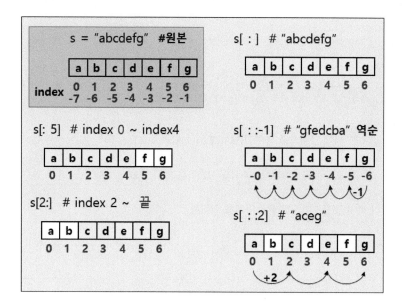

■ 문자열 내에 존재하는 부분 문자열 개수 알아내기

문자열 내에 존재하는 단일 문자 혹은 부분 문자열의 출현 횟수를 알아 낼 수 있는 함수가 있다. str 객체의 메서드인 count( ) 함수이다. 아래의 예를 보면 쉽게 이해할 수 있다.

```
>>> s = "abcdabefghabalpha"
>>> s.count("a") #문자 열내에 a가 몇 회 나오는지 알려줌
5
>>> s.count("ab") # ab 문자열의 출현 횟수
3
>>> "help me".count("e") #문자열 내에 e가 몇 번 나오는지 알려줌
2
```

■ 특정 문자(열)가 위치하는 인덱스 알아내기

문자열에서 특정 문자나 부분 문자열이 위치하는 인덱스를 알려주는 함수가 있다. index( )와 find( ) 함수를 사용할 수 있는데, 약간의 차이가 있다. index( ) 함수를 사용하여 일치하는 문자열을 찾으면 첫 번째로 일치하는 문자열의 인덱스 값을 돌려주며 일치하는 문자열이 없을 경우에 에러가 발생하면서 프로그램이 종료된다.

기본형 : s.index(찾는문자열 [, 시작인덱스, 종료인덱스])

- s : 문자열 변수 혹은 문자열 자체
- 찾는 문자열 : 단일 문자 혹은 2 문자 이상일 수 있음
- 시작 및 종료 인덱스 : 옵션이며, 모두 없으면 첫 문자부터 찾고, 시작 인덱스만 있으면 시작 인덱스의 문자부터 마지막 문자까지 찾음
- 리턴 값 : 찾는 문자열과 첫 번째로 일치하는 문자열의 인덱스 값

```
>>> s = "hello guys, hello guys"
>>> s.index("e")
1
>>> s.index("guys")
6
>>> s.index("cozy") #일치하는 문자열이 없으면 에러 발생
ValueError: substring not found   <- 에러가 발생하며 프로그램 종료를 초래
>>> s.index("guys", 9) #문자열 index 9부터 시작하여  끝까지 검색
18
>>> s.index("g", 9, 20) # index 9부터 20사이에 처음 일치하는 문자의 인덱스
18
```

find( ) 함수는 사용법이 index( ) 함수와 동일하다. 한 가지 차이점이 있다면, 찾는 문자열이 없을 경우에 –1 값을 돌려주고, 프로그램은 정상적으로 수행된다. 프로그램을 종료시키지 않고 지속적인 수행을 할 필요가 있을 경우에는 find( ) 함수를 사용해야 한다.

```
기본형 : s.find(찾는문자열 [, 시작인덱스, 종료인덱스])
```

```
>>> s = "hello guys, hello guys"
>>> s.find("guys") #문자열에서 첫 번째로 일치하는 위치의 인덱스 돌려줌
6
>>> s.find("s")
9
>>> s.find("good") #일치하는 문자나 문자열이 없으면 –1을 돌려줌
-1
>>> "hello guys, hello guys".find("guys")
6
```

위에서 학습한 index( )와 find( ) 함수는 동일한 기능을 수행하지만, rindex( )와 rfind( ) 함수는 문자열에서 첫 번째 일치한 문자열의 인덱스를 반환하는 것이 아니라 마지막에 일치한 문자열의 인덱스를 반환한다. 아래를 살펴보자.

```
>>> s = "you and me, you and me,you and me"
>>> s.rindex("me") #가장 마지막에 일치한 인덱스 값 반환
31
>>> s.rfind("and")
27
```

■ **문자열 객체에서 제공하는 다양한 메서드**

문자열은 객체이다. 문자열 객체는 데이터를 조작할 수 있는 다양한 함수(메서드)를 제공한다. 메서드는 본래 독립적으로 사용할 수 없으며, 객체의 뒤에 .을 붙인 다음 메서드를 사용한다. 메서드 자체는 함수와 유사하다. 객체를 배우기 전까지는 메서드와 함수를 동일한 개념으로 사용할 것이다.

문자열 객체는 문자열을 조작할 수 있는 다양한 함수들을 제공하고 있다. 여기서는 자주 사용하는 문자열 함수들을 알아보도록 하자. 원본 문자열은 변경되지 않는다.

(1) 영문자 조작 메서드(함수)

▶ 기본 형 : s.영문자조작함수( )

capitalize( )	문자열의 첫 번째 위치(인덱스 0)에 있는 영문자를 대문자로 변환하고, 나머지 문자열은 모두 소문자로 변환해 돌려줌
upper( )	문자열 내의 모든 영문자들을 대문자로 변환해 돌려줌
lower( )	문자열 내의 모든 영문자들을 소문자로 변환해 돌려줌
swapcase( )	모든 영문자들에 대해 대문자는 소문자로, 소문자는 대문자로 변환해 돌려줌
title( )	모든 영어 단어들의 시작 문자를 대문자로 변환해 돌려줌

영문자 조작 함수에 대한 예제는 아래와 같다.

```
>>> s = "i am a HUMAN."
>>> s.capitalize() #문자열의 첫 글자만 대문자로 변경
'I am a human.'
>>> s.upper( ) #모든 영문자를 대문자로 변경
'I AM A HUMAN.'
>>> s.lower( ) #모든 영문자를 소문자로 변경
'i am a human.'
>>> s.swapcase( ) #대문자는 소문자로, 소문자는 대문자로 변경
'I AM A human.'
>>> s.title( ) #각 단어의 첫 글자를 대문자로 변경
'I Am A Human.'
>>> s   #원본 데이터는 변화 없음
'i am a HUMAN.'
```

(2) is로 시작하는 함수(메서드)들

is로 시작하는 다양한 함수들을 파이썬 언어는 제공하고 있다. 여기서는 대표적인 몇 가지에 대해서만 알아보기로 한다. is로 시작하는 모든 함수는 연산을 수행한 후 True 혹은 False를 돌려준다.

▶ 기본 형 : s.is함수( )

isalnum( )	문자열이 영문자와 숫자로 구성되어 있는지를 체크해 True/False로 돌려줌 공백 등도 허용하지 않음
isalpha()	문자열이 모두 알파벳 영문자로 되어 있는지를 체크해 True/False로 돌려줌
isdigit( )	문자열이 모두 숫자로만 되어 있는지 체크해 True/False로 돌려줌 -와 .은 허용하지 않음. isnumeric( )과 유사함
islower( )	영문자가 모두 소문자로만 되어 있는지 체크해 True/False로 돌려줌 공백은 허용함
isspace( )	문자열이 공백으로만 이루어져 있는지 체크해 True/False로 돌려줌
istitle( )	모든 영어 단어의 첫글자가 대문자인지 체크해 True/False로 돌려줌
isupper( )	영문자가 모두 소문자로만 되어 있는지 체크해 True/False로 돌려줌

아래는 is로 시작하는 함수들의 예제이다.

```
>>> a= "85"
>>> a.isdigit()  #s.isnumeric()과 동일한 결과
True
>>> "hello 2 me".isalnum() #문자열이 영문자와 숫자로만 되어있는지 체크
False
>>> "hello2me".isalnum( )
True
>>> "help me".isalpha( ) #공백도 허용하지 않음
False
>>> "helpMe".isalpha( )
True
>>> "     ".isspace( )
True
>>> "I am ..".isspace( ) #문자열이 모두 공백이어야 True
False
>>> "I am a boy".isupper( )
False
>>> "I AM A BOY".isupper( ) #문자열에 공백이 있는 것은 허용함
True
```

⑶ 문자열의 시작 영역과 끝 영역의 매칭 확인 함수

문자열의 시작 영역이나 끝 영역이 특정 문자나 문자열과 일치하는지를 조사하여 결과를 True 나 False로 반환하는 함수가 있다.

■ 기본 형

```
s.startswith(조사할문자(열) [, start, end] )
s.endswith(조사할문자(열) [, start, end] )
```

- s : 문자열 변수 혹은 문자열 자체
- start : 옵션으로 조사를 시작할 문자열의 시작 위치 인덱스 값. 디폴트: 첫 문자
- end : 옵션으로 조사할 종료할 문자열의 마지막 위치 인덱스 값. 디폴트 : 마지막 문자

아래 간단한 예제를 살펴보자.

```
>>> s = 'We are great citizens.'
>>> s.startswith("We")
True
>>> s.endswith(".")
True
>>> s.startswith("help")  #일치하지 않으면 False를 돌려줌
False
>>> s.startswith("are", 3)  #조사 시작 위치를 index 3부터 설정
True
```

⑷ replace( ) 함수(메서드)

본래의 문자열은 변경 불가능한 데이터형에 속한다고 하였다. 그렇기 때문에 최초의 문자열이 생성되면 해당 문자열의 임의의 원소를 변경할 수 없기 때문에 원본 데이터는 불변이다. 단, 임의의 변수에 할당된 문자열에 대해 부분 문자열을 일괄 교체한 후 새로운 변수에 할당하는 것은 문제가 되지 않는다. replace( ) 함수 역시 기존 문자열 객체의 내용을 읽어서 특정 문자열을 다른 문자열로 변환한 후 새로운 변수에 담는 것이다. 아래는 해당 함수의 기본형을 보여준다.

■ 기본 형

> s.replace(기존문자열, 새로운문자열[, count])
>
> ---
>
> * s : 문자열 변수 혹은 문자열 자체
> * count : 교체 횟수 설정(디폴트는 일치하는 모든 문자열)
> * return : 검색 범위 내에 있는 일치하는 모든 문자열들을 교체하여 돌려줌

```
>>> s = "You are the best."
>>> new_str = s.replace("You", "We") #처음부터 끝까지 검색
>>> new_str
'We are the best.'
>>> xx = s.replace(".", "!!!", 10) #최대 10회까지 매칭되는 값을 변경
>>> xx
'You are the best!!!'
>>> s1 = "We are We are We are"
>>> temp = s1.replace("We", "You") #검색 범위 내의 모든 일치 문자들을 교체함
>>> temp
'You are You are You are'
```

(5) join( ) 함수와 split( ) 함수(메서드)

join( ) 함수는 문자열을 포함한 모든 시퀀스형 데이터들의 원소들 사이에 join( ) 함수 앞에 위치한 객체를 삽입하여 하나의 문자열로 돌려준다. 주의할 점은 시퀀스형 데이터의 원소가 문자열인 경우에 대해서만 지원된다.

■ 기본 형

> "삽입할문자(열)".join(시퀀스형데이터)
>
> ---
>
> * 삽입할문자(열) : 시퀀스형 데이터 원소들 사이에 삽입할 문자나 문자열
> * 시퀀스형데이터 : 리스트, 튜플, 딕셔너리, 집합 등의 데이터를 의미함.
>   단, 각 원소는 문자열이어야 함.
> * return : 하나의 문자열로 돌려줌.
> * 단, 이 때 각 원소들은 문자열로 구성되어 있어야 함. 그렇지 않으면 변환 불가함.

아래 예제를 살펴보자.

```
>>> a ="abc"
>>> a.join("xyz")  #각 문자들 사이에 "abc"를 삽입해 최종적인 문자열을 돌려줌
'xabcyabcz'
li = ["a", "b", "c", "d"]
>>> "$".join(li) #리스트의 각 원소 사이에 $를 삽입하고, 최종적인 문자열 돌려줌
'a$b$c$d'
>>> tu = ("x", "y", "z")
>>> "^^".join(tu)
'x^^y^^z'
>>> dic = {"a":"창고", "b" : "금괴"}  #key 값들만을 문자열로 바꿈.
>>> "_연결_".join(dic)
'a_연결_b'
>>> se = {"a", "b", "c"} #집합형 데이터
>>> "OK".join(se)
'cOKbOKa'
>>> "**".join([1,2,3,4]) #리스트의 원소가 정수이므로 변환 불가함
TypeError: sequence item 0: expected str instance, int found
```

split( ) 함수는 문자열을 리스트로 변환해 준다. 문자열의 내용을 리스트의 원소들로 변환하는 기준은 디폴트 값이 공백(Space)이다. 공백이 아닌 다른 분리자(구분자:Separator)를 사용하고 싶으면 파라미터에 설정하면 된다.

■ 기본 형

---

s.split(분리자, 최대분할갯수)

- s : 문자열 객체
- 분리자(Separator) : 리스트의 원소로 분할하는 문자. 디폴트는 공백임
  분리자는 리스트의 원소가 아니며, 분할하는 기준임
- 최대분할횟수 : 리스트 원소를 생성하기 위한 분할 횟수
- return : 리스트로 변환된 결과를 돌려줌

```
>>> s = "우리 모두 힘을 합치자"
>>> s.split( ) #문자열에서 공백을 기준으로 하나의 리스트 원소로 만듦(가장 많이 사용)
['우리', '모두', '힘을', '합치자']
>>> x = "love,life,trying,friend"
>>> x.split(",")  #분리자(구분자)는 문자열 형태로 입력
['love', 'life', 'trying', 'friend']
>>> x.split(",", 2) #문자열의 분할 횟수를 2로 설정(총 3개의 원소 가능)
['love', 'life', 'trying,friend']
```

여기에 추가적으로 splitlines( ) 함수를 간단히 소개하겠다. 이 함수는 문자열 내의 '\n'을 기준으로 개별 원소를 추출하여 리스트로 돌려준다. 간단한 예제를 살펴보자.

```
>>> a = "abc\nhello\nhappy day\ncheer up"
>>> a.splitlines()
['abc', 'hello', 'happy day', 'cheer up']
```

문자열의 split( ) 함수를 사용하면 문자열을 공백을 기준으로 리스트로 변환하여 돌려준다고 하였다. 이 함수를 사용하면, input( ) 함수를 사용해 여러 개의 입력을 동시에 받아서 처리할 수 있다. 아래 예제를 살펴보자.

```
# multipleInput.py

sum =0
mul = 0
#문자열의 split( )함수를 적용하면 여러 개의 입력을 동시 받을 수 있음
inLi = input("2개의 정수를 입력하세요.[각 데이터는 공백으로 구분] : ").split( )
#각 데이터를 정수로 변환
#range(숫자) : 0부터 시작해서 (숫자-1)까지 0, 1, 2, ..., (숫자-1)를 생성해 반복문 수행시 하나씩 전달
for  i  in range(len(inLi)) :
    inLi[i] = int(inLi[i])

#입력된 2개의 수에 대한 +, *을 수행하여 출력
print(f"{inLi[0]} + {inLi[1]} = {inLi[0] + inLi[1]}")
print(f"{inLi[0]} x {inLi[1]} = {inLi[0] * inLi[1]}")
```

2개의 정수를 입력하세요.[각 데이터는 공백으로 구분] : 17   33
17 + 33 = 50
17 x 33 = 561

⑹ strip( ) 함수(메서드)

strip( ) 함수는 문자열의 앞부분과 끝부분에 있는 특별한 문자들을 제거하여 정돈하는 기능을 수행한다. strip( ) 함수에 파라미터를 사용하지 않으면, 문자열의 앞과 끝 부분에 존재하는 모든 공백을 제거한 문자열을 돌려준다. 원본 문자열은 변경되지 않기 때문에 함수에서 돌려받은 값은 새로운 변수에 할당해야 한다.

■ 기본 형

s.strip(제거할문자목록)

- s : 문자열 객체
- 제거할문자목록 : 문자열의 앞 부분과 끝 부분에서 제거할 문자들을 하나 혹은 2개 이상 등록할 수 있음

```
s = "       안녕하세요.      "
>>> x = s.strip( ) # 디폴트는 공백이며, 앞, 뒤쪽의 모든 공백문자를 제거한 문자열을 돌려줌
>>> x
'안녕하세요.'

>>> s1 = "12^ I am the best.45&"
>>> #제거할 문자 : 공백, 1, 2, ^, 4, 5, & 임
>>> y=s1.strip(" 1245&^") #문자열 앞, 뒤에 제거할 모든 문자들의 목록을 나열함
>>> y
'I am the best.'
```

문자열의 시작 부분에 있는 특정 문자를 제거하고 싶으면 lstrip( ) 함수를 사용하면 되고, 문자열의 끝 부분에 있는 특정 문자를 제거하고 싶으면 rstrip( ) 함수를 사용하면 된다.

■ 유니코드(Unicode)

유니코드는 세계의 모든 문자를 컴퓨터에서 일관되게 표현하고 다룰 수 있도록 고안된 산업 표준으로 1991년 10월 최초로 버전 1.0.0이 발표되었다. 한글은 1996년 7월 버전 2.0에서 11,172자의 한글 완성형으로 기존의 한글을 대체해 오늘에 이르게 되었다. 유니코드 문자를 코드로 표기할 때는 U+(16진수숫자)를 사용한다. 유니코드에서 한글 '가'는 0xAC00으로 약속되어 있는데, U+AC00으로 표기한다. 한글 '감'은 U+AC10으로 표기한다. 이처럼 유니코드는 문자와 숫자 코드를 1대1로 맵핑하는 것을 의미한다. 한글의 유니코드 범위는 {U+AC00-U+D7AF}이다. 이러한 유니코드를 실제로 컴퓨터에서 사용하기 위해서는 약속이 필요하다. UTF(Uniform Transformation Format)는 유니코드를 컴퓨터에서 사용할 수 있도록 변환하는 인코딩(Encoding)을 의미한다. 예를 들어 32비트(4바이트), 즉 2^{32} 개의 숫자인 약 42억 개의 문자와 대응시킬 수 있다. 즉, 모든 문자를 표현할 때 32 비트를 사용할 경우에 42억 가지의 문자를 저장할 수 있다. 그런데, 컴퓨터를 사용하는 인간은 문자를 저장할 때 적은 양의 메모리를 사용해 더 많은 문자를 저장하기를 원한다. UTF는 이러한 인간의 의지를 구현하기 위해 고안된 인코딩이다. 웹 프로그램에서 기본 문자 인코딩 방식은 UTF-8이다. 이 방식은 문자를 저장할 때 1바이트부터 4바이트 사이의 가변 길이 인코딩을 사용한다. ASCII 코드와 호환되는 부분은 1바이트만을 사용하고, 한글은 3바이트를 사용한다. 아래는 유니코드를 UTF-8로 인코딩 할 때 사용하는 변환 방식이다.

바이트수		바이트1	바이트2	바이트3	바이트4
1	U+0000 ~ U+007F	0xxxxxxx			(ascii 호환)
2	U+0080 ~ U+07FF	110xxxxx	10xxxxxx ·············		
3	U+0800 ~ U+FFFF ·························	1110xxxx ·············	10xxxxxx ·············	10xxxxxx	
4	U+10000 ~ U+10FFFF	11110xxx	10xxxxxx	10xxxxxx	10xxxxxx

유니코드와 컴퓨터에 사용을 위한 UTF-8의 차이는 다음 예를 보면 알 수 있다. 문자 'a'는 유니코드로 0x61인 데, 컴퓨터가 사용할 수 있도록 하려면 4바이트를 사용해야 하지만, UTF-8

에서는 한 바이트로 표현이 가능하므로, 메모리를 훨씬 효율적으로 사용할 수 있다.

구분	문자열 예	코드 체계로 표현	컴퓨터 메모리 공간
유니코드	aaa	0x000000610000006100000061	12바이트(utf-32와 같음)
		0x616161	다른 문자 저장
UTF-8	aaa	0x616161	3바이트

기타 UTF-16은 유니코드를 2바이트나 4바이트로 변환하여 컴퓨터에서 사용하기 위한 인코딩 방식이다.

이제, 파이썬 언어에서 제공하는 chr( )과 ord( ) 함수에 대해 알아보자. chr( ) 함수는 유니코드 값을 인자로 받아 이에 대응하는 문자로 변환해주는 기능을 수행한다. 그리고 ord( ) 함수는 문자를 입력받아 이에 대응하는 유니코드 값으로 변환해주는 기능을 수행한다. 참고로 한 바이트 유니코드는 ASCII 코드와 동일한 코드 값을 가진다.

---

chr(유니코드값)
유니코드 값을 인자로 받아 대응하는 문자를 돌려줌

ord(문자)
하나의 문자를 인자로 받아 대응하는 유니코드 값을 돌려줌

아래 예를 살펴보기 바란다.

```
>>> chr(0x65) #유니코드 97
'e'
>>> chr(0x41) #유니코드 65(ascii 값 65와 동일)
'A'
>>> ord("A") #문자 A를 유니코드 값으로 변환해 리턴
65
>>> chr(0x61) #유니코드 97(ascii 값 97과 동일)
'a'
```

```
>>> ord('a') #문자 a를 유니코드 값으로 변환해 리턴
97
>>> ord('감') #유니코드 '감'을 유니코드로 변환해 리턴
44048
>>> chr(44048) #유니코드 값을 문자로 변환해 리턴
'감'
```

파이썬 언어에서는 숫자와 문자를 엄격하게 구분한다는 것을 알아야 한다. 만약에 C 언어에서
char c = 'a'라고 작성하면, 변수 c에는 아스키 문자 'a'에 대응하는 0x61(십진수 97)이 저장된
다. c += 1을 하면 변수 c에는 98이 저장된다. C 언어에서 예약어 char은 단순히 메모리 공간을
1바이트 확보라는 의미이다. 즉, char 예약어 뒤에 오는 변수는 문자를 저장하라는 의미가 아
니라 숫자 −128에서 127사이의 정수 값을 저장하라는 의미이다. 그런데, 파이썬 언어에서
a="a"는 변수 a에 문자 a를 저장하라는 의미이나, 네이버링도 문자열이 된다. a +=1과 같은 연
산도 지원되지 않는다. 왜냐하면, 문자와 숫자간의 덧셈 연산을 지원하지 않기 때문이다. 아래
는 chr( )와 ord( ) 함수를 활용한 간단한 프로그램이다. 문자열을 하나 씩 얻어서 숫자로 변환
한 후 +3씩 더해보고, 다시 원래의 문자로 변환해 보는 예제이다.

```
# chr_ord함수.py

str = "힘내라 대한민국"
for s in str : #문자를 하나씩 s 변수에 넘겨줌
    tmp = ord(s) + 3  #넘겨받은 문자를 숫자로 변환해 3을 더해 저장
    print(f"문자 {s}: 숫자로변환 후 +3하면 {tmp}, 3을 더한 문자는 : {chr(tmp)} ")
    print(f"원래 문자로 되돌리기 : {chr(tmp-3)}") #숫자에서 -3을 해야함
```

출력

문자 힘: 숫자로변환 후 +3하면 55195, 3을 더한 문자는 : 힛
원래 문자로 되돌리기 : 힘
문자 내: 숫자로변환 후 +3하면 45239, 3을 더한 문자는 : 냋
원래 문자로 되돌리기 : 내
문자 라: 숫자로변환 후 +3하면 46975, 3을 더한 문자는 : 랎
원래 문자로 되돌리기 : 라
문자 : 숫자로변환 후 +3하면 35, 3을 더한 문자는 : #
원래 문자로 되돌리기 :

```
문자 대: 숫자로변환 후 +3하면 45827, 3을 더한 문자는 : 댔
원래 문자로 되돌리기 : 대
문자 한: 숫자로변환 후 +3하면 54623, 3을 더한 문자는 : 핳
원래 문자로 되돌리기 : 한
문자 민: 숫자로변환 후 +3하면 48127, 3을 더한 문자는 : 믿
원래 문자로 되돌리기 : 민
문자 국: 숫자로변환 후 +3하면 44400, 3을 더한 문자는 : 군
원래 문자로 되돌리기 : 국
```

6.2 튜플(Tuple)

튜플은 변경 불가한(Immutable) 시퀀스형 데이터에 속한다. 튜플 객체가 한번 생성되면 객체의 개별 원소에 대한 수정, 삭제, 변경, 추가 등을 허용하지 않는다. 튜플의 사용은 일반적으로 일정한 형식을 갖는 데이터들을 모아서 관리할 때 유용하며, 생성된 데이터들을 수정하거나 변경 등을 할 수 없기 때문에 변경을 원하지 않는 원본 데이터를 보관할 때 사용한다. 다만, 튜플의 원소(요소)들에 대한 직접 조작을 하고 싶으면, list( ) 함수를 사용해 튜플을 리스트형으로 변환해 다른 변수에 할당해 데이터 조작을 수행하면 된다. 물론 튜플은 문자열처럼 원소(요소)들을 읽어내 필요한 연산에서 사용할 수 있다. 그리고 튜플은 조만간 배울 리스트와 유사한 점이 많다. 차이점이 있다면, 리스트는 개별 원소에 대한 변경이 가능한(Mutable) 데이터형이다.

튜플 객체를 생성하는 방법은 아래와 같이 여러 가지 방식을 사용할 수 있다. 튜플 객체는 소괄호 ( ) 안에 원소들을 열거해 생성한다. 즉, 튜플은 (1, 2, 3, 4, 5)와 같이 표현된다. 튜플 생성시 가장 중요한 것은 콤마(Comma: ,)를 반드시 사용해야 한다. 아래의 튜플 생성에서 확인할 수 있다.

■ 튜플(Tuple) 객체의 생성

(1) 가장 일반적인 튜플 생성법

```
x = (1, 2, 3, 4, 5)  #5개의 원소를 갖는 튜플
y = ("ab", "cd", "ef")
```

(2) 콤마로 구분한 원소 나열을 사용한 튜플 생성

```
a = 1,2,3      #(1,2,3)과 같음
b = "a",       #하나만 있는 원소도 뒤에 , 필요.  ("a", )
c = (1)  #이것은 튜플이 아니라, 숫자 1에 괄호를 친 것에 불과함.
```

(3) tuple(iterable) 함수 사용

```
tuple("abc")   # ('a', 'b', 'c')로 변환
tuple([1,2,3,4]) # 리스트를 튜플로 변경
```

튜플을 생성하는 방법을 간단한 코딩으로 알아보자.

```
>>> #tuple 객체 생성(일반적인 방법)
>>> a = (1, 2, 3, 4, 5) #일반적인 튜플 생성[원소 수 5개]
>>> a
(1, 2, 3, 4, 5)
>>> type(a)  #데이터형 확인하기
<class 'tuple'>
>>> b = ("alpha", "beta", "gamma")   #문자열이 튜플의 각 원소임
>>> b
('alpha', 'beta', 'gamma')
>>> c = (1, "ab", 3, "ok")  #각 원소의 데이터형이 달라도 허용(권고하지 않음)
>>> c
(1, 'ab', 3, 'ok')
```

```
>>> #괄호가 없어도 ,(콤마)만 있으면 튜플 객체 생성
>>> a = 1,    #원소가 하나만 있어도 , 필요
>>> a
(1,)
>>> b = "ab", "cd", "ef"   #콤마로 원소들을 구분하면 튜플 생성
>>> b
('ab', 'cd', 'ef')
>>> a = (1)  # 이것은 숫자에 괄호를 친 것임
>>> a
1
```

```
>>> #튜플 함수를 사용하여 생성
>>> tuple((1,2,3,4,5)) #튜플 함수 안에 ( )가 있음에 주의[하나의 인자만 넘길 수 있음]
(1, 2, 3, 4, 5)
>>> tuple("abcdef") #문자열도 시퀀스형이니까 튜플로 변환
('a', 'b', 'c', 'd', 'e', 'f')
>>> tuple([1, 2, 3, 4, 5]) #리스트도 시퀀스형이므로 튜플로 변환
(1, 2, 3, 4, 5)
>>> t =( )  #빈 튜플 생성 방법 1
>>> t
()
>>> type(t)  #튜플의 데이터형은 tuple
<class 'tuple'>
>>> t1 = tuple( ) #빈 튜플 생성 방법 2
>>> t1
()
```

■ 튜플간 간의 덧셈

튜플 간의 덧셈은 하나의 튜플로 결합하여 돌려준다. 아래 예제를 보자.

```
>>> t1 = (1, 2, 3, 4, 5)
>>> t2 = ("a", "b", "c", "d", "e")
>>> x = t1 + t2  #이종의 튜플 원소들을 합치는 것은 권고하지 않음
>>> x
(1, 2, 3, 4, 5, 'a', 'b', 'c', 'd', 'e')
```

튜플은 원소들에 대한 엄격한 순서를 보장하며, 개별 원소들을 수정할 수 없다는 것은 명심해야 한다.

```
>>> t1 = ("사과", "배", "귤", "바나나", "감")
>>> t2 = ((1,2), (3,7), (5,10))
>>> t3 = (1, "abc", [1, 2, 3], 13.5) #각 원소는 다양한 데이터형 허용함
>>> t2 + t3
((1, 2), (3, 7), (5, 10), 1, 'abc', [1, 2, 3], 13.5)
```

■ 튜플과 정수의 곱셈

튜플 t와 정수 n의 곱셈을 지원하는데, 이 경우에는 튜플 t의 모든 원소들을 기본 단위로 n번 반복한 새로운 튜플을 돌려준다.

```
>>> t = (1,)*10 #1개 원소만 있는 튜플을 10회 반복 생성
>>> t
(1, 1, 1, 1, 1, 1, 1, 1, 1, 1)
>>> t1 = (1)*10  #주의 : 이것은 숫자 1 * 10
>>> t1
10
>>> t3 = ("1", "2", "3") * 10
>>> t3
('1', '2', '3', '1', '2', '3', '1', '2', '3', '1', '2', '3', '1', '2', '3', '1', '2', '3', '1', '2', '3', '1', '2', '3', '1', '2', '3', '1', '2', '3')
```

■ 튜플의 길이, 최소값, 최대값

파이썬 언어는 튜플의 길이, 최소값 및 최대값을 알아낼 수 있는 함수를 제공하고 있다. len(튜플), min(튜플), max(튜플) 함수를 사용한다.

```
>>> t1 = (1, 5, 10, 3, 27, -1, 33, 18, 17)
>>> len(t1) #튜플 원소의 갯수 알아내기
9
>>> min(t1) #튜플에서 가장 작은 값 알아내기
```

```
-1
>>> max(t1) #튜플에서 가장 큰 값
33
>>> t2 = ("gamma", "alpha", "tetro", "quinta")
>>> len(t2)
4
>>> min(t2) #영어 사전식
'alpha'
>>> max(t2)
'tetro'
```

■ 인덱스를 사용한 튜플 개별 원소(요소) 접근하기

튜플에서 각 원소(요소)는 콤마로 구분된다. 튜플은 시퀀스형 데이터로 하나 혹은 부분 데이터를 얻어 낼 수 있다. 문자열과 같은 방식으로 개별 원소를 얻어내며, 아래 예와 같다. 튜플명[인덱스]를 사용하는 데, 인덱스는 문자열과 동일하게 양 혹은 음의 정수를 사용할 수 있다.

```
>>> t1 = (1, 5, 10, 3, 27, -1, 33, 18, 17)
>>> t1[0] #첫 번째 원소 읽기
1
>>> t1[5] #6번째 원소 읽기
-1
>>> t1[-3] #뒤에서 3번째 원소 읽기
33
>>> t1[-1] #마지막 원소 읽기(len( )를 활용하는 것보다 훨씬 편리함)
17
>>> t1[len(t1)-1] # 마지막 원소 읽기
17
```

튜플은 변경 불가능한(Immutable) 데이터형에 속한다. 튜플의 원소를 액세스할 수 있지만, 해당 원소를 특정 값으로 변경할 수 없다. 아울러 튜플내의 임의의 원소를 제거할 수도 없으며, 튜플에 새로운 원소를 추가할 수도 없다.

■ 튜플의 원소는 수정할 수 없음.

```
>>> t1 = ("짜장", "짬뽕", "탕수육" "만두")
>>> t1[1] = "국수"  #변경 불가능
Traceback (most recent call last):
TypeError: 'tuple' object does not support item assignment
>>> t1[-1] = "캔디"
TypeError: 'tuple' object does not support item assignment
```

튜플의 원소를 변경하고 싶으면 리스트로 변환한 후 변경을 수행할 수 있다.

■ 튜플을 리스트로 변환하면 수정 가능함

```
>>> t = ("짜장", "짬뽕", "탕수육" "만두")
>>> li = list(t)
>>> li.append("국수")  #리스트에 append( )함수를 사용하여 추가
>>> li
['짜장', '짬뽕', '탕수육만두', '국수']
>>> li[0] = "호떡"  #첫 번째 원소를 변경
>>> li
['호떡', '짬뽕', '탕수육만두', '국수']
>>> t1 = tuple(li) #수정할 수 없게 다시 튜플로 변환
>>> t1
('호떡', '짬뽕', '탕수육만두', '국수')
```

■ 튜플에서 인덱스를 사용한 슬라이싱(Slicing)

튜플에서 특정 영역의 원소들만을 취할 수 있다. 이처럼 튜플의 특정 영역 원소들만 추출하는 것을 슬라이싱이라고 한다. 슬라이싱을 하는 방법은 문자열의 슬라이싱 방법과 동일하다.

▶ 인덱스를 사용한 범위 지정 튜플 원소들 액세스

기본형1 : s[i:j] 기본형 2 : s[i:j:k]
• s는 튜플 객체

- i : 추출할 원소들의 시작 인덱스
- j : 추출할 원소들의 마지막 인덱스. 마지막 인덱스 포함하지 않음

  인덱스 (j−1)까지의 범위 내에서만 추출함
- k : 시작 인덱스의 원소부터 추출을 시작해 증분(k)씩 더해 가면서 추출

  증분이 존재하지 않으면 디폴트 값은 1이며, 1이외의 증분은 반드시 명시

  증분은 문법에 위반되지 않으면 양의 정수 혹은 음의 정수를 사용할 수 있음

이 부분도 문자열 슬라이싱과 같은 개념을 사용하므로 예제 코드를 살펴보자.

```
>>> t1 = ("짜장", "짬뽕", "탕수육", "만두")
>>> t1[0:1] #마지막 인덱스 값은 포함지 않으므로 t[0]만 추출
('짜장',)
>>> t1[1:len(t1)] # 첫번째 부터 마지막까지 추출(종료값은 포함하지 않음)
('짬뽕', '탕수육', '만두')
>>> t1[0:len(t1):2] #처음부터 끝까지(편리한 방법으로 대체할 수 있음)
('짜장', '탕수육')
>>> t1[-4:-1] #주)마지막 값은 포함 안함(증분 1 이외의 모든 증분은 명시해야 함)
('짜장', '짬뽕', '탕수육')
>>> t1[-1:-4:-2] #역방향으로 증분은 -2사용
('만두', '짬뽕')
```

슬라이싱에서 시작 값이나 종료 값 필드를 비워둘 수 있다. 시작 값 부분이 비어있으면 인덱스 0인 첫 번째 원소부터 시작한다는 의미이며, 종료 값 부분이 비어있으면 마지막 원소까지 포함된다는 것을 의미한다. 그리고 시작과 종료 인덱스를 모두 비워두면 튜플 전체 범위를 의미한다.

```
>>> t = ("apple", "banana", "fig", "mango", "pear")
>>> t[:3] #인덱스 0, 1, 2에 위치한 원소들을 돌려줌(시작 값 필드가 비어있으면 처음부터)
('apple', 'banana', 'fig')
>>> t[1:] #종료값 필드가 비어있으면 마지막 원소까지를 포함한다는 의미
('banana', 'fig', 'mango', 'pear')
>>> t[::2] #처음부터 끝까지 인덱스를 2씩 증가시면서 추출
('apple', 'fig', 'pear')
>>> t[::-1] #마이너스 증분은 전체 영역에 대해 역방향으로 추출
('pear', 'mango', 'fig', 'banana', 'apple')
>>> t[-4:-1]
('banana', 'fig', 'mango')
```

■ 특정 원소의 출현 빈도 알아내기

튜플 내에 존재하는 원소(요소)의 출현 횟수를 알 수 있는 함수가 있다. 튜플 객체의 메서드인 count( ) 함수이다. 그리고 특정 원소의 인덱스를 알아내는 방법은 index( ) 함수를 사용한다. 이 부분도 문자열과 개념적으로 같기 때문에 간단히 아래 예를 살펴보자.

```
>>> t = ("apple", "banana", "fig", "mango", "pear", "apple", "fig", "fig")
>>> t.count("fig")
3
>>> t.count("apple")
2
>>> t.count("grapes") #없는 원소를 찾으면 ...
0
---------------------------------------------------
>>> t = ("apple", "banana", "fig", "mango", "pear", "apple", "fig", "fig")
>>> t.index("fig") #fig가 위치한 index를 알려줌(find( ) 함수는 지원하지 않음)
2
>>> t.index("fig", 3) #인덱스 3부터 끝까지 검색(첫번째 일치 인덱스 찾음)
6
>>> t.index("peanut") #존재하지 않는 원소의 검색은 프로그램 종료를 초래함(에러 발생)
Traceback (most recent call last):
  File "<pyshell#114>", line 1, in <module>
    t.index("peanut")
ValueError: tuple.index(x): x not in tuple
```

마지막으로 튜플의 개별 원소를 제거할 수 없지만, 튜플 객체를 제거하려면 아래와 같이 사용한다.

```
>>> t = ("apple", "banana", "fig", "mango", "pear", "apple", "fig", "fig")
>>> del t[0] #개별 원소의 제거는 불가함
Traceback (most recent call last):
  File "<pyshell#47>", line 1, in <module>
    del t[0] #개별 원소의 제거는 불가함
TypeError: 'tuple' object doesn't support item deletion
>>> del t   #튜플 객체를 제거하는 것은 가능함
```

튜플은 지금까지 설명한 내용만 잘 알고 있으면 실제 사용할 때 애로가 없다.

6.3 리스트(List)

파이썬 언어의 리스트는 C 언어의 배열(Array)과 유사한 점이 많다. 그러나 C 언어의 배열은 원소들이 동일한 데이터형을 갖지만, 파이썬 언어의 리스트는 원소들의 데이터형에 대한 제약이 없다. 여러분들이 배우는 데이터형 중에서 아마도 리스트가 가장 중요한 부분이 될 것이다.

리스트 객체는 생성된 이후에 언제든지 각 원소들에 대해 변경을 할 수 있는(Mutable) 시퀀스형 데이터이다. 리스트의 원소들은 다양한 데이터형을 가질 수 있지만, 일반적으로는 동일한 데이터형의 원소들을 하나의 변수에 할당해 사용하는 경우가 많다. 먼저 리스트를 생성하는 방법은 다음과 같다. 리스트를 생성할 때는 대괄호 쌍([ ])을 사용한다.

■ 리스트의 생성

[원소1, 원소2, 원소3, 원소4, 원소5, ...] #콤마로 구분된 원소들을 대괄호 쌍으로 둘러쌈

```
>>> a  = [1,2,3,4,5] #숫자들로 구성된 리스트
>>> b = ["apple", "banana", "pear", "mango", "fig"] #문자열들로 구성된 리스트
>>> c = [100, "alpha", 200, "beta", 300, "gamma"] #숫자와 문자가 혼합된 리스트
>>> d = [ ] #빈 리스트. d = list( )와 동일함
>>> e = ["zetta"] #하나의 원소만 존재하는 리스트(zetta는 10의 21제곱)
>>> list([1,2,3,4]) #리스트 생성자 함수를 사용한 리스트 생성
[1, 2, 3, 4]
>>> z = [1, 2, ["a", "b"], [5, 7], "abc", ("x", "y")] #원소로 대부분의 데이터형 허용
>>> type(a) #변수 a의 데이터형 확인
<class 'list'>  <-- 리스트는 데이터형이 list로 출력됨
```

시퀀스형 데이터는 쉽게 리스트 객체로 변환할 수 있다. 일부 배우지 않은 것도 있지만, 여기서 살펴보는 것도 좋을 것 같다.

■ 시퀀스형 객체의 리스트 객체로의 변환

```
list(시퀀스형객체) --> 리스트 객체로 변환해 돌려줌
--------------------------------------------------------------
>>> list([1,2,3,4]) #리스트 생성자 함수를 사용한 리스트 생성
[1, 2, 3, 4]
>>> list("abcdefg") #문자열을 리스트로
['a', 'b', 'c', 'd', 'e', 'f', 'g']
>>> list((1, 2, 3, 4, 5)) #튜플을 리스트로
[1, 2, 3, 4, 5]
>>> list({"a":10, "b":20, "c":30}) #딕셔너리의 키 값들을 리스트로
['a', 'b', 'c']
>>> list({1, 2, 3, 4, 1, 2, 3, 4}) #집합을 리스트로(집합은 중복시 한 번만 표현함)
[1, 2, 3, 4]
```

리스트의 원소는 기본적으로 시퀀스형 데이터에서 공통적으로 지원하는 데이터 연산을 수행할 수 있다.

■ 리스트 간의 덧셈

리스트 간의 덧셈은 하나의 리스트로 결합하여 돌려준다. 아래 예제를 보자.

```
>>> list1 = [1,2,3,4,5]
>>> list2 = [6,7,8,9,10]
>>> x = list1 + list2 #두 리스트를 결합하여 하나의 리스트로 돌려줌
>>> x
[1, 2, 3, 4, 5, 6, 7, 8, 9, 10]
>>> li_a = ["ab", "cd", "ef"]
>>> li_b = [[1,2,3], 100, 200]
>>> y = li_a + li_b
>>> y
['ab', 'cd', 'ef', [1, 2, 3], 100, 200]
>>> a = [1,2,3]
>>> b = [4,5,6]
>>> a.extend(b)  # a = a+b와 동일함(extend( ) 함수는 뒤에 설명)
>>> a
[1, 2, 3, 4, 5, 6]
```

■ 리스트와 정수의 곱셈

리스트 li와 정수 n의 곱셈을 지원하는데, 이 경우에는 리스트 li의 모든 원소들을 기본 단위로 n번 반복한 새로운 리스트를 돌려준다. 이러한 방식은 대규모 데이터를 특정 값으로 초기화할 때 편리하다.

```
>>> li = [0] * 10 #리스트 원소 0을 10회 반복 등록
>>> li
[0, 0, 0, 0, 0, 0, 0, 0, 0, 0]
>>> li1 = [1,2] * 5 #리스트 원소 1, 2를 5회 반복 등록
>>> li1
[1, 2, 1, 2, 1, 2, 1, 2, 1, 2]
>>> li2 = 7 * ["a", "k"] #정수와 리스트를 반대로 사용해도 무방
>>> li2
['a', 'k', 'a', 'k', 'a', 'k', 'a', 'k', 'a', 'k', 'a', 'k', 'a', 'k']
```

■ 리스트의 길이, 최소값, 최대값

파이썬 언어는 리스트의 길이, 최소값 및 최대값을 알아낼 수 있는 함수를 제공하고 있다. len (리스트), min(리스트), max(리스트) 함수를 사용한다.

```
>>> li1 = [1, 3, 5, 7, 9, 11, 13, 15, 17, 19, 21]
>>> len(li1) #리스트 원소의 갯수를 돌려줌
11
>>> li1 = [7, 3, 9, 1, 11, 21, 19, 17, 7, 5, 9, 15]
>>> len(li1) #리스트 원소의 갯수를 돌려줌
12
>>> min(li1) #리스트 원소중에서 최소값을 돌려줌
1
>>> max(li1) #리스트의 원소중에서 최대값을 돌려줌
21
>>> li2 = ["mks", "apple", "dawn", "fast", "super", "orion"]
>>> len(li2)
6
>>> min(li2)
'apple'
```

```
>>> max(li2)
'super'
>>> li3 = [100, 3, "ba", "ac", 400, "zeta"] #숫자와 문자열이 혼합된 경우
>>> len(li3)
6
>>> min(li3) #숫자와 문자열이 혼합되어 있으면 min( ), max( ) 사용 불가함
Traceback (most recent call last):
TypeError: '<' not supported between instances of 'str' and 'int'
>>> max(li3)
Traceback (most recent call last):
TypeError: '>' not supported between instances of 'str' and 'int'
```

리스트와 튜플은 sum( ) 함수를 기본적으로 지원한다. 이 함수는 리스트나 튜플의 모든 원소가 숫자일 때 사용할 수 있다. 모든 원소들을 합산한 값을 돌려준다. 아래 예제를 살펴보자.

```
>>> li = [1, 3, 5, 7, 9]
>>> sum(li) #리스트의 모든 원소의 합을 돌려줌
25
>>> tu = (2, 4, 6, 8, 10)
>>> sum(tu)  #튜플의 모든 원소의 합을 돌려줌
30
```

리스트의 모든 원소의 평균을 구해보자. 다음과 같이 간단하게 평균을 구할 수 있다.

```
>>> li = [1, 2, 3, 4, 5, 6, 7, 8, 9, 10]
>>> s = sum(li)
>>> avg = s/len(li)
>>> print("평균 :", avg)
평균 : 5.5
```

■ 인덱스를 사용한 리스트 개별 원소(요소) 접근하기

리스트에서 각 원소(요소)는 콤마로 구분된다. 리스트는 시퀀스형 데이터이므로 하나 혹은 부분 데이터를 얻어 낼 수 있다. 문자열 및 튜플과 같은 방식으로 개별 원소를 얻어내므로, 아래

예와 같다. 리스트명[인덱스]를 사용하는 데, 인덱스는 문자열 및 튜플과 동일하게 양 혹은 음의 정수를 사용할 수 있다.

```
>>> li = ["apple", "banana", "mango", "fig", "pear", "peach"]
>>> li[0] #첫 번째 리스트 원소 읽기
'apple'
>>> li[len(li)-1] #마지막 리스트 원소 읽기
'peach'
>>> li[2] #3번째 리스트 원소 읽기
'mango'
>>> li[-1] #마지막 리스트 원소 읽기
'peach'
>>> li[-3] #맨 뒤부터 앞쪽으로 3번째 원소 읽기
'fig'
```

리스트는 변경 가능한(Mutable) 데이터형에 속한다. 리스트의 원소를 특정 값으로 변경, 제거할 수 있고, 리스트에 새로운 원소를 추가 할 수 있다.

■ 리스트의 원소는 수정할 수 있음.

```
>>> t1 = ["짜장", "짬뽕", "탕수육" "만두"]
>>> t1[1] = "국수"  #변경 가능
>>> t1
['짜장', '국수', '탕수육만두']
>>> t1[-1] = "캔디"
>>> t1
['짜장', '국수', '캔디']
>>> t1[0] = ["스파케티", "냉면"]  #하나의 원소를 리스트로 변경
>>> t1
[['스파케티', '냉면'], '국수', '캔디']
>>> t1[-1] = [1, 3, 5, 7]  #다른 형의 원소로 대체도 가능
>>> t1
[['스파케티', '냉면'], '국수', [1, 3, 5, 7]]
```

■ 리스트에서 인덱스를 사용한 슬라이싱(Slicing)

리스트에서 특정 영역의 원소들만을 취할 수 있다. 이처럼 리스트의 특정 영역 원소들만 추출하는 것을 슬라이싱이라고 한다. 슬라이싱을 하는 방법은 문자열과 튜플의 슬라이싱 방법과 동일하다.

▶ 인덱스를 사용한 범위 지정 리스트 원소들 슬라이싱

기본형1 : li[i:j]
기본형 2 : li[i:j:k]

- li는 리스트 객체
- i : 추출할 원소들의 시작 인덱스
- j : 추출할 원소들의 마지막 인덱스. 마지막 인덱스 포함하지 않음
  인덱스 (j 1)까지의 범위 내에서만 추출함
- k : 시작 인덱스의 원소부터 추출을 시작해 증분(k)씩 더해 가면서 추출
  증분이 존재하지 않으면 디폴트 값은 1이며, 1이외의 증분은 반드시 명시
  증분은 문법에 위반되지 않으면 양의 정수 혹은 음의 정수를 사용할 수 있음

이 부분도 문자열과 튜플의 슬라이싱과 같은 개념을 사용하므로 바로 예제 코드를 살펴보자.

```
>>> li = ["apple", "banana", "mango", "fig", "pear", "peach"]
>>> li[0] = "pumpkin" #첫 번째 원소를 pumpkin으로 변경함
>>> li
['pumpkin', 'banana', 'mango', 'fig', 'pear', 'peach']
>>> li[-1] = "tomato" #마지막 원소를 tomato로 변경함
>>> li
['pumpkin', 'banana', 'mango', 'fig', 'pear', 'tomato']
>>> li.append("potato") #마지막 원소를 추가함(append( )함수 사용)
>>> li
['pumpkin', 'banana', 'mango', 'fig', 'pear', 'tomato', 'potato']
>>> li
['pumpkin', 'banana', 'mango', 'fig', 'pear', 'tomato', 'potato']
>>> li = ['pumpkin', 'banana', 'mango', 'fig', 'pear', 'tomato', 'potato']
>>> li[0:3] # 인덱스 0부터 2까지의 원소 추출(종료값은 포함하지 않음)
['pumpkin', 'banana', 'mango']
>>> li[2:10] #인덱스 범위를 벗어나면 존재하는 범위까지만 처리함
```

```
['mango', 'fig', 'pear', 'tomato', 'potato']
>>> li[-3:-1] #뒤쪽 3번째부터 종료값(-1)을 제외한 원소들 추출
['pear', 'tomato']
>>> li[-2:-5] #증분이 1이므로 기본 문법에 어긋나면 [ ]을 리턴
[]
```

슬라이싱에서 시작 값이나 종료 값 필드를 비워둘 수 있다. 시작 값 부분이 비어있으면 인덱스 0인 첫 번째 원소부터 시작한다는 의미이며, 종료 값 부분이 비어있으면 마지막 원소까지 포함된다는 것을 의미한다. 그리고 시작과 종료 인덱스를 모두 비워두면 리스트 전체 범위를 의미한다.

```
>>> li = ["apple", "banana", "mango", "fig", "pear", "peach"]
>>> li[:3] #시작 값 필드가 비어있으면, 첫 번째 원소부터 슬라이싱(0,1,2까지)
['apple', 'banana', 'mango']
>>> li[1:] #종료 값 필드가 비어있으면, 마지막 원소까지를 의미함
['banana', 'mango', 'fig', 'pear', 'peach']
>>> li[:] #시작과 종료 값 필드가 비어있으면, 전체 원소를 의미함
['apple', 'banana', 'mango', 'fig', 'pear', 'peach']
>>> li[::2] #처음부터 끝까지, 증분 2
['apple', 'mango', 'pear']
>>> li[::-1] #전체 원소에 대해, 마이너스 증분은 역방향으로 추출
['peach', 'pear', 'fig', 'mango', 'banana', 'apple']
>>> li[-4:] #마지막 원소까지
['mango', 'fig', 'pear', 'peach']
>>> li[5:0:-1] #인덱스 5 위치의 원소부터 인덱스 0 전까지 증분 규칙이 맞음
['peach', 'pear', 'fig', 'mango', 'banana']
```

슬라이싱한 데이터 영역을 다른 데이터로 변경할 수 있다. 특정 원소는 어떤 원소로도 변경이 가능하다. 그렇지만, 리스트의 범위를 지정하면 시퀀스형 데이터로만 대체할 수 있다.

```
>>> li = ["apple", "banana", "mango", "fig", "pear", "peach"]
>>> li[0] = [1, 2, 3]
>>> li
[[1, 2, 3], 'banana', 'mango', 'fig', 'pear', 'peach']
>>> li[:3] = [7000] #범위 지정은 시퀀스형을 할당해야 함
>>> li
[7000, 'fig', 'pear', 'peach']
>>> li[-3:] = [500, 800]
>>> li
[7000, 500, 800]
>>> li[2:] = "alpha"  #범위 지정에 문자열(시퀀스형)은 인덱스 단위로 저장
>>> li
[7000, 500, 'a', 'l', 'p', 'h', 'a']
>>> li[1:2] = 3000  #범위 지정을 하면 단일 값을 할당할 수 없음
Traceback (most recent call last):
  .... 중간 생략 ...
TypeError: can only assign an iterable
```

■ **특정 원소의 개수 및 출현 빈도 알아내기**

리스트 내에 존재하는 원소(요소)의 출현 횟수를 알 수 있는 함수가 있다. 리스트 객체의 메서드인 count( ) 함수이다. 그리고 특정 원소의 인덱스를 알아내는 방법은 index( ) 함수를 사용한다. 이 부분도 문자열 및 튜플과 개념적으로 같기 때문에 간단히 아래 예를 살펴보자.

```
>>> li = ["apple", "banana", "mango", "fig", "pear", "peach"]
>>> len(li)  #리스트 원소의 갯수
6
>>> li = [-10, 30, 55, 7, -50, 100, 30, 60, 90, 77]
>>> li.count(30) #리스트의 원소로 30은 2회 출현함
2
>>> li.count("grapes") #포도는 없으므로 0을 돌려줌
0
-----------------------------------------------
>>> li.index(100) #원소 100의 인덱스를 돌려줌
5
>>> li.index(77)  #리스트에서 find( ) 함수는 지원하지 않음.
9
>>> li.index(3000) #존재하지 않는 원소를 찾으면 에러발생함
```

```
Traceback (most recent call last):
ValueError: 3000 is not in list
```

■ 객체의 원소를 변경할 수 있는 시퀀스형 데이터의 연산

이전까지는 시퀀스형 데이터에 공통적으로 적용 가능한 연산을 알아보았다. 그런데 리스트 객체는 생성된 이후에 개별 원소들에 대한 변경이 가능한 데이터형이라고 설명하였다. 이처럼 변환 가능한 시퀀스형 데이터는 다음과 같이 추가적인 연산을 지원한다. 여기서 li는 변경 가능한 시퀀스형 객체(리스트)라 하고, t는 순서가 있는 시퀀스 데이터(문자열, 튜플, 리스트 등)라 하자. x는 임의의 데이터형이며, i, j, k는 정수형 숫자이다.

▸ 리스트(원소의 값을 변경 가능한 시퀀스)에서 지원하는 연산

li[i] = x	li 객체의 인덱스 i인 원소를 x로 변경	li[0] = "help"

li[i:j] = t	인덱스 i부터 j-1까지의 원소들을 반복가능한 t 객체(문자열, 튜플, 리스트 등)로 대체함.
	범위 지정시 특정 숫자로 대체 불가
		>>> x = [1,2,3,4,5]
		>>> x[0:2] ="abc"
		>>> x #0~1원소를 대체
		['a', 'b', 'c', 3, 4, 5]
		x[0:1] = 10 허용안함.

del li[i:j:k] del(li[i:j:k])	i번째 원소부터 j-1번째 원소까지 삭제 증분 k이 1이면 생략 가능함. 원소들을 삭제하여 li 객체의 내용을 변경	li[i:j:k] = [ ]과 같음 li[i:j] : k가 1일 때 del li[0::2]와 같이 사용
del li[i]	i번째 원소가 제거된 li 객체 리턴	li = [1,2,3] del li[0] --> li=[2,3]
li.append(x)	리스트 시퀀스의 끝에 x를 추가함	li.append("alpha")
li.clear( )	리스트의 모든 원소를 제거. 빈 리스트([ ])만 존재함.	del li[:]와 동일함
li.copy( )	li의 복제본을 생성하여 돌려줌 x = li.copy( ) 새로운 객체를 생성하여 돌려줌(얕은 복사)	x = li[:]와 동일함
li.extend(t)	리스트 li 뒤에 t의 원소들을 추가하여 li 변경 덧셈은 리스트간의 덧셈만 허용하지만, extend( )는 시퀀스형 데이터만 허용함.	li[len(li):len(li)] = t와 동일 li.extend((1,2,3))

li.insert(i, x)	인덱스 i위치에 x를 하나의 원소로 추가함
	인덱스 i 위치에 x가 추가되고, 해당 위치 이하의 기존 원소들은 뒤로 밀려서 표현됨
		li[i:i] = [x]와 동일
		>>> li = [1,2,3,4]
		>>> li[1:1]=[10]
		>>> li #[1, 10, 2, 3, 4]

li.pop([i])	인덱스 i는 옵션이며, li.pop( )는 가장 마지막 원소를 돌려주면서 li에서 제거함. li.pop(i)는 i번째 원소를 돌려주면 li에서 제거	li.pop( ) li.pop(3)
li.remove(x)	li 내에 존재하는 첫 번째 위치한 x 원소를 제거함.	li.remove(12)
li.reverse( )	원소들을 역순으로 정렬한 li 객체를 돌려줌	li.reverse( )

위에서 설명한 내용들에 대한 코딩을 해보자.

```
# list1.py

li = [] #빈 리스트를 선언함
#li에 1부터 30까지 추가(append( ))
for i in range(1,31) :
    li.append(i) #빈 리스트에 하나씩 추가
print(F"li 값은 : {li}")

#li의 마지막 원소를 삭제
del li[-1]
print(f"마지막 원소가 삭제된 li : {li}")
#1~5번째 원소 삭제
del(li[0:5]) #del 다음에 괄호를 사용해도 무방함
print(f"앞의 5개 원소 삭제 : {li}")
#del li[::2] : 직접 여러분이 코딩하여 실행할 것
#li를 빈 리스트를 만들기
li.clear( ) #혹은 li = [ ], del li[:]와 동일함
print(f"li.clear( ) 실행 후 : {li}")
#li에 extend( )사용한 값 추가
li.extend("abc")
print(f"li.extend('abc') 실행 후 : {li}")
li.extend((10, 20, 30))
print(f"li.extend((10, 20, 30)) 실행 후 : {li}")
#li의 첫 번째 위치에 원소추가
li.insert(0, [300, 700]) #하나의 원소로 추가됨
print(f"li.insert(0, [300, 700]) 실행 후 : {li}")
#li의 마지막 원소를 돌려주고, 마지막 원소 제거
k = li.pop()
print(f"마지막 원소 : {k}, 변경된 li : {li}")
#li의 첫번째 원소를 돌려주고, 첫번째 원소 제거
```

```
f = li.pop(0) #index 0번을 팝하라는 의미
print(f"첫번째 원소 : {f}, 변경된 li : {li}")
#인덱스 0부터 시작해 최초로 만나는 c 제거하기
li.remove("c")
print(f"li.remove('c') 실행 후 : {li}")
li1 = ["a", "b", "c", "d", "e", "f"]
#li1 리스트를 역순으로 정렬하기
li1.reverse()
print(f"li1.reverse() 실행 후 : {li1}")
```

출력

```
li 값은 : [1, 2, 3, 4, 5, 6, 7, 8, 9, 10, 11, 12, 13, 14, 15, 16, 17, 18, 19, 20, 21, 22, 23, 24, 25, 26, 27, 28, 29, 30]
마지막 원소가 삭제된 li : [1, 2, 3, 4, 5, 6, 7, 8, 9, 10, 11, 12, 13, 14, 15, 16, 17, 18, 19, 20, 21, 22, 23, 24, 25, 26, 27, 28, 29]
앞의 5개 원소 삭제 : [6, 7, 8, 9, 10, 11, 12, 13, 14, 15, 16, 17, 18, 19, 20, 21, 22, 23, 24, 25, 26, 27, 28, 29]
li.clear( ) 실행 후 : []
li.extend('abc') 실행 후 : ['a', 'b', 'c']
li.extend((10, 20, 30)) 실행 후 : ['a', 'b', 'c', 10, 20, 30]
li.insert(0, [300, 700]) 실행 후 : [[300, 700], 'a', 'b', 'c', 10, 20, 30]
마지막 원소 : 30, 변경된 li : [[300, 700], 'a', 'b', 'c', 10, 20]
첫번째 원소 : [300, 700], 변경된 li : ['a', 'b', 'c', 10, 20]
li.remove('c') 실행 후 : ['a', 'b', 10, 20]
li1.reverse() 실행 후 : ['f', 'e', 'd', 'c', 'b', 'a']
```

■ **리스트명.copy( )와 리스트명[:]을 사용한 얕은 복사(Shallow copy)**

li = [1,2,3,4,5]인 리스트를 생각해보자. 여러분들은 다음과 같은 방식으로 리스트를 복사하여 할당할 수 있다.

```
>>> li = ["a", "b", "c", "d", "e"]
>>> x = li
>>> x
['a', 'b', 'c', 'd', 'e']
>>> y = li.copy()
>>> y
['a', 'b', 'c', 'd', 'e']
>>> z = li[:]
>>> z
['a', 'b', 'c', 'd', 'e']
```

최초 생성한 li 객체를 복사하는 방법은 위와 같이 3가지 방법이 가능하다. 최초 생성한 객체 li 와 x, y, z는 동일한 객체인지 아닌지를 알 필요가 있다. 모든 객체들은 자신이 참조하는 데이 터를 가리키는 참조 주소가 존재한다. 파이썬 언어에서 이러한 주소가 같다는 것은 동일한 객 체라는 의미이다. 파이썬 언어에서는 참조 주소를 알아내는 id( )라는 함수가 있다. 이제 위에 서 제시한 li, x, y, z에 대한 참조 주소를 알아보자.

```
>>> id(li) #변수 li의 참조 주소
2212624522560
>>> id(x) #변수 x의 참조 주소
2212624522560
>>> id(y) #변수 y의 참조 주소
2212624540864
>>> id(z) #변수 z의 참조 주소
2212624542208
```

위의 예를 보면, li와 x의 참조 주소가 동일한 것을 알 수 있다. 즉, 동일한 객체라는 의미이다. 동일한 객체이기 때문에 li를 수정하든, x를 수정하든지 li와 x에 동시에 수정 내용이 반영된다. 이러한 복사를 단순 복사라고 한다.

```
>>> li.append(3000) #li에 원소를 추가함
>>> li
['a', 'b', 'c', 'd', 'e', 3000]
>>> x #x는 아무런 변경을 하지 않았지만, li와 동일함(같은 객체이기 때문)
['a', 'b', 'c', 'd', 'e', 3000]
>>> x[0] = "help" #x의 첫번째 내용을 변경함
>>> x
['help', 'b', 'c', 'd', 'e', 3000]
>>> li #li가 x와 동일한 객체이므로 li도 변경됨
['help', 'b', 'c', 'd', 'e', 3000]
```

그런데 변수 y와 z는 li와 참조 주소가 다르다. 즉, 포함하고 있는 데이터의 내용은 동일하지만, 서로 다른 객체라는 의미이다. 그러나 li의 원소로 리스트형을 갖게 된다면, 원본과 복사본은 독립적으로 동작하지 않을 수 있다. 원본과 복사본이 모든 상황에서 완전히 독립적으로 조작

가능하기 위해서는 깊은 복사를 배워야 한다. 이 장의 마지막에 깊은 복사와 얕은 복사를 함께 다룰 예정이다.

```
얕은 복사(li.copy( ) 혹은 li[:] 사용)
>>> li = ["a", "b", "c", "d", "e"]
>>> y = li.copy()
>>> z = li[:]
>>> li.append("OK")
>>> li
['a', 'b', 'c', 'd', 'e', 'OK']
>>> y
['a', 'b', 'c', 'd', 'e']
>>> z
['a', 'b', 'c', 'd', 'e']
>>> y[0] = 3000
>>> y
[3000, 'b', 'c', 'd', 'e']
>>> li
['a', 'b', 'c', 'd', 'e', 'OK']
>>> z
['a', 'b', 'c', 'd', 'e']
>>> z[:2] = [1,2]
>>> z
[1, 2, 'c', 'd', 'e']
>>> li
['a', 'b', 'c', 'd', 'e', 'OK']
>>> y
[3000, 'b', 'c', 'd', 'e']
```

■ **리스트명.sort(reverse=False)와 sorted(리스트명)**

리스트명.sort( ) 함수는 리스트 원소들을 크기순으로 정렬하여 원본을 변화시킨다. sorted( ) 함수는 리스트의 원소들을 크기순으로 정렬한 결과를 돌려주고, 원본은 변경시키지 않는다. 원소들을 정렬할 때는 동일한 데이터형의 원소들에 대해 정렬을 수행한다. 즉, 숫자와 문자열이 혼합되어 있으면 정렬을 수행하지 않고 에러를 발생한다. 문자열에 대한 정렬은 사전식 정렬을 수행한다. 이러한 함수의 기본형은 아래와 같다.

리스트명.sort(reverse=False)

- reverse : 옵션으로 디폴트는 Fasle임.

  디폴트 상태에서는 오름차순으로 정렬하여 리스트를 갱신함.

  reverse=True로 설정하면, 내림차순으로 정렬하여 리스트를 갱신함.
- 리스트 원본 자체가 소팅된 결과로 변경됨

sorted(리스트명, reverse=False)

- 리스트 변수를 인자로 받아서 정렬을 수행한 결과를 돌려줌
- 원본 데이터는 변화시키지 않음
- 정렬된 결과를 별도의 변수에 담아서 사용함

아래 예제를 살펴보면 쉽게 이해할 수 있을 것이다.

```
# sort_sorted.py

li = [100, 200, -50, 58, 120, 500, 26, 255]
print(f"원본 데이터 li : {li}")
#sorted( )를 실행하면 원본은 변화가 없고, 소팅 결과를 돌려줌
#돌려받는 값은 새로운 변수에 할당해야 함
소팅된결과 = sorted(li)
print(f"소팅결과 : {소팅된결과}")
print("오름 차순으로 정렬되네요.")
#원본 손상없이 내림차순으로 정렬하려면...
내림차순 = 소팅된결과[::-1]
print(f"내림차순으로 : {내림차순}")

#이번에는 li 자체를 오름차순으로 정렬하자
li.sort( ) #li 원본 자체가 변경됨
print(f"소팅된 li : {li}")
#이번에는 li 자체를 내림차순으로 정렬하자
li.sort(reverse=True)
print(f"내림차순 li : {li}")
```

원본 데이터 li : [100, 200, -50, 58, 120, 500, 26, 255]
소팅결과 : [-50, 26, 58, 100, 120, 200, 255, 500]
오름 차순으로 정렬되네요.
내림차순으로 : [500, 255, 200, 120, 100, 58, 26, -50]
소팅된 li : [-50, 26, 58, 100, 120, 200, 255, 500]
내림차순 li : [500, 255, 200, 120, 100, 58, 26, -50]

리스트를 활용해 성적을 부여하는 간단한 프로그램을 작성해 보자. 성명, 과목별 성적을 각각
리스트에 저장한다.

```python
# 성적처리.py
name = ["홍길동","김순자","이지연","손원영","최부자"]
science =[80, 70, 90, 95, 75]
math = [88, 90, 83, 93, 77]
english =[85, 73, 81, 90, 93]
grade = [] #성적
#평균 구하기
for i in range(len(name)) :
    sum = science[i] + math[i] + english[i]
    avg = sum /3

    print(f"{name[i]}의 평균성적 : {avg:.2f}")
    if avg >= 90 :
        grade.append("A")
    elif avg >=80 :
        grade.append("B")
    elif avg >=70 :
        grade.append("C")
    elif avg >=60 :
        grade.append("D")
    else :
        grade.append("F")

#개인별 점수 모아서 출력하기
print(f"{'name':7s}{'science':10s}{'math':10s}{'english':10s}{'grade':10s}")
for i in range(len(name)) :
    print(f"{name[i]:5s}{science[i]:<10d}{math[i]:<10d}{english[i]:<10d}{grade[i]:10s}")
```

name	science	math	english	grade
홍길동	80	88	85	B
김순자	70	90	73	C
이지연	90	83	81	B
손원영	95	93	90	A
최부자	75	77	93	B

■ 다차원 리스트

먼저 2차원 리스트를 살펴보자. 아래 그림은 2차원 리스트를 그림으로 표현한 것이다.

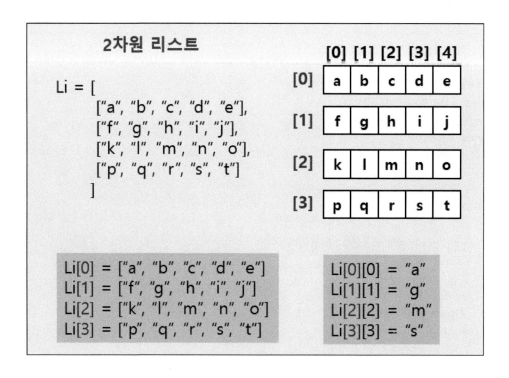

하나의 원소를 기준으로 감싸고 있는 대괄호의 수는 차원과 일치한다고 보면 된다. 예를 들어, 원소 "a"를 기준으로 2개의 대괄호가 이어지기 때문에 2차원을 구성한다. 차원 값과 [i]의 수는 일치해야 한다. 원소 "a"를 접근하려면 첫 번째 대괄호로 "a"가 포함된 리스트를 Li[0]으로 ["a", "b", "c", "d", "e"]를 먼저 선택해야 한다, 다시 선택한 리스트의 첫 번째 원소이므로 Li[0][0]으로 원소 "a"만을 접근할 수 있다.

위의 예는 2차원 리스트에서 규칙적인 형태를 가지고 있는 경우이지만, 상황에 따라서는 리스트의 구조가 불규칙적일 수도 있다. 물론 불규칙적인 데이터 구조를 잘 다루지는 않지만, 이러한 상황은 언제든지 존재할 수 있으므로 간단히 살펴보기로 하자. 아래 그림을 잘 살펴보기 바란다.

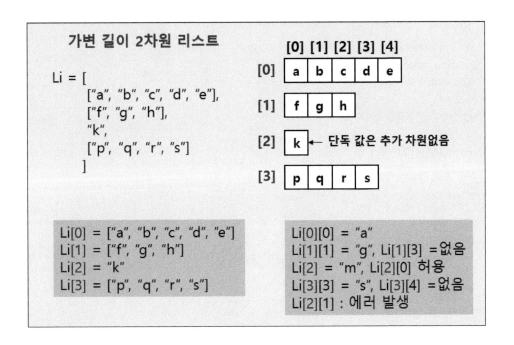

리스트의 원소로 리스트가 존재할 때 원소의 개수가 다르더라도 기존의 원칙을 적용하여 원소를 액세스하면 된다. "f"라는 원소는 가장 바깥쪽에 있는 리스트의 두 번째 원소이므로 Li[1]로 먼저 액세스하고, 내부의 리스트에서는 첫 번째 원소이므로 Li[1][0]으로 액세스할 수 있다. 만약에 Li[1][3]과 같이 존재하지 않는 원소를 액세스하면 에러가 발생한다. 그리고 Li[2]처럼 2차원 리스트 구조에서 단일 원소로 이루어진 값은 Li[2]를 사용하는 것이 원칙이지만, 원소가 문자열인 경우에는 Li[2][0]도 허용해 준다. 따라서 리스트의 원소로 단일 값만 있는 경우에는 Li[2]와 같이 접근하는 것이 바람직하다.

이차원 리스트를 랜덤하게 생성하는 간단한 프로그램을 작성해보자.

```
# two_d_list.py
#2차원 리스트를 생성해 보자

li = [] #빈 리스트

# 3x4
for i in range(3) :
    temp = []
    for x in range(4):
        temp.append(0)
    li.append(temp)

print(f"3x4 이차원행렬 \n {li}")

#random length 3x랜덤(1-5)
import random #랜덤 난수 생성 모듈 포함시키기
li = []

for i in range(3) :
    temp = []
    r = random.randint(1,5)  #1 ~ 5 사이의 난수 생성
    for x in range(r): #랜덤 크기
        temp.append(x) #원소는 0, 1, 2,...
    li.append(temp)

print(f"가변길이 이차원행렬 \n {li}")
```

출력

```
3x4 이차원행렬
 [[0, 0, 0, 0], [0, 0, 0, 0], [0, 0, 0, 0]]
가변길이 이차원행렬
 [[0, 1, 2], [0], [0, 1]]
```

6.4 딕셔너리(사전: Dictionary)

딕셔너리는 우리말로는 사전을 의미한다. 사전을 사용할 때, 낱말(단어)을 찾으면 해당된 설명이 나온다. "하늘"이라는 낱말(단어)을 찾아서 하늘의 의미를 정확하게 설명해주는 내용을 읽어보고 이해하게 된다. 즉, 사전을 사용하려면 먼저 찾고자하는 낱말(단어)을 결정해야 하고,

결정된 낱말을 사용해 해당 낱말의 의미를 알 수 있다.

▶ 국어사전

낱말(단어)	의미
하늘	지평선이나 수평선 위로 보이는 무한대의 넓은 공간

파이썬 언어의 딕셔너리는 여러분들이 평소에 이용했던 사전과 유사한 개념을 사용한다. 여러분들이 낱말(단어)의 뜻(내용)을 알고 싶으면, 먼저 파이썬 언어에서 딕셔너리(사전)이라고 부르는 객체에 찾고자 하는 단어(낱말)를 알려줘야 한다. 찾고자 하는 단어를 전달받은 딕셔너리 객체는 단어에 해당하는 의미(내용)를 돌려준다. 우리 실생활에서 영어사전도 있고 국어사전도 있듯이 파이썬 언어에서도 딕셔너리 객체로 선언하면 하나의 사전이 된다. 파이썬 언어에서는 찾고자하는 단어를 '키(Key)'라고 부르며, 단어의 의미를 '값(Value)'이라 부른다. 딕셔너리에서 하나의 원소는 'Key-value pair'로 구성된다. 여러분이 원하는 값을 얻기 위해서는 반드시 키(Key)를 알고 있어야 한다. 물론 딕셔너리 객체에 존재하는 키들을 알아내는 방법도 있다.

▶ 파이썬 언어의 딕셔너리(사전)

키(Key)	값(Value)
성명	홍길동
나이	27
소속	한국대학교

위에서 설명한 내용을 파이썬 언어의 딕셔너리 표현 방식으로 표현해 보자. 딕셔너리는 중괄호({ })로 원소들(Key-value pair)을 에워싸야 하며, 각 원소들은 콤마(,)로 구분한다. 하나의 원소에 해당하는 key-value 쌍은 '키(key): 값(value)'으로 표현한다. 물론 생성된 딕셔너리 객체는 변수에 할당해야 한다.

■ 딕셔너리(사전) 기본형

> {key1:value1, key2:value2, key3:value3, …}

> d = {"성명":"홍길동", "나이":27, "소속":"한국대학교}
> 즉, d 변수는 딕셔너리 객체가 되며, d에 키(key)를 적용해 값을 얻어 낼 수 있음

이제 딕셔너리에서 값을 얻는 방법을 알아보자. 리스트 li를 생각해보면, 원소를 얻기 위해 li[i]와 같이 리스트 이름 뒤에 대괄호([ ])가 오고, 대괄호 안에 해당 원소가 위치한 인덱스 i를 설정하면 된다. 딕셔너리도 리스트와 유사하지만, 인덱스 위치에 키(Key)를 넣어주면 키에 해당하는 값을 얻어낼 수 있다.

■ 딕셔너리(사전) 객체 접근

> d["성명"] ----> "홍길동"
> d["나이"] ----> 27
> d["소속"] ----> "한국대학교"

위에서 설명한 내용을 파이썬 인터프리터에서 직접 수행해 보자.

```
>>> d = {"성명" : "홍길동", "나이":27, "소속":"한국대학교"}
>>> d
{'성명': '홍길동', '나이': 27, '소속': '한국대학교'}
>>> d["성명"]    #성명에 해당되는 내용을 읽어냄
'홍길동'
>>> d["나이"]
27
>>> d["소속"]
'한국대학교'
```

딕셔너리의 키(Key)는 리스트나 딕셔너리 등과 같은 객체의 원소를 변경할 수 있는 데이터형은 사용할 수 없다. 딕셔너리의 키로 사용할 수 있는 것은 숫자나 문자열을 사용할 수 있다. 실

수를 사용하는 것도 가능하지만, 실수 값은 종종 최종적으로 저장되는 과정에서 소수점 이하의 값이 변경되어 저장되는 경우가 있기 때문에 권고하지는 않는다. 가급적이면 키로 문자열을 사용할 것을 권고한다. 아래 예를 살펴보기 바란다.

```
>>> #키는 문자열을 가장 많이 사용하지만, 숫자를 사용할 수 있음
>>> x = {1:"요리", 2:"운동", 3:"독서", -1:"휴식"}
>>> x[1]
'요리'
>>> x[3]
'독서'
>>> #문자열과 숫자가 혼합된 형태
>>> y = {1:"스포츠", "Favorite":"Soccer", 2:11, "FullTime":90}
>>> y[2]
11
>>> y["FullTime"]
90
```

딕셔너리 객체의 원소는 변경이 가능한(Mutable) 데이터형에 속한다. 객체의 키를 지정한 다음에 새로운 값으로 할당해 주면 된다. 키에 대응하는 값은 거의 모든 데이터형을 허용한다.

```
>>> x = {1:"요리", 2:"운동", 3:"독서", -1:"휴식"}
>>> x[1] = "등산"  #키 값 1에 대응하는 값을 변경
>>> x[-1] = "수면" #키 값 -1에 대응하는 값을 변경
>>> x[2] = [1,3,5,7] #키 값 2에 대응하는 값을 리스트로 변경
>>> x[3] = ("a", "b", "c") #키 값 3에 대응하는 값을 튜플로 변경
>>> x #변경된 값을 확인하기
{1: '등산', 2: [1, 3, 5, 7], 3: ('a', 'b', 'c'), -1: '수면'}
>>> x[2][1]  #x[2]의 내용이 리스트이므로 뒤에 [i]을 붙여서 개별 원소 접근 가능
3
```

만약에 딕셔너리 안에 동일한 키를 2회 이상 사용하게 된다면, 마지막에 나오는 키-값 쌍만을 최종적인 객체에 할당한다.

```
>>> x = {"a": 30, "b":50, "c":70, "a":200, "d":300, "a":500}
>>> x  #키 "a"가 3번 중복되는데, 마지막 값만 저장됨
{'a': 500, 'b': 50, 'c': 70, 'd': 300}
```

딕셔너리에서 생성한 key는 변경할 수 없으나 삭제할 수는 있다. 이 때는 키 값만 삭제되는 것이 아니라 키에 대응하는 값도 삭제된다. 물론 딕셔너리 객체 자체를 삭제할 수도 있다. del 예약어를 사용하며, 아래와 같다.

```
>>> x = {1:"요리", 2:"운동", 3:"독서", -1:"휴식"}
>>> del x[1]
>>> x
{2: '운동', 3: '독서', -1: '휴식'}
>>> del(x[2]) #괄호를 사용해도 무방
>>> x
{3: '독서', -1: '휴식'}
>>> del x  #딕셔너리 객체명만 사용하면 x 객체가 삭제됨
>>> x  #더 이상 x 객체가 존재하지 않음
Traceback (most recent call last):
NameError: name 'x' is not defined
```

len( ) 함수는 딕셔너리의 "key-value pair"로 이루어진 원소의 개수를 돌려준다.

```
>>> x = {1:"요리", 2:"운동", 3:"독서", -1:"휴식"}
>>> len(x)  #key-value쌍으로 구성된 원소의 개수를 돌려줌
4
```

비어있는 딕셔너리를 선언하는 방법은 아래와 같다. 비어있는 딕셔너리 객체가 생성된다.

```
>>> dic = { }   #비어있는 딕셔너리
>>> type(dic) #dic 변수의 데이터형 보기
<class 'dict'>
```

딕셔너리 객체를 생성하는 여러 가지 방법이 있다. 물론 위에서 이미 설명하였던 딕셔너리 객체 생성 방법이 일반적이지만, dict( ) 생성자 함수를 사용하여 아래와 같이 딕셔너리 객체를 생성할 수 있다.

```
1) dict(키1=값, 키2=값2, 키3=값3,...) #키는 문자열 따옴표가 없어야 함.
>>> a = dict(사과=1, 배=2, 살구=3, 자두=4)
>>> a
{'사과': 1, '배': 2, '살구': 3, '자두': 4}
```

```
2) dict([(키1, 값1), (키2, 값2), (키3, 값3),...])  #문자열 따옴표 정상 사용
>>> b = dict([('고구려', 100), ('백제', 90), ('신라', 80)])
>>> b
{'고구려': 100, '백제': 90, '신라': 80}
```

```
3) dict({키1:값1 키2:값2, 키3, 값3, ...}) #기존과 같이 중괄호만 사용하는 것이 편리함
>>> c = dict({"a":1, "b":2, "c":3})
>>> c
{'a': 1, 'b': 2, 'c': 3}
```

```
4) dict(zip([key의 목록], [value의 목록]))
  #key와 value 목록의 동일한 인덱스 위치에 있는 (key, value)의 시퀀스로 돌려줌
  #key와 value 목록의 원소 개수가 다르면, 적은 쪽에 맞추어 (key, value) 시퀀스 생성
>>> d = dict(zip(["a", "b", "c"], [100, 200, 300]))
>>> d
{'a': 100, 'b': 200, 'c': 300}
```

위의 4)에 있는 zip( ) 함수는 간단히 살펴보자. zip( ) 함수의 파라미터에 2개 이상의 리스트(튜플)를 전달하면 된다. 전달받은 각 리스트의 동일한 인덱스에 위치한 원소들을 튜플로 연속적으로 돌려준다. 인덱스의 쌍이 맞지 않으면 원소를 생성하지 않는다. 이처럼 연속적으로 돌려주는 값을 list( ), tuple( ), dict( ) 함수를 사용하여 변환하여 사용한다. 아래 그림을 살펴보기 바란다. zip( ) 함수에 3개의 리스트(혹은 튜플)를 전달하여 새로운 원소 쌍을 생성하는 예제이다.

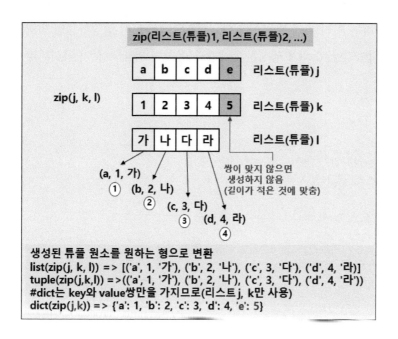

딕셔너리는 객체의 원소를 변경할 수 있는 시퀀스형 데이터이다. 물론 엄격한 순서를 보장하지 않기 때문에 원소들에 대한 접근을 위해 키(Key)를 사용한다. 즉, 딕셔너리는 인덱스를 사용하지 않는다는 것을 명심해야 한다. 딕셔너리에서는 키를 변경할 수는 없지만 값을 변경하는 것은 가능하다.

```
>>> a = dict(사과=1, 배=2, 살구=3, 자두=4)
>>> a
{'사과': 1, '배': 2, '살구': 3, '자두': 4}
>>> a['사과'] = 700    #키 사과에 대응하는 값을 700으로 수정
>>> a
{'사과': 700, '배': 2, '살구': 3, '자두': 4}
```

딕셔너리에 있는 모든 원소를 지우는(비우는) 방법은 2 가지 방식이 있다. 하나는 clear( ) 함수(메서드)를 사용하는 것이고, 다른 하나는 딕셔너리에 다시 빈 딕셔너리({ })를 할당하는 것이다.

```
>>> d1 = {1:"한국", 2:"미국", 3:"헝가리", 4:"체코"}
>>> d1.clear( ) #모든 원소를 삭제하고 빈 딕셔너리만 존재
>>> d1
{}
>>> d1 = {1:"한국", 2:"미국", 3:"헝가리", 4:"체코"}
>>> d1 = { } #다시 빈 딕셔너리로 설정
>>> d1
{}
```

또한 딕셔너리에서 객체를 복사하여 다른 객체로 사용할 방법을 제공한다. copy( ) 함수(메서드)를 사용한다.

```
>>> d1 = {1:"한국", 2:"미국", 3:"헝가리", 4:"체코"}
>>> clone1 = d1.copy() #얕은 복사(shallow copy)
>>> clone1
{1: '한국', 2: '미국', 3: '헝가리', 4: '체코'}
>>> id(d1) #d1의 참조주소
1807230664320
>>> id(clone1) #clone1의 참조주소
1807230727552
>>> del d1[4] #키가 4인 원소 제거
>>> d1
{1: '한국', 2: '미국', 3: '헝가리'}
>>> clone1  #clone1은 d1과는 독립적이므로 변화가 없음
{1: '한국', 2: '미국', 3: '헝가리', 4: '체코'}
>>> d2 = d1 #단순 복사(d1과 d2는 같은 객체를 가리킴)
>>> d2
{1: '한국', 2: '미국', 3: '헝가리'}
>>> del d2[3]
>>> d2
{1: '한국', 2: '미국'}
>>> d1
{1: '한국', 2: '미국'}
```

■ iter( ) 함수

문자열, 튜플, 리스트, range, 딕서너리, 집합 등은 반복 가능한 객체로 iterable 객체에 해당된다. 이러한 객체는 차후에 배우게 될 for~in문에서 아주 유용하게 사용된다. 반복 가능한 객체는 원소를 하나씩 순서대로 추출할 수 있는 iterator 객체로 만들 수 있다. iter(iterable객체) 함수를 사용하여 iterator 객체로 변경하면, next( ) 함수를 호출할 때마다 iterator 객체에서 하나씩 값을 꺼내 돌려준다. next( ) 함수를 수행하면, 가장 앞에 있는 원소를 돌려준 다음 자동으로 다음 원소를 가리킨다. 그리고 더 이상 꺼낼 원소가 존재하지 않으면 "StopIteration" 이라는 에러 메시지를 콘솔에 출력한다. 많이 사용하는 함수는 아니지만, 잘 알고 있으면 파이썬 언어의 이해에 도움이 된다. iter( ) 함수와 next( ) 함수는 언제나 함께 사용한다. 여기서는 개념만 정확히 알고 있으면 된다. Iterator 객체의 특징은 한 번 액세스한 데이터는 다시 액세스할 수 없다.

```
>>> x = {1,2,3,4,5,4} #[1,2,3,4,5], "12345", (1,2,3,4,5), dict도 iter( ) 사용 가능함
#집합은 실행하면 x에는 {1,2,3,4,5} 가 할당됨
>>> y = iter(x) #iterable 객체를 iterator 객체로 변경
>>> next(y) #가장 앞에 있는 원소를 돌려주고, 다음 원소를 가리킴
1
>>> next(y)
2
>>> next(y)
3
>>> next(y)
4
>>> next(y)
5
>>> next(y) #더 이상의 원소가 존재하지 않음
Traceback (most recent call last):
  File "<pyshell#48>", line 1, in <module>
    next(y)
StopIteration
```

딕서너리는 "키(key):값(value)"이 하나의 원소인데, iter( ) 함수를 사용하면 키들만 원소로 취해 iterator 객체로 만들고 순차적으로 키를 얻을 수 있다.

```
>>> a = {"a" : 1, "b":2, "c":3}
>>> b = iter(a) #키 값만을 이터레이터 객체로 만들어 순차적으로 키값을 얻을 수 있음
>>> next(b) #첫 번째 키값
'a'
>>> next(b) #두 번째 키값
'b'
>>> next(b) #세 번째 키값
'c'
>>> next(b)
Traceback (most recent call last):
  File "<pyshell#61>", line 1, in <module>
    next(b)
StopIteration
```

참고로, 반복한 가능한(iterable) 객체의 원소를 역순으로 저장한 iterator 객체를 생성하고 싶으면, reversed(iterable) 함수를 사용하면 된다. 개념적으로는 iter( ) 함수와 동일하지만, 역순으로 원소들을 next( ) 함수를 사용해 꺼내 사용한다.

```
>>> x = [1,2,3,4,5] #리스트
>>> y = reversed(x) #리스트 x를 역순으로 만들어주는 이터레이터 함수
>>> next(y)
5
>>> next(y)
4
>>> next(y)
3
```

iter( )나 reversed( ) 함수의 결과는 list( ), str( ), tuple( ) 등의 함수를 통해서 다시 변환할 수 있다.

```
>>> x = [1,2,3,4,5]
>>> y = iter(x)
>>> k = list(y) #다시 리스트로
>>> k
[1, 2, 3, 4, 5]
```

```
>>> ry = reversed(x)
>>> rx = list(ry)  #순서가 역으로 된 리스트를 얻음
>>> rx
[5, 4, 3, 2, 1]
```

iterator 객체와 iterable 객체는 사용 방법이 다르다. iterator 객체는 한 번 읽은 데이터는 다시 사용할 수 없지만, iterable 객체는 이러한 제한이 없다. enumerate( ) 함수는 가장 대표적인 iterator 객체를 생성하는 함수이며 추후에 다시 소개할 것이다.

■ 딕셔너리에 원소를 추가하기

딕셔너리는 원소의 명확한 순서는 없지만, 개별 원소들을 변경할 수 있다고 하였다. 원소의 순서가 명확하지 않기 때문에 원소 접근시 리스트와 같은 인덱스를 사용하지 않고, key를 사용한다. 여기서는 딕셔너리에 "key:value"로 구성되는 원소를 추가하는 방법을 알아보자. 원소를 추가하는 방법은 첫 째는 비어있는 딕셔너리 객체에 하나씩 추가할 수 있고, 두 번째는 기존의 딕셔너리 객체에 하나씩 추가할 수 있다. 기존의 딕셔너리에 존재하지 않는 키를 사용하면 새로운 원소를 추가한다.

▸ 딕셔너리에 새로운 원소 추가

```
딕셔너리명[새로운키] = 값  #기존의 키와 같으면, 값을 변경하는 것임.
딕셔너리명.update({새로운키 : 값, ...}) #여러 개의 원소 추가 가능
```

딕셔너리에 새로운 원소(item)를 추가하는 예를 살펴보자.

```
>>> x = {1:"수박", 2:"참외", 3:"오이", 4:"토마토"}
>>> x[5] = "자두"  #새로운키=5, 값="자두"
>>> x
{1: '수박', 2: '참외', 3: '오이', 4: '토마토', 5: '자두'}
>>> x["추가"] = "호박" # [새로운키] 우측은 대응하는 값
>>> x
{1: '수박', 2: '참외', 3: '오이', 4: '토마토', 5: '자두', '추가': '호박'}
```

```
>>> k = { }  #빈 딕셔너리
>>> k
{}
>>> k["name"] = "홍길동"
>>> k["age"] = 25
>>> k["hobby"] = "reading & writing"
>>> k
{'name': '홍길동', 'age': 25, 'hobby': 'reading & writing'}
```
```
>>> j = {"사는곳":"오산시"}
>>> j
{'사는곳': '오산시'}
>>> j.update({"취미":"운동", "소속":"한국대학교"}) #기존의 딕셔너리에 2개의 원소 추가
>>> j
{'사는곳': '오산시', '취미': '운동', '소속': '한국대학교'}
```

■ get( ), items( ), keys( ) 및 values( ) 함수(메서드)

여기서 언급하는 함수들은 딕셔너리에서만 사용할 수 있는 메서드들이다. 아래 표에 간단히
정리하였다. 여기서 d는 딕셔너리 객체이다.

함수명(메서드명)	설명
d.get(keyName)	지정한 키에 대응하는 값을 돌려줌 단, 지정한 키가 존재하지 않으면 None을 돌려줌 d[없는키]--〉 에러를 출력하면서 프로그램을 종료함.
d.values( )	딕셔너리 객체 d에 존재하는 모든 값들을 리스트로 돌려줌
d.keys( )	딕셔너리 객체 d에 존재하는 모든 키들을 리스트로 돌려줌
d.items( )	각 원소들을 (key, value) 튜플로 만들어 리스트로 돌려줌

위에서 소개한 메서드들을 활용하는 프로그램을 살펴보자.

```
# dictionary1.py
d = {"차종류" : "트레일블레이저", "차량번호": "12가4567", "년식":2022, "소유주":"홍길동"}

#차량의 번호는 무엇인가?
print(f"차량의 종류 : {d.get('차종류')}")
#없는 키를 사용해도 프로그램은 종료되지 않음
print(f"취미는 있나요? : {d.get('취미')}")

#딕셔너리에 있는 모든 값을 리스트(dict_values)로 얻어봅시다.
print(f"all value in d : {d.values( )}")
#우리에게 익숙한 리스트로 변환해 출력해봅시다.
print(f"all values in d : {list(d.values( ))}")

#딕셔너리에 있는 키들을 리스트(dict_keys)로 얻어봅시다.
print(f"all keys in d : {d.keys( )}")
#우리에게 익숙한 리스트로 변환해 출력해봅시다.
print(f"all keys in d : {list(d.keys( ))}")

#key-value 쌍을 tuple로 변환해 출력해 봅시다.
print(f"changes in list of tuples : {d.items( )}")
#우리에게 익숙한 리스트로 변환해 출력해봅시다.
print(f"changes in list of tuples : {list(d.items( ))}")
```

출력

```
차량의 종류 : 트레일블레이저
취미는 있나요? : None
all value in d : dict_values(['트레일블레이저', '12가4567', 2022, '홍길동'])
all values in d : ['트레일블레이저', '12가4567', 2022, '홍길동']
all keys in d : dict_keys(['차종류', '차량번호', '년식', '소유주'])
all keys in d : ['차종류', '차량번호', '년식', '소유주']
changes in list of tuples : dict_items([('차종류', '트레일블레이저'), ('차량번호', '12가4567'), ('년식', 2022),
('소유주', '홍길동')])
changes in list of tuples : [('차종류', '트레일블레이저'), ('차량번호', '12가4567'), ('년식', 2022), ('소유주', '
홍길동')]
```

■ pop( )과 popitem( ) 함수(메서드)

프로그래밍에서 pop이란 용어는 꺼낸다는 의미이다. 이와 반대의 기존 것에 추가하는 것을 push라고 한다. 특히, pop은 원소를 꺼내서 돌려준 다음에 해당 원소를 삭제한다. 함수 이름에 pop이라는 단어가 들어있으니, 이제 짐작할 수 있을 것이다. item이란 단어는 원소(요소)를 의미한다. 딕셔너리에서 하나의 원소란 "key:value" 쌍을 의미한다. 딕셔너리에서 pop( )과 popitem( ) 함수는 다음과 같이 사용된다.

함수명(메서드명)	설명
d.pop(keyName)	키의 이름인 keyName을 반드시 파라미터로 넘겨줘야 함 keyName에 대응하는 값을 돌려주고, d에서 해당 원소를 삭제
d.popitem( )	함수의 파라미터는 존재하지 않으며, 딕셔너리의 마지막에 위치한 "key:value" 쌍을 튜플(key, value)로 돌려주고, d에서 해당 원소를 삭제

아래는 pop( )과 popitem( )을 사용하여 코딩한 예이다.

```
>>> x = {1:"수박", 2:"참외", 3:"오이", 4:"토마토"}
>>> y = x.pop(2)
>>> y
'참외'
>>> x
{1: '수박', 3: '오이', 4: '토마토'}
>>> y = x.pop() #파라미터가 없으면 에러 발생
Traceback (most recent call last):
  File "<pyshell#125>", line 1, in <module>
    y = x.pop() #파라미터가 없으면 에러 발생
TypeError: pop expected at least 1 argument, got 0

>>> x = {1:"수박", 2:"참외", 3:"오이", 4:"토마토"}
>>> k = x.popitem( ) #파라미터는 없고, 마지막 (key, value)를 돌려주고, x에서 제거
>>> k
(4, '토마토')
>>> x
{1: '수박', 2: '참외', 3: '오이'}
```

■ 딕셔너리 안에 딕셔너리 사용하기(2차원 딕셔너리)

딕셔너리 안에 다시 딕셔너리를 사용할 수 있다. 일정한 형태를 갖는 데이터를 각 딕셔너리로 선언하여 사용할 경우에 유용하다. 아래 예제를 살펴보자. for~in 문이 있어서 이해가 어려우면, for~in 문을 학습한 이후에 다시 살펴보기 바란다.

```python
# nestedDic.py
#dictionary 안에 dictionary가 있을 수 있음.
#첫번째 원소에서 키: 홍길동, 국어, 영어, 수학, 과학
d = {
    "홍길동" : {"국어":85, "영어":77, "수학":72, "과학":98},
    "도레미" : {"국어":65, "영어":83, "수학":78, "과학":72},
    "종소리" : {"국어":70, "영어":90, "수학":55, "과학":65},
    "아리송" : {"국어":50, "영어":67, "수학":57, "과학":88},
    "선리안" : {"국어":90, "영어":60, "수학":81, "과학":61}
    }

#홍길동의 과학 성적을 출력해보자
print(f"홍길동의 과학 성적(d['홍길동']['과학']) : {d['홍길동']['과학']}")
#도레미의 전체 성적을 출력해보자
do_keys = list(d["도레미"].keys()) #keys( )는 iterable이지만, index는 허용안함
i=0
print("도레미 :", end= " ")
for key in d["도레미"] : #도레미의 값이 딕셔너리이므로, 키값들을 순차적으로 i에 전달
    print(f"{do_keys[i]} : {d['도레미'][key]}",end=" ")
    i += 1

#각 학생의 총합과 평균을 구해보자
print("\n각 학생의 총합과 평균을 알아봅시다.")
for name in d : #d의 키값을 순차적으로 name에 넘겨줌
    sum = 0  #0으로 초기화
    for subject in d[name] : #교과목의 이름(key)을 순차적으로 subject에 넘겨줌
        sum += d[name][subject] #교과목의 점수를 합산
    avg = sum / len(d[name]) #len( )으로 키의 수=과목수
    print(f"{name} : 총점={sum}, 평균={avg}")
```

홍길동의 과학 성적(d['홍길동']['과학']) : 98
도레미 : 국어 : 65 영어 : 83 수학 : 78 과학 : 72
각 학생의 총합과 평균을 알아봅시다.
홍길동 : 총점=332, 평균=83.0
도레미 : 총점=298, 평균=74.5
종소리 : 총점=280, 평균=70.0
아리송 : 총점=262, 평균=65.5
천리안 : 총점=292, 평균=73.0

6.5 집합(Set)

집합(Set) 객체는 시퀀스형 데이터에 속하지만, 엄격한 데이터의 순서를 갖지 않으며(Unordered) 인덱스를 사용하지 않는다. 여러분들이 주목할 점은 엄격한 순서를 갖지 않는 데이터형은 인덱스를 사용한 원소 접근을 하지 않는다는 사실이다. 따라서 집합을 작성할 때는 원소의 순서를 무시하기 바란다. 또한 인덱스를 사용하는 슬라이싱 기능은 지원하지 않는다. 집합은 딕셔너리처럼 중괄호({ })를 사용해 표현한다. 집합은 여러분들이 중고교 시절에 배운 교집합(Intersection), 합집합(Union), 차집합(Difference), 대칭차집합(Symmetric difference) 연산을 지원한다. 먼저 집합을 선언하는 방법을 알아보자. 집합과 딕셔너리의 외관상 가장 큰 차이점은 "키(key):값(value) 쌍이 하나의 원소인 딕셔너리와 달리 집합은 원소로 "키(Key)"만을 가진다. 그리고 집합은 존재하는 원소를 수정할 수는 없지만, 특별한 함수(메서드)를 사용해 원소를 추가하거나 제거할 수 있다. 집합의 원소는 변경 불가능한 데이터형만 허용한다. 즉, 집합의 원소는 숫자, 문자열, 튜플만 허용한다.

■ 집합의 선언

{원소1, 원소2, … } #가장 일반적으로 사용하는 방식
set([반복가능한객체(iterable)])

- 반복 가능한 객체(문자열, 리스트, 튜플, 딕셔너리)를 집합으로 변환해 돌려줌
- 딕셔너리 객체는 키(key)들을 모아 집합으로 돌려줌

- 원소의 추가나 삭제 등 부분적으로 데이터를 조작할 수 있음(원소의 값 변경을 불허함)

---

frozenset([iterable])

- 반복 가능한 객체(문자열, 리스트, 튜플, 딕셔너리)를 집합으로 변환해 돌려줌
- 한 번 생성되면 데이터에 대한 수정, 삭제, 추가 등을 허용하지 않음(Immutable)
- 본 과정에서는 자세히 다루지 않음

집합 객체를 다양한 방식으로 생성하는 예제를 살펴보자.

```
빈 집합 생성
>>> s1 = set( ) #생성자 함수 set( )에 파라미터가 없으면 빈 집합 생성함
>>> s1
Set()
>>> type(s1)
<class 'set'>
>>> d1 = { } #중괄호는 집합과 딕셔너리가 동일하게 사용하지만, 딕셔너리가 우선권이 있음.
>>> d1
{}
>>> type(d1)
<class 'dict'>
```

```
2. 일반적인 집합의 생성
>>> s1 = {1, 2, 5, 7, 6, 6, 5, 3} #집합은 원소의 중복을 제거하고 최종적으로 저장됨
>>> s1
{1, 2, 3, 5, 6, 7}
>>> s2 = {1, "a", "b", 5, 2, "z"}
>>> s2  #위에서 작성한 순서와 다르게 저장되는 것을 확인(Unordered) : index 사용 불가
{1, 2, 'b', 5, 'a', 'z'}
```

```
3. set 생성자 함수를 사용한 집합 생성
>>> s2 = set([1,10, 5, 7, 4, 3,3]) #중복은 한번만 표현
>>> s2
{1, 3, 4, 5, 7, 10}
>>> s3 = set("azkbrq") #문자열을 집합으로 변환
>>> s3
{'r', 'k', 'a', 'b', 'q', 'z'}
>>> s4 = set((1, 5, 9, (100, 200))) #튜플을 집합으로 변환
>>> s4  #작성한 순서가 변경되네요...
```

```
{1, (100, 200), 5, 9}
>>> s5 = set({"a":100, "b":200, "sum":300}) #딕셔너리는 키만 모아서 집합으로 변환
>>> s5
{'sum', 'a', 'b'}
```

집합의 원소는 변경 가능한 데이터형은 허용하지 않는다. 아래 예에서 확인해 보자.

```
>>> {1, [100, 200]} #리스트는 변경 가능한 데이터형이므로 집합의 원소로 부적절함
Traceback (most recent call last):
TypeError: unhashable type: 'list'
>>> {2, {"a":30, "b":50}} #딕셔너리는 변경 가능한 데이터형이므로 집합의 원소로 부적절함
Traceback (most recent call last):
TypeError: unhashable type: 'dict'
```

frozenset( ) 생성자 함수를 사용하여 집합을 생성하면 생성된 집합은 변경 불가능한 데이터형이 된다. 따라서 원소의 수정, 삭제, 변경 등을 할 수 없다.

```
>>> s1 = frozenset({1,2,3,4,"a", 5, "z"})
>>> s1
frozenset({1, 2, 3, 4, 5, 'a', 'z'}) #향후에 변경 불가능함
>>> type(s1)
<class 'frozenset'>
```

집합의 원소 개수를 알기위해서는 len( ) 함수를 사용한다.

```
>>> s1 = {1, 2, 5, 7, 6, 6, 5, 3} #중복된 원소는  한 번만 표현
>>> s1
{1, 2, 3, 5, 6, 7}
>>> f1 = frozenset({1, 2, 3, 4, "a", 5, 3, "z"})
>>> f1
frozenset({1, 2, 3, 4, 5, 'a', 'z'})
>>> len(s1)
```

```
6
>>> len(f1)
7
```

frozenset( ) 생성자 함수로 생성하지 않은 일반적인 집합은 원소를 추가하거나 제거할 수 있는
함수를 제공한다. 따라서 일반적인 집합은 제한적 변경 가능한 데이터형이라고 할 수 있다.
add( ) 및 remove( ) 함수(메서드)를 사용한다.

```
>>> s = {1, 2, 3, 4, 5} #frozenset( )으로 생성하지 않은 집합은 추가, 삭제 가능
>>> s.add(700) #원소 700을 추가
>>> s
{1, 2, 3, 4, 5, 700}
>>> s.remove(4)   #원소 4를 제거
>>> s
{1, 2, 3, 5, 700}
>>> s.remove(150) #존재하지 않는 원소를 삭제하면 에러발생
Traceback (most recent call last):
KeyError: 150
>>> s.add([10, 20]) #변경 가능한 데이터는 추가 불가함
Traceback (most recent call last):
TypeError: unhashable type: 'list'
>>> s.add((10, 20)) #튜플은 변경 불가한 데이터므로 추가 가능함
>>> s
{1, 2, 3, 5, 700, (10, 20)}
>>> f1 = frozenset({1,2,3,4,"a", 5, 3, "z"})
>>> f1.add("abc") #frozenset으로 생성된 집합은 변경 불가능함
Traceback (most recent call last):
AttributeError: 'frozenset' object has no attribute 'add'
```

집합에 원소를 추가하거나 제거할 때, add( )와 remove( ) 함수(메서드)를 가장 많이 사용하지
만, update( )와 discard( )함수(메서드)를 사용할 수 있다. 약간의 차이점이 있다. update( ) 함수
는 반복 가능한 객체를 인자로 전달해 한 번 여러 개의 원소를 추가할 수도 있으며, discard( )
함수는 삭제할 원소가 존재하지 않더라도 에러를 발생하지 않는다.

```
>>> s = {"a", "k", "q", "x"}
>>> s.update(["1", "3", "5"]) #iterable 객체의 원소들이 s의 원소로 추가됨
>>> s
{'k', '5', 'a', '3', 'q', '1', 'x'}
>>> s.discard("q") #원소 q를 제거함
>>> s
{'k', '5', 'a', '3', '1', 'x'}
>>> s.discard("hello") #존재하지 않는 원소를 인자로 넘겨도 에러는 발생하지 않음
>>> s
{'k', '5', 'a', '3', '1', 'x'}
```

pop( ) 함수(메서드)는 집합 객체에서 하나의 원소를 돌려주며, 해당 원소를 삭제한다. 이 함수는 집합에 포함된 원소를 랜덤하게 삭제한다.

```
>>> s = {"a", "k", "q", "x"}
>>> s
{'a', 'k', 'x', 'q'}
>>> s.pop() #한 원소를 돌려주며, 해당 원소를 삭제(돌려주는 원소를 담는 변수 필요)
'a'
>>> s.pop() #최종적으로 생성된 집합 객체의 가장 앞쪽에 있는 원소를 돌려주네요.
'k'
>>> s
{'x', 'q'}
```

clear( ) 함수(메서드)는 집합 객체의 모든 원소를 제거하고, 빈 집합 객체로 변경한다. del 키워드를 사용하면 집합 객체를 메모리에 삭제하기 때문에 집합 객체 변수는 더 이상 존재하지 않는다.

```
>>> s = {1, 3, 5, 7, 9}
>>> s.clear( ) #집합 s를 빈 집합으로 만든다.
>>> s
set()
>>> del s #변수 s를 제거하므로, 향후 s는 존재하지 않음.
>>> s
Traceback (most recent call last):
NameError: name 's' is not defined
```

copy( ) 함수(메서드)는 집합 객체의 복사본을 돌려준다. 얕은 복사라고 하지만, 집합 객체의 원소는 변경 불가능한 데이터만을 가지므로 생성된 객체와 기존 집합 객체는 독립적으로 취급할 수 있다.

```
>>> s = {1, 3, 5, 7, 9}
>>> c = s.copy( ) #파라미터 없음
>>> c
{1, 3, 5, 7, 9}
>>> c.add(100) #각각의 변화는 상호 영향을 미치지 않음
>>> c
{1, 3, 100, 5, 7, 9}
>>> s.remove(9)
>>> s
{1, 3, 5, 7}
```

이제는 집합에서 사용하는 연산을 알아보자. 교집합(Intersection), 합집합(Union), 차집합(Difference), 대칭차집합(Symmetric difference) 연산을 사용해 관련 집합을 얻을 수 있다. 이러한 연산을 수행하는 방법은 각각 2가지가 있다. 아래 내용을 살펴보자. a와 b는 집합 객체이다.

연산	방식1	방식2
교집합	a & b	a.intersection(b)
합집합	a | B	a.union(b)
차집합	a - b	a.difference(b)
대칭형차집합 (합집합 - 교집합)	a ^ b	a.symmetric_difference(b)

아래는 파이썬 프로그램으로 작성한 집합 연산의 구현을 보여준다.

```
# set_operation.py

setA = {1, 3, 5, 7, 9, 2, 4, 6}
setB = {2, 4, 6, 8, 10, 1, 3, 5}

#교집합을 알아보자
print(f"setA와 setB의 교집합(방식1) : {setA & setB}")
print(f"setA와 setB의 교집합(방식2) : {setA.intersection(setB)}")
#합집합을 알아보자
print(f"setA와 setB의 합집합(방식1) : {setA | setB}")
print(f"setA와 setB의 합집합(방식2) : {setA.union(setB)}")
#차집합을 알아보자
print(f"setA와 setB의 차집합(방식1) : {setA - setB}")
print(f"setA와 setB의 차집합(방식2) : {setA.difference(setB)}")
#대칭형집합을 알아보자[합집합 - 교집합]
print(f"setA와 setB의 대칭형차집합(방식1) : {setA ^ setB}")
print(f"setA와 setB의 대칭형차집합(방식2) : {setA.symmetric_difference(setB)}")
```

출력

setA와 setB의 교집합(방식1) : {1, 2, 3, 4, 5, 6}
setA와 setB의 교집합(방식2) : {1, 2, 3, 4, 5, 6}
setA와 setB의 합집합(방식1) : {1, 2, 3, 4, 5, 6, 7, 8, 9, 10}
setA와 setB의 합집합(방식2) : {1, 2, 3, 4, 5, 6, 7, 8, 9, 10}
setA와 setB의 차집합(방식1) : {9, 7}
setA와 setB의 차집합(방식2) : {9, 7}
setA와 setB의 대칭형차집합(방식1) : {7, 8, 9, 10}
setA와 setB의 대칭형차집합(방식2) : {7, 8, 9, 10}

6.6 in, not in 포함(Containment) 연산자

포함 연산자는 멤버 연산자라고 한다. 이전에는 이러한 연산자를 멤버쉽 연산이라고 배웠다. 포함 연산자와 멤버쉽 연산자는 같은 의미이다. 파이썬 언어에서 반복 가능한 객체(Iterable 객체)는 in, not in 포함 연산자를 사용할 수 있다. 반복 가능한 객체는 문자열, 리스트, range, 튜플, 딕셔너리 및 집합 등의 데이터형이 속한다. 2가지 방법으로 사용될 수 있다. 첫 번째는 True 혹은 False를 판별할 때 사용한다. 두 번째는 시퀀스형 객체에서 순차적으로 하나 씩 원소를 넘겨주는 용도로 사용한다. 이 방식은 특히 반복문과 결합하여 사용한다.

■ True 혹은 False를 판별하는 포함 연산자

포함 연산자는 반복 가능한 객체 안에 특정 원소가 포함되어 있는지를 판별하는데 사용한다.
판별 결과는 True 혹은 False이다. 기본적인 문법은 다음과 같다.

▶ 기본 문법

특정원소 in(혹은 not in) 반복가능한객체(iterable객체)

- 반복 가능한 객체 내에 특정원소가 있는지를 판별함
- 단, 딕셔너리 객체에 대해서는 특정 키가 있는지를 판별함.
- in : 특정 원소가 있는지를 판별, not in : 특정 원소가 없는지를 판별
- 리턴 값 : True 혹은 False

각각의 iterable 객체에 대한 간단한 예를 살펴보자.

▶ 문자열

```
>>> s= 'abcdkrfyz'
>>> "a" in s #s에 a가 있는지를 판별함
True
>>> "k" not in s #s에 k가 없는지를 판별함
False
>>> "abc" in s #문자열에 대해서는 연속된 문자열의 판별도 가능함
True
```

▶ 튜플

```
>>> t = ( 1, 2, 3, 4, 5 )
>>> 1 in t #t에 원소 1이 있는지를 판별함
True
>>> 7 not in t #t에 원소 7이 없는지를 판별함
True
```

▶ 리스트

```
>>> li = [1, 5, 7, "ok"]
>>> "ok" in li #li에 원소 ok가 있는지를 판별함
True
>>> 10 not in li #li에 원소 10이 없는지를 판별함
```

▶ 딕셔너리

```
>>> d = {"name" :"홍길동", "age":25, "hobby" : "sports"}
>>> "name" in d #d에 키 name이 있는지를 판별함
True
>>> "address" not in d #d에 키 address가 없는지를 판별함
True
```

▶ 집합

```
>>> s1 = {100, 300, 500, 700}
>>> 300 in s1 #s1에 원소 300이 있는지를 판별함
True
>>> 900 not in s1 #s1에 원소 900이 없는지를 판별함
True
```

포함 연산자는 일반적으로 if 문과 결합하여 사용하면 유용하다. 연산 결과를 True/False를 돌려주므로 if 문의 조건으로 사용할 수 있기 때문이다. 아래는 예제 프로그램이다.

```
# containmentOp.py  [딕셔너리를 사용한 예]
#딕셔너리에 해당 키가 없으면, 키:값을 추가하는 프로그램 예제

#주소와 우편번호 맵핑시키기
d1 = {"경기도 오산시":18125, "경기도 수원시":16661, "경기도 화성시":16669,"경기도 용인시":16979}

#등록되지 않은 주소로 검색시(key in(not in) dictionary 사용)
if "경기도 안산시" not in d1 : #d1에 경기도 안산시가 없다면
    d1["경기도 안산시"] = 17585
    print(f"경기도 안산시까지 포함한 등록된 우편번호 : {d1}")
```

```
    else :  #있다면 우편번호를 출력해주기
        print(f"경기도 안산시의 우편번호 : {d1['경기도 안산시']}")


    #등록된 주소로 탐색시
    print("-------------------------------------")
    if "경기도 오산시"  in d1 : #d1에 경기도 오산시가 있다면
        print(f"경기도 오산시의 우편번호 : {d1['경기도 오산시']}")
    else :  #없다면 딕셔너리에 등록하기
        d1["경기도 오산시"] = 17585
        print(f"경기도 오산시까지 포함한 등록된 우편번호 : {d1}")
```

출력

경기도 안산시까지 포함한 등록된 우편번호 : {'경기도 오산시': 18125, '경기도 수원시': 16661, '경기도 화성시': 16669, '경기도 용인시': 16979, '경기도 안산시': 17585}

경기도 오산시의 우편번호 : 18125

```
# containmentList.py

#중복되지 않는 학생의 이름을 추가하기
li = ["홍길동", "김영철", "박가영", "최성환", "이철호"]

while True :  #무한 루프(while문은 조건이 참인 동안 코드블록을 수행함)
    name = input("성명을 입력하세요(예:이성환)[종료를 원하면 : 종료] :")
    if "종료" == name :
        print("프로그램을 종료합니다.")
        break    #while 루프를 탈출함
    elif name not in li : #리스트에 성명이 없다면
        li.append(name) #리스트에 추가
        print(f"등록된 성명 목록 : {li}")
    else : #이미 등록된 이름이 있다면
        pass  #아무 일도 하지 말라는 의미(else문은 없어도 무방함)
```

출력

성명을 입력하세요(예:이성환)[종료를 원하면 : 종료] :Thomas
등록된 성명 목록 : ['홍길동', '김영철', '박가영', '최성환', '이철호', 'Thomas']

성명을 입력하세요(예:이성환)[종료를 원하면 : 종료] :종료
프로그램을 종료합니다.

■ 시퀀스형 원소들을 순차적으로 전달하는 포함 연산자

in 포함 연산자를 for 반복문에 사용하면 시퀀스형 데이터에 등록된 원소들을 반복문의 코드 블록 처음을 만날 때마다 순차적으로 하나씩 특정 변수에 넘겨준다. 넘겨진 변수는 코드 블록에서 사용할 수도 있고, 사용하지 않을 수도 있다. 넘겨진 변수의 사용 여부는 프로그래머의 판단에 따른다. 기본 문법은 다음과 같다.

▸ 기본 문법

for 변수 in 반복가능한객체(iterable객체) :
　　코드 블록

- 반복 가능한 객체 : 문자열, 튜플, 리스트, range, 딕셔너리, 집합
- 단, 딕셔너리 객체에 대해서는 키를 '변수'에 순차적으로 넘겨줌
- 변수 : iterable객체로부터 넘겨받은 원소이며, 코드 블록에서 사용함

다음은 for ~ in 문이 수행되는 과정을 iterable 객체별로 설명하였다.

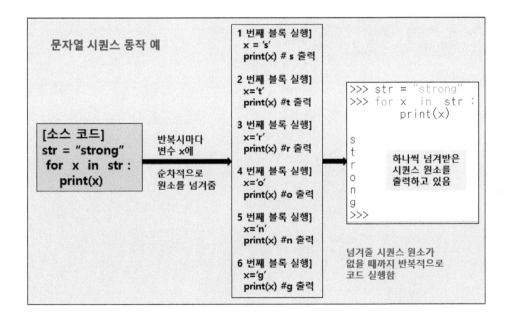

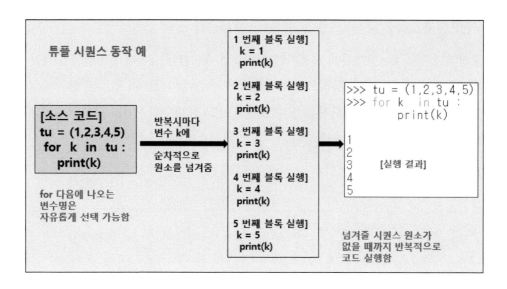

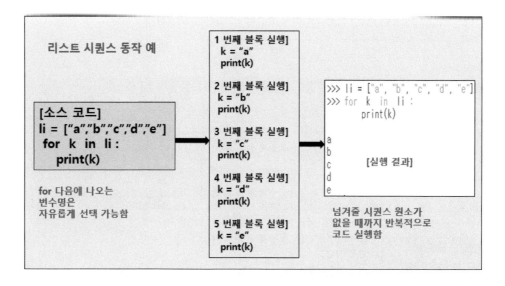

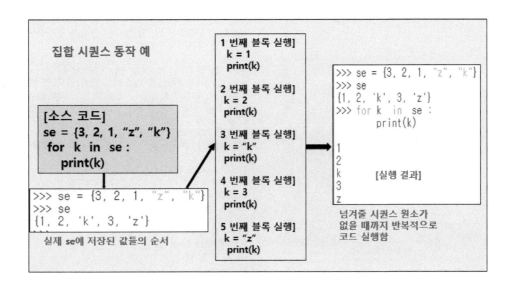

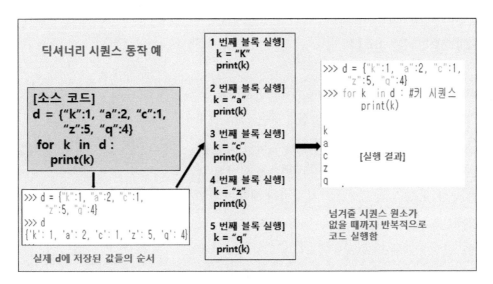

■ 딕셔너리, 튜플, 리스트 간의 데이터 변환

딕셔너리와 튜플, 딕셔너리와 리스트 사이의 데이터 변환에 대해 요약한 것이다. 딕셔너리는 "key:value" 쌍이므로 튜플이나 리스트를 딕셔너리로 변환하려면 각 원소를 리스트나 튜플의 쌍으로 제공해주어야 한다는 사실을 명심하기 바란다. 반대로 딕셔너리를 튜플이나 리스트로 변환하면 키 값만 변환된다.

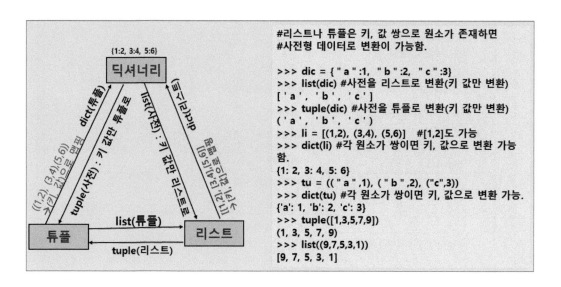

```
#리스트나 튜플은 키, 값 쌍으로 원소가 존재하면
#사전형 데이터로 변환이 가능함.

>>> dic = { "a":1, "b":2, "c":3}
>>> list(dic) #사전을 리스트로 변환(키 값만 변환)
['a', 'b', 'c']
>>> tuple(dic) #사전을 튜플로 변환(키 값만 변환)
('a', 'b', 'c')
>>> li = [(1,2), (3,4), (5,6)]   #[1,2]도 가능
>>> dict(li) #각 원소가 쌍이면 키, 값으로 변환 가능
함.
{1: 2, 3: 4, 5: 6}
>>> tu = (("a",1), ("b",2), ("c",3))
>>> dict(tu) #각 원소가 쌍이면 키, 값으로 변환 가능.
{'a': 1, 'b': 2, 'c': 3}
>>> tuple([1,3,5,7,9])
(1, 3, 5, 7, 9)
>>> list((9,7,5,3,1))
[9, 7, 5, 3, 1]
```

6.7 객체 참조 및 복사

파이썬 언어에서 모든 데이터는 객체이다. 정수, 실수, 문자열, 리스트, 튜플, 딕셔너리, 집합 등은 모두 객체이다. 여러분들은 임의의 변수에 값을 할당하였다. 여기서 값은 객체에 해당한다. 그리고 변수는 할당된 객체에 대한 참조(주소) 정보를 가지고 있어 해당 객체를 액세스할 수 있다. 예를 들어 A = 30이라는 문장이 있을 때, 정수형 객체 30이 먼저 메모리에 할당되고, A는 객체 30을 참조한다. A+10 문장을 수행하면, A는 참

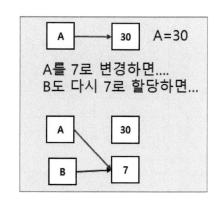

조 주소에 있는 데이터 30을 읽어오고 10과 더하여 결과를 도출한다. 일반적으로 이해가 용이하도록 A에 30이 저장되어 있다고 표현한다. 만약에 A의 값을 7로 변경하면, 정수형 객체 7이 메모리에 할당되고 변수 A는 다시 객체 7을 가리키도록 참조 정보를 변경한다. 그리고 B에 7을 할당하면, 변수 B도 객체 7을 참조한다. 아래 그림을 살펴보자.

보통의 경우에 id( ) 함수를 사용하여 변수가 참조하는 객체의 주소를 알 수 있다. 즉, id(변수명) 함수는 변수가 참조하고 있는 메모리 상에 존재하는 객체의 주소이다.

```
>>> x = 10
>>> y = 20
>>> z = 10 #z의 참조주소는 x의 참조 주소와 같다.
>>> id(y) #y가 참조하는 데이터가 존재하는 메모리 주소
2111720876944
>>> id(x)
2111720876624
>>> id(z) #x의 참조 주소와 같으니, 같은 데이터를 참조하고 있음.
2111720876624
>>> id(x) == id(z)
True
```

■ 단순 복사

이전에 설명한 내용과 중복되는데, "B = A"와 같이 할당할 때 모든 데이터형에 대해 복사가
발생하지 않는 단순 복사에 해당된다. 반복 가능한 데이터형이나 반복 불가한 데이터형 등 모
든 데이터형에 해당된다. "B=A" 문장에서 B는 별도의 사본을 만들지 않고, A와 같은 참조 주
소를 사용하기 때문에 A와 B는 동일하다. 여기서는 반복 가능한 데이터형에 속하는 리스트를
예를 들어 설명하겠다. A=[1,2,3,4,5]일 때, B=A를 사용하여 복사를 수행하면 참조에 대한 사
본을 만들지 않는 단순 복사가 된다. A를 사용하여 원소 값을 변경하거나 추가, 삭제하면 B에
서도 동일한 결과를 얻을 수 있다. 아래 그림을 확인하기 바란다. 여기서 L1은 A와 B가 처음
참조하고 있는 영역 내의 리스트의 원소를 참조하는 모음이다.

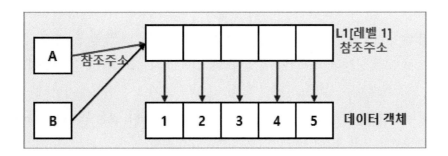

즉, A와 B가 리스트를 참조하고, 리스트 내에는 각 원소의 참조를 갖고 있는 정보들이 존재하
며, 이 참조 정보를 이용하여 최종적으로 리스트의 원소를 액세스하게 된다. 예를 들어,

A.append(33)과 B.append(77)을 수행하면 각 변화가 A와 B에 동시에 영향을 미친다.

```
>>> A = [1,2,3,4,5]
>>> B = A #단순 복사
>>> A.append(33)
>>> B.append(77)
>>> A
[1, 2, 3, 4, 5, 33, 77]
>>> B #A와 B는 항상 동일하다.
[1, 2, 3, 4, 5, 33, 77]
```

■ 얕은 복사(Shallow copy)

여러분들이 기존 데이터를 복사하여 기존 데이터에 영향을 주지 않고, 독립적으로 조작하고 싶을 때가 있다. 단순 복사는 독립적인 데이터의 조작이 불가능하였다. 파이썬은 단순 복사 이외에 얕은 복사(Shallow copy)와 깊은 복사(Deep copy)를 제공하고 있다. 이러한 2개의 복사는 독립적으로 데이터를 조작하기 위한 목적으로 개발된 것이지만, 약간 차이가 있다. 특히, 반복 가능하고, 변경 가능한(Mutable) 데이터형인 리스트, 딕셔너리, 집합에서 원소가 반복 가능하고 변경 가능한 데이터일 경우에는 얕은 복사와 깊은 복사가 차이가 있다. 그리고 반복 가능하지만, 변경 불가한 데이터가 원소인 경우에는 얕은 복사와 깊은 복사의 차이가 없다. 이 경우에는 복사본이 독립적으로 동작한다. 집합의 원소는 변경 불가한 데이터만을 취하므로 얕은 복사와 깊은 복사의 차이가 없다.

얕은 복사에 대해 알아보자. 리스트, 딕셔너리의 원소가 리스트, 딕셔너리일 경우에 해당한다. 여기서는 가장 많이 사용되는 리스트를 예를 들어 설명할 것이다. 깊은 복사는 반드시 import 문을 사용해 copy 모듈을 불러와 구현할 수 있다. 단, 얕은 복사는 import 문을 사용하지 않고도 구현할 수 있다. 아래 예를 살펴보기 바란다. 리스트의 원소가 모두 변경 불가한 데이터들이다. 이 경우에는 복사본과 원본 데이터는 독립적으로 조작 가능하다. 얕은 복사는 복사가 리스트의 원소들을 참조하는 첫 단계(L1 : 레벨 1)까지만 이루어진다.

```
1] import copy 모듈 사용하기
>>> import copy as cp #copy의 별칭으로 cp를 사용함
>>> A = [1, 2, 3, 4, 5]
>>> B = cp.copy(A)  #copy 모듈을 사용한 얕은 복사(A.copy( ) 가능함)
>>> B
[1, 2, 3, 4, 5]
>>> A.append(10) #개별 원소의 추가는 독립적임
>>> B.append(50)
>>> B.append(85)
>>> A
[1, 2, 3, 4, 5, 10]
>>> B
[1, 2, 3, 4, 5, 50, 85]
```

2] 리스트명[:] 사용한 복사
위의 cp.copy(A)를 아래와 같이 변경하면 얕은 복사가 됨.
```
>>> B = A[:]  #copy 모듈을 사용하지 않는 얕은 복사
```

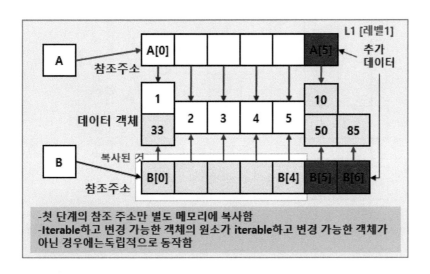

그런데, 리스트의 원소에 반복 가능하고, 변경 가능한 데이터가 원소로 존재할 경우에는 상황이 다르다. 복사의 단계의 L1까지만 되기 때문에 원소가 리스트일 경우에는 별도의 복사본이 만들어지지 않는다. 아래의 예를 보면 복사를 한 후 반복 가능하고, 변경 가능한 원소 A[3] 혹은 B[3]에 값 77을 추가하면 A와 B 모두가 변경된 값을 가진다. 이유는 내부 원소가 반복 가능하고, 변경 가능한 데이터인데, 내부 리스트 원소를 참조하는 L2(레벨 2)의 참조가 복사되지

않았기 때문이다. 따라서 얕은 복사는 레벨 1 참조까지만 복사되는 것을 알 수 있다.

```
>>> A = [1, 2, 3, [4, 5]] #원소로 iterable & mutable 객체를 가질 때
>>> B = A[:] #얕은 복사
>>> B[3].append(77)
>>> A
[1, 2, 3, [4, 5, 77]]
>>> B  #원소로 iterable & mutable 객체를 가질 때는 독립적으로 동작하지 않음.
[1, 2, 3, [4, 5, 77]]
```

아래 그림은 얕은 복사를 설명하고 있다. 레벨 2부터는 복사가 이루어지지 않고 공동으로 사용하기 때문에 한 쪽의 변화가 다른 쪽에 영향을 미친다.

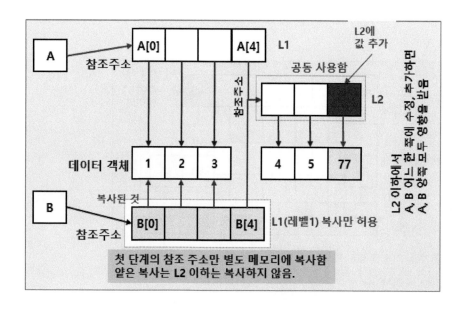

■ 깊은 복사(Deep copy)

얕은 복사에서 반복 가능하고, 변경 가능한 데이터의 원소가 반복 가능하고, 변경 가능한 데이터일 때 복사본의 독립적인 조작에 문제가 있을 수 있었다. 이러한 문제점을 해결하기 위해 깊은 복사를 사용한다. 깊은 복사는 모든 레벨의 참조를 복사하여 원본과 복사본이 완전히 독립적인 조작이 가능하도록 지원한다. 깊은 복사를 사용하기 위해서는 "import copy" 문장을 사

용하여 copy 모듈을 프로그램에 포함시켜야 한다. 그리고 copy 모듈에 있는 deepcopy( ) 함수를 사용하여 깊은 복사를 한다. 아래 예를 살펴보자.

```
>>> import copy as cp
>>> A = [1, 2, 3, [4, 5]]#원소로 iterable, mutable 객체를 가짐([4,5])
>>> B = cp.deepcopy(A) #깊은 복사 수행
>>> A[3].append(77)
>>> B[3].append(55)
>>> A
[1, 2, 3, [4, 5, 77]]
>>> B #A와 B는 완전히 독립적으로 조작이 가능함.
[1, 2, 3, [4, 5, 55]]
>>> A[0]=123
>>> A
[123, 2, 3, [4, 5, 77]]
>>> B
[1, 2, 3, [4, 5, 55]]
```

아래는 깊은 복사의 동작 원리를 그림으로 표현한 것이다. 잘 살펴보기 바란다.

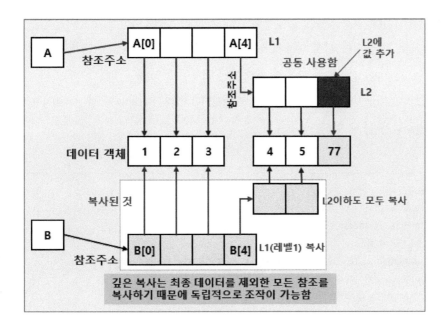

6.8 enumerate( ) 함수

enumerate( ) 함수는 iterable한 객체에 카운터(혹은 index)를 추가해 enumerate 객체를 돌려준다. enumerate 객체는 iterator 객체에 해당되기 때문에 "객체명[i]"와 같은 방식으로 원소를 접근할 수는 없고, next( ) 메서드를 사용하여 "(카운터(혹은 index), value)"의 튜플 데이터형 원소를 하나 씩 읽어내는 것이 가능하다. 또한 반복문 등에서 순차적으로 "(카운터(혹은 index), value)"의 튜플 데이터형으로 반복시마다 각 원소를 넘겨준다. 반복 가능한 객체의 값 뿐만 아니라 인덱스를 덧붙여 처리하고자 할 때 유용하다. enumerate( ) 함수의 기본 문법은 다음과 같다.

- ■ enumerate( ) 함수의 기본 문법

enumerate(iterable, start=0)
• iterable : 반복 가능한 모든 객체(iterator 객체 포함)   • start : (카운터, 값) 쌍을 생성할 때, 카운터가 시작될 index 값을 지정함(1씩 증가)   생략할 경우, 디폴트 값은 0임.   • 리턴 : enumerate 객체(iterator 객체에 해당됨)

아래는 enumerate( ) 함수를 사용하여 iterator 객체에 속하는 enumerate 객체를 생성하는 예를 보여준다. enumerate( ) 함수를 사용하여 생성된 객체는 iterator 객체로 인덱스를 사용하여 접근할 수는 없지만, for ~ in 문에서 유용하게 사용할 수 있다. iterator 객체는 list( ) 함수를 사용하여 내부 원소들을 볼 수 있다.

```
>>> li = [1, 3, 4, 7, 9]
>>> str = "abcdef"
>>> r = range(1, 10, 2) #iterator 객체
>>> s = {s1, s2, s3, s4, s5}
>>> eli = enumerate(li)  #각 원소가 (counterIndex, value)인 enumerate(iterator) 객체
>>> eli   #enumerate 객체(iterator객체)는 개별 원소를 볼 수 없음
<enumerate object at 0x00000193648E5F00>
>>> list(eli)
```

```
[(0, 1), (1, 3), (2, 4), (3, 7), (4, 9)]
>>> estr = enumerate(str, start=5) #카운터인덱스의 최초 값을 5부터 1씩 증가
>>> list(estr)
[(5, 'a'), (6, 'b'), (7, 'c'), (8, 'd'), (9, 'e'), (10, 'f')]
>>> er = enumerate(r, 100) #start=100과 같음
>>> list(er)
[(100, 1), (101, 3), (102, 5), (103, 7), (104, 9)]
>>> es = enumerate(s, start=300)
>>> list(es)
[(300, 's3'), (301, 's4'), (302, 's1'), (303, 's5'), (304, 's2')]
```

enumerate( ) 함수는 각 원소가 카운터(인덱스)와 값의 쌍으로 구성되기 때문에 다음과 같이 활용할 수 있다.

```
>>> li = ["banana", "apple", "tomato", "plumb"]
>>> eli = enumerate(li, start=0) #start=0은 생략 가능함
>>> for idx, value in eli : #enumerate 객체는 (idx, value) 쌍을 순차적으로 전달
        print(f"{idx} = {value}")
0 = banana
1 = apple
2 = tomato
3 = plumb
```

1. 파이썬에서 "ab" + "cd" + "ef"의 연산 결과는 ?

2. s="Lorem Ipsum is simply dummy text"인 문자열이 있다. 전체 문자의 개수와 문자열 중에서 최대값을 찾기 위해 필요한 함수를 적용해 표현하시오.

3. **2번** 문제에서 문자열 전체를 거꾸로 출력하도록 슬라이싱을 적용하시오.

4. 유니코드 값을 인자로 받아 대응하는 문자를 돌려주는 함수는 (　　　)이고, 하나의 문자를 인자로 받아 대응하는 유니코드로 돌려주는 함수는 (　　　)이다.

5. utf-8 인코딩에서 한글은 (　　　) 바이트로 표현된다.

6. 파이썬 언어에서 변경 가능한(Mutable) 데이터형에 속하는 데이터형은 (　　　), (　　　), (　　　) 등이 있다.

7. 다음 중 튜플을 생성하지 않는 것은?
   ① (1, 2, 3)　　② 1,2,3　　③ "a",　　④ tuple("1234")　　⑤ (33)

8. 문자열 "가, 나, 다, 라, 마, 바, 사, 아, 자, 차, 카, 타, 파, 하"에 적절한 함수를 적용해 각 원소들을 리스트의 원소로 변환하시오.

9. li=[1, 3, 5, 7, 9]일 때 리스트의 원소들을 역순으로 정렬하여 reverseLi 변수에 저장하시오.

10. 파이썬 언어에서는 참조 주소를 알아내는 함수는 (   )이다.

11. dict({"바나나": 500, "사과":700, "파인애플":5000, "망고":3000})를 사용해 딕셔너리를 만들 수 있다. 3가지 이상의 다른 방식을 적용해 동일한 딕셔너리를 생성하시오.

12. 반복 가능한 객체를 이터레이터(Iterator) 객체로 만들 때, iter( ) 함수를 사용한다. 이 때 iterator 객체를 하나씩 읽어 내기 위해서는 (   ) 함수를 사용한다.

13. 집합(Set)의 원소는 (   ) 데이터형만 허용한다. 즉, 집합의 원소는 숫자, 문자열, 튜플만 허용한다.

14. 집합에서 원소를 추가하려면 (   ) 함수를 사용하고, 원소를 제거하려면 (   ) 함수를 사용해야 한다.

15. d = dict({"바나나": 500, "사과":700, "파인애플":5000, "망고":3000})가 있을 때, d에서 키 값들만 추출해 리스트로 변환해 변수 x에 저장하시오.

16. 아래와 같은 명령을 수행하면 최종적으로 얻어지는 결과는?

```
>>> x = [10, 30, 50, 70, 90]
>>> enu = enumerate(x, start=7)
>>> print( list(enu) )
```

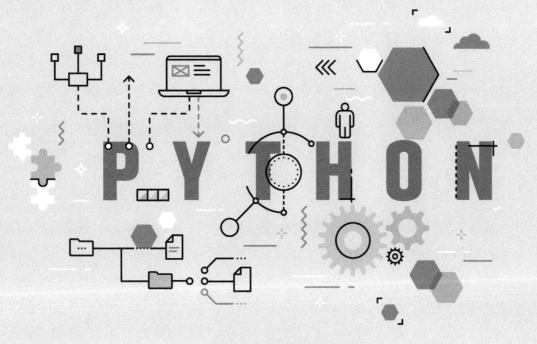

CHAPTER 7
반복문(Loop)

반복문은 동일한 코드 블록을 지정된 횟수만큼 반복적으로 수행하거나 혹은 특정 조건을 만족하는 동안 반복 수행할 때 사용한다. 반복문을 잘 활용하면 프로그램의 전체 크기를 획기적으로 줄일 수 있다. 반복문을 구현하는 가장 대표적인 방법은 for 문과 while 문을 사용하는 것이다. 아울러 파이썬 언어는 for 문과 함께 효과적인 반복문 구현을 위해 range( ) 함수를 제공하고 있다.

7.1 range( ) 함수

range( ) 함수는 for 문을 구현할 때, 가장 많이 조합하여 사용된다. range( ) 함수를 사용해 생성한 데이터들은 순서(Sequence)가 있는 데이터형에 속한다. 순서가 있는 모든 데이터형은 for 문과 연계하여 사용할 수 있다. 여러분들이 이미 배운 문자열, list, tuple은 순서가 있는 데이터형에 속한다. 여기서는 range( ) 함수에 대해 보다 사세아세 나굴 깃이다. 민저 range( ) 합수의 기본형은 다음과 같다. range( ) 함수에서는 정수형 인자(양수, 0, 음수) 값만을 사용할 수 있다. 즉, 실수형 인자 값은 사용할 수 없다.

■ range( ) 함수의 기본형 2가지

```
range(stop)
range(start, stop[, step])
```

- start : 생성할 시퀀스의 시작 값. start 값이 없으면 0이 디폴트 값임
- stop : 생성할 시퀀스의 종료 값. 필수 파라미터임. stop 값보다 1적은 시퀀스 생성
- step : 시작 값부터 시작하여 stop-1까지의 시퀀스 생성시 시퀀스 원소들의 증분
         step 값은 양수 1이 디폴트 값이며, 증분은 음의 정수도 허용함

range( ) 함수에 파라미터로 stop만을 사용하면, 이 함수는 자동으로 시작 값을 0으로 지정하여 시퀀스를 생성한다. 아래 예를 살펴보자.

```
>>> range(5) #stop(종료값)=5로 설정한 것임
range(0, 5)
>>> r = range(5) #0~(5-1)까지의 시퀀스, 증분=1
>>> type(r) #range( )함수를 사용해 생성한 데이터형은 range
<class 'range'>
>>> r[0];r[1];r[2];r[3];r[4] #시퀀스형 데이터는 index를 사용해 액세스 가능
0  <-- r[0]
1  <-- r[1]
2  <-- r[2]
3  <-- r[3]
4  <-- r[4]
>>> r[5] #(stop-1)까지의 원소만 생성되므로 존재하지 않음
IndexError: range object index out of range
>>> list(r) #list(range(5))와 동일함. list 함수로 변환하면 시퀀스 원소를 볼 수 있음
[0, 1, 2, 3, 4]
>>> list(range(20))
[0, 1, 2, 3, 4, 5, 6, 7, 8, 9, 10, 11, 12, 13, 14, 15, 16, 17, 18, 19]
>>> len(range(20)) #시퀀스형 데이터는 원소의 개수를 알 수 있음[len( )함수 이용]
20
```

다음은 range( ) 함수가 start와 stop 2개의 파라미터만 갖는 경우를 알아보자. start 파라미터가 있으면 프로그래머가 원하는 숫자부터 시퀀스를 생성할 수 있다.

```
>>> list(range(3, 8)) #3부터 시작해 (8-1)까지 1씩 증가하는 시퀀스를 생성
[3, 4, 5, 6, 7]
>>> r = range(10, 13)  #iterator 객체가 아님
>>> r[0];r[1];r[2] #생성된 시퀀스를 인덱스를 사용해 출력
10  <-- r[0]
11  <-- r[1]
12  <-- r[2]
```

다음 단계는 range( ) 함수에 start, stop 및 step 파라미터를 모두 사용해 보자. start 값부터 시작하여 다음 시퀀스 값을 생성할 때는 이전 값에 step만큼 더한 값들로 시퀀스를 구성하며, (stop-1)의 값 범위 내에서 시퀀스를 생성하는 것을 알 수 있다. 여기서 한 가지 중요한 사실은 마이너스 증분을 사용하는 것을 허용한다. 단, 이 경우에는 시작 값이 종료 값보다 커야 한다.

```
>>> list(range(1, 11, 2)) #1부터 시작하여 2씩 증가시키고 11은 포함하지 않는 시퀀스 생성
[1, 3, 5, 7, 9]
>>> list(range(10, 20, 3))
[10, 13, 16, 19]
>>> list(range(20, -1, -1))  #음의 증분은 반드시 인자로 넘겨줘야 함
[20, 19, 18, 17, 16, 15, 14, 13, 12, 11, 10, 9, 8, 7, 6, 5, 4, 3, 2, 1, 0]
>>> list(range(1, 11, -2)) #증분을 잘못 설정하면, 비어있는 시퀀스. 원소가 존재하지 않음.
[]
```

이제 순서가 있는 시퀀스형 데이터들이 for 문과 결합해 어떻게 활용될 수 있는지를 알아보자. range, 문자열, list, tuple, dictionary 및 set은 총칭하여 반복 가능한 데이터형이라고 하며, for 문과 결합해 사용할 수 있다.

for 루프를 사용할 때의 장점은 모든 코드를 풀어쓰는 단순한 펼침 방식(Unrolling method)보다는 알맞은 알고리즘을 적용하여 프로그램의 코드 길이를 줄일 수 있다. 아래 그림을 잘 살펴보면 for 루프를 사용하는 이유를 좀 더 명확히 알 수 있다. 특히 반복 횟수가 증가할수록 훨씬

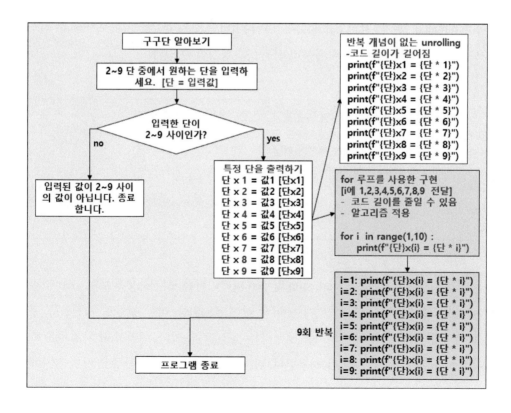

많은 코드를 줄일 수 있는 효과를 얻을 수 있다. 그림에서는 구구단의 특정 단을 계산하여 출력하는 데, 9회의 반복을 사용하고 있지만, 만약에 여러분이 100만 번 이상의 반복을 사용한다고 생각해보면, unrolling 방식과 비교하여 for 루프를 사용한 코딩 방식이 상상할 수 없을 정도로 효율적이라는 것을 알 수 있을 것이다.

구구단의 특정 단을 입력하여 해당 단을 출력해주는 프로그램을 3가지 방식으로 구현하였다. 모두 동일한 결과를 출력한다. 마지막 방식은 break라는 키워드를 사용하고 있는데, 이는 반복문을 탈출할 때 사용하는 키워드로 추후에 다시 설명할 것이다.

```python
#원하는 단을 입력하여 해당 단을 출력해보기
print("구구단 알아보기")
단 = int(input("2~9단 중에서 원하는 단을 입력하세요 : "))

#구현 방식 1(unrolling 방식)
print("방식 1(unrolling)")
if not(단  >= 2 and 단 <=9) :
    print("입력된 값이 2~9 사이의 값이 아닙니다. 종료합니다.")
else :
    print(f"{단}x1 = {단 * 1}")
    print(f"{단}x2 = {단 * 2}")
    print(f"{단}x3 = {단 * 3}")
    print(f"{단}x4 = {단 * 4}")
    print(f"{단}x5 = {단 * 5}")
    print(f"{단}x6 = {단 * 6}")
    print(f"{단}x7 = {단 * 7}")
    print(f"{단}x8 = {단 * 8}")
    print(f"{단}x9 = {단 * 9}")
```

```python
#구현 방식 2(if문 내에 for 루프)
print("방식 2(if문 내에 for 루프)")
if not(단  >= 2 and 단 <=9) :
    print("입력된 값이 2~9 사이의 값이 아닙니다. 종료합니다.")
else :
    for i  in range(1,10) :
        print(f"{단}x{i} = {단 * i}")
```

```
#구현 방식 3(for 루프 안에 if 문 및 break 사용)
print("방식 3(for 루프 안에 if 문 및 break 사용)")
for i  in range(1,10) :
    if not(단  >= 2 and 단 <=9) :
        print("입력된 값이 2~9 사이의 값이 아닙니다. 종료합니다.")
        break  # for문을 탈출
    print(f"{단}x{i} = {단 * i}")
```

reversed(range객체) 함수를 사용하여 range( ) 함수로 생성한 원소들의 순서를 역순으로 할 수 있다. 그런데 이 함수를 사용하면 iterator 객체가 생성되기 때문에 next( ) 함수를 사용할 수 있다. 거의 사용하지 않지만 참고하기 바란다.

```
>>> x = range(10)  #range 객체(iterable 객체)
>>> k = reversed(x)
>>> type(k)
<class 'range_iterator'>  #k는 iterator 객체임
>>> next(k)
9
```

7.2 for~in 문

C, C++ 언어는 for 문이라고 일반적으로 명명하지만, 파이썬의 for 문은 for~in 문이라고 하는 것이 맞다. for 문이 in과 항상 결합되어 만들어지기 때문이다. for~in 문과 관련한 기본적인 동작 원리는 이전 장에서 설명하였다. 여기서는 몇 가지 예제를 살펴보고자 한다. 먼저 2 이상의 정수를 입력받아 소수(Prime)인지를 판별하는 프로그램을 살펴보자.

```
# PrimeDecision.py

#소수란 약수로 1과 자신만을 갖는 수

inp = int(input("2 이상의 정수를 입력하세요. : "))
count = 0  #1과 자신을 제외한 약수의 수
if inp < 2 :
    print(f"입력 {inp}는 정상 입력이 아니므로, 프로그램을 종료합니다.")
else : #2 이상의 입력에 대한 처리
    #tmp : 나눌 수 있는 최대 수(만약 입력이 11이면 2부터 6까지는 나누어지는 테스트)
    tmp = int(inp/2)
    for i in range(2, tmp+1) :  #inp 값의 1/2까지 나눗셈 테스트(종료값=2: 수행 안함)
        if inp % i == 0 :  #나머지가 0인 수는
            count += 1
            #약수들을 리스트로 만들어 추가해 보세요.(끝 부분에 출력도 해보고.)

    #count가 0이면 소수임
    if  count == 0  :
        print(f"{inp}는(은) 소수(prime number)입니다.")
    else :
        print(f"{inp}는(은) 소수(prime number)가 아닙니다.")
```

출력

```
2 이상의 정수를 입력하세요. : 77
77는(은) 소수(prime number)가 아닙니다.

2 이상의 정수를 입력하세요. : 11
11는(은) 소수(prime number)입니다.

2 이상의 정수를 입력하세요. : -35
입력 -35는 정상 입력이 아니므로, 프로그램을 종료합니다.
```

이번에 for~in 문을 사용하여 문자열 입력에 대해 역순으로 배열한 문자열을 출력하는 프로그램을 살펴보자.

```
# reverseString.py

str1 ="ABCDEFGHIJKLMNOPQRSTUVWXYZ"
#본래는 str1[::-1]을 사용하면 됨
li = [] #문자열을 한 문자씩 저장할 리스트

for s  in  range(len(str1)) : #인덱스 0부터 문자열갯수-1까지 전체 문자를 시퀀스로 전달
    li.append(str1[s]) #한 문자씩 리스트에 등록

li.reverse( ) #리스트의 순서를 역순으로 변경
#li1  = str(li) #[...] 전체를 문자열로 리턴
rstr = ''.join(li) #리스트 원소들 사이에 ''(빈문자)를 넣어 새로운 문자열을 돌려줌

print(f"본래의 문자열 : {str1}")
print(f"역순으로 변경한 문자열 : {rstr}")

#가상 쉽게 사용실 수 있는 문지열 역순 출력
rstr1 = str1[::-1]
print(f"str1[::-1]은 문자열으로 역순으로 바꾸는 가장 쉬운 방법 : {rstr1}")
```

출력

```
본래의 문자열 : ABCDEFGHIJKLMNOPQRSTUVWXYZ
역순으로 변경한 문자열 : ZYXWVUTSRQPONMLKJIHGFEDCBA
str1[::-1]은 문자열으로 역순으로 바꾸는 가장 쉬운 방법 :
   ZYXWVUTSRQPONMLKJIHGFEDCBA
```

이번에는 1부터 100까지의 정수들에 대해 짝수들의 합, 홀수들의 합 및 전체 합을 도출하는 프로그램을 작성해 보자.

```
# evenOddSum.py

#1~100까지의 짝수, 홀수 및 전체 합을 구하는 프로그램
esum = 0 #even sum(짝수합)
osum = 0  #odd sum(홀수합)
tsum =0 #total sum(전체합)
#반복문을 사용한 합 구하기

for  i  in range(1, 101) : #1부터 100까지
    if i % 2 == 0 : #짝수
```

```
        esum += i
    else :  #홀수
        osum += i
    tsum += i

print(f"짝수의 합 : {esum}, 홀수의 합 : {osum}, 전체 합 : {tsum}")
#검증과정 [tsum == esum + osum]
if tsum == (esum + osum) :
    print("tsum과 (esum+osum)이 같으니, 정상적으로 연산을 완료하였습니다.")
else :
    print("프로그램 알고리즘에 오류가 있으니 수정하기 바랍니다.")
```

```
짝수의 합 : 2550, 홀수의 합 : 2500, 전체 합 : 5050
tsum과 (esum+osum)이 같으니, 정상적으로 연산을 완료하였습니다.
```

다음은 리스트의 원소들이 숫자로 되어 있을 때, 원소들 중에서 가장 큰 값을 찾는 프로그램을 작성해 보자. 여기서는 math 모듈을 불러와야 하는데, 현재 작업 중인 프로그램에서 math 모듈을 불러오는 방법은 import math와 같이 프로그램 윗부분에 선언해야 한다. 무한대 값은 math 모듈의 inf 속성을 사용하면 된다. 사용 방법은 math.inf이며, 마이너스 무한대는 -math.inf를 사용하면 된다. 참고로, math 모듈을 사용하지 않고 built-in 함수인 max(리스트) 함수를 사용해 간단히 구현할 수 있다. 또한 리스트 원소 중의 하나를 선택한 다음 나머지 원소들과 비교해 가면서 가장 큰 값을 얻을 수도 있을 것이다.

```
# findMaxNumber.py
import math
#리스트에서 가장 큰 수를 찾는 프로그램

li = [1, -30, 50, 77, 185, 20, 723, 86, 982, -270, 333]
# float('inf')도 가능하지만, math.inf 사용
maxNum = -math.inf  #math 모듈에서 제공한 - 무한대 값(+무한대 math.inf)

for  k  in  li : #li의 원소들을 하나씩 k에 넘겨줌
    if maxNum < k :
        maxNum = k

print(f"리스트 {li}에서 \n최대 값은 {maxNum}입니다.")
```

```
#참고로 리스트의 최대값은 max(li) 로 찾을 수 있습니다.
print(f"max(li)를 사용해 최대 값을 찾으면 {max(li)}입니다. ")
```

```
[결과 출력]
리스트 [1, -30, 50, 77, 185, 20, 723, 86, 982, -270, 333]에서
최대 값은 982입니다.
max(li)를 사용해 최대 값을 찾으면 982입니다.
```

이제 여러분들이 리스트가 문자열을 원소로 가질 때, 사전식으로 가장 뒤에 나오는 원소를 찾는 프로그램을 작성해보기 바란다. 파이썬 언어는 문자열 간의 대소를 비교할 수 있다.

li = ["happy", "fast", "slow", "snow", "yellow", "zero", "circle", "wife", "daughter"]
리스트 li에서 사전식 정렬을 할 때, 가장 뒤에 위치하는 문자열을 찾아서 출력하는 프로그램을 작성하시오. 힌트] 빈 문자열과 일반 문자의 대소를 배교하면 일반 문자가 큽니다.

다음은 동일한 길이의 문자열을 갖는 두 변수에 대해 동일한 인덱스에 위치한 문자가 일치하지 않는 것을 찾아서 출력해주는 프로그램을 작성해 보자.

```
# 두문자열의다른곳찾기.py

#str1과 str2의 문자열의 길이는 같다고 하자.
str1 = "abcdkefghizjklmlu"
str2 = "abcdxefghiyjklmqr" #두 문자열은 4군데가 다르다
indexLi = [] #다른 문자가 위치한 index를 저장

for s  in range(len(str1)) : #s를 인덱스로 사용함
    if str1[s] == str2[s] :
        pass    #아무 일도 하지 않음
    else : # 동일한 위치의 문자열이 다르다면
        indexLi.append(s)
```

```
#어떤 문자가 다른지 확인해보자
print("----- 동일 인덱스의 다른 문자를 찾아서 출력하기 -----")
for  s1  in  indexLi :
    print(f"index : {s1}, str1 : {str1[s1]}, str2 : {str2[s1]}")
```

```
----- 동일 인덱스의 다른 문자를 찾아서 출력하기 -----
index : 4, str1 : k, str2 : x
index : 10, str1 : z, str2 : y
index : 15, str1 : l, str2 : q
index : 16, str1 : u, str2 : r
```

다음은 딕셔너리를 사용한 프로그램 예를 살펴보자. 주식(Stock) 종목을 한글로 입력하면 관련된 코드 번호와 현재 주가를 알려주는 프로그램이다. 그리고 새로 매입한 주식 정보도 추가하는 프로그램이다.

```
# stock1.py

stock = [{'종목' : '삼성전자', '종목코드' : '009530', '매입가' : 97000},
        {'종목' : 'sk하이닉스', '종목코드' : '000660', '매입가' : 127000},
        {'종목' : '셀트리온', '종목코드' : '068270', '매입가' : 348500},
        {'종목' : 'lg전자', '종목코드' : '066570', '매입가' : 158000},
        {'종목' : '현대차', '종목코드' : '005380', '매입가' : 248000},
        {'종목' : '기아차', '종목코드' : '000270', '매입가' : 99200},
        {'종목' : '이노와이어리스', '종목코드' : '073490', '매입가' : 52400}
        ]

print("현재 보유하고 있는 주식 종목 정보를 출력하기")
for  ele  in  stock :  #원소를 순차적으로 전달함.
    print(f"종목 : {ele['종목']}, 종목코드 : {ele['종목코드']}, 매입가 : {ele['매입가']}")

#새로운 종목을 추가하기
종목명 = input("새로 매입한 주식 종목명 입력하세요. : ")
종목코드 = input("새로 매입한 주식 종목코드 입력하세요(예, 000780). : ")
매입가 = int(input("새로 매입한 주식 매입가 입력하세요((예, 10050). : "))
```

```
ndict = {}  #새롭게 받은 주식 정보를 딕셔너리로 저장
ndict['종목'] = 종목명
ndict['종목코드'] = 종목코드
ndict['매입가'] = 매입가

#stock list에 추가하기
stock.append(ndict)

#전체 출력하기
print("===== 보유한 전제 종목 요약 출력 =====")
print(stock)
```

현재 보유하고 있는 주식 종목 정보를 출력하기
종목 : 삼성전자, 종목코드 : 009530, 매입가 : 97000
종목 : sk하이닉스, 종목코드 : 000660, 매입가 : 127000
종목 : 셀트리온, 종목코드 : 068270, 매입가 : 348500
종목 : lg전자, 종목코드 : 066570, 매입가 : 158000
종목 : 현대차, 종목코드 : 005380, 매입가 : 248000
종목 : 기아차, 종목코드 : 000270, 매입가 : 99200
종목 : 이노와이어리스, 종목코드 : 073490, 매입가 : 52400

새로 매입한 주식 종목명 입력하세요. : 대신증권   <-- 키보드 입력

새로 매입한 주식 종목코드 입력하세요(예, 000780). : 003540

새로 매입한 주식 매입가 입력하세요((예, 10050). : 12700
보유한 전제 종목 요약 출력
[{'종목': '삼성전자', '종목코드': '009530', '매입가': 97000}, {'종목': 'sk하이닉스', '종목코드': '000660', '매입가': 127000}, {'종목': '셀트리온', '종목코드': '068270', '매입가': 348500}, {'종목': 'lg전자', '종목코드': '066570', '매입가': 158000}, {'종목': '현대차', '종목코드': '005380', '매입가': 248000}, {'종목': '기아차', '종목코드': '000270', '매입가': 99200}, {'종목': '이노와이어리스', '종목코드': '073490', '매입가': 52400}, {'종목': '대신증권', '종목코드': '003540', '매입가': 12700}]

다음은 집합(Set)을 이용하는 프로그램을 살펴보자. 집합에서 중요한 것은 원소의 중복을 허용하지 않는 것이다.

```
# setExam.py

#최종적으로 저장되는 set은 중복을 허용하지 않는다는 것을 명심할 것
st = {1, 2, 5, 10, 7, 9, 17, 16, 19, 20, 11, 7, 5, 16}
#set에 원소가 존재하는지를 확인해보자.
if 10  in st : #집합 st에 10포함되어 있으면 True
    print("10은 집합 st의 원소입니다.")
else :
    print("10은 집합 st의 원소가 아닙니다.")

#st에 속하는 모든 원소를 출력해 보자
print(f"set st의 모든 원소 출력 : {st}")
print("set st의 원소를 차례대로 출력해면, ", end=' ')
for s  in st : #set st의 원소를 순차적으로 s에 전달
    print(f"{s}", end=" ") #줄바꿈을 하지 않기 위해 end옵션 사용

#리스트에서 중복을 제거해 출력하기
li = ["a", "x", "z", "c", "a", "c", "b", "z", "y", "c", "k", "x", "q", "b"]
#set( ) 함수로 list를 변환하면 모든 중복을 제거할 수 있음
no_duplicate = set(li)
print(f"\n중복을 제거한 li : {no_duplicate}")
```

출력

10은 집합 st의 원소입니다.
set st의 모든 원소 출력 : {1, 2, 5, 7, 9, 10, 11, 16, 17, 19, 20}
set st의 원소를 차례대로 출력해면, 1 2 5 7 9 10 11 16 17 19 20
중복을 제거한 li : {'k', 'z', 'a', 'y', 'q', 'x', 'b', 'c'}

 다각형의 내각의 합은 180 x (N-2)이다. 여기서 N은 변의 수에 해당된다. 그리고 정다각형의 한 내각의 값은 [180 x (N-2)]/N이다. 만약에 여러분이 정삼각형 이상에 대해 시작 정다각형과 마지막 정다각형까지를 숫자로 입력하면, 해당 범위에 있는 정다각형들의 한 각의 크기를 출력하는 프로그램을 작성하시오. 이 때, for 루프를 적절히 활용하시오.

▶ 출력 예시

정4각형의 한 각의 크기는 90.0도이다. ... 중간 생략 ...
정10각형의 한 각의 크기는 144.4도이다.

▪ Comprehension을 사용한 시퀀스형 데이터 생성

컴프리헨션은 반복 가능한 객체(Iterable Object)를 생성하기 위해 파이썬 언어에서 지원하는 독특한 기능이다. 이 방식을 사용하면 리스트, 딕셔너리 및 집합의 원소들을 편리하게 생성할 수 있다. 튜플을 표현하는 ( ) 표시가 있으면, 생성자 표현식이 되므로, 사실상 튜플은 지원하지 않는다. 생성자 표현식은 iterator 객체를 생성할 때 사용하는 방식이며, 기본 설명을 마친 후에 설명할 것이다. 아래는 컴프리헨션을 사용하는 기본 문법을 보여준다.

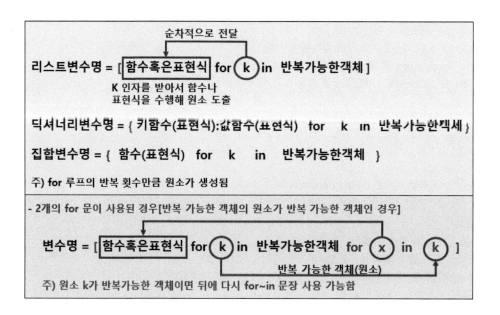

생성될 원소는 함수 혹은 표현식을 사용할 수 있으며, 원소를 생성할 때마다 for~in 문의 인자를 넘겨받아서 사용할 수 있다. 딕셔너리는 키와 값의 쌍으로 생성할 때 사용하며, 집합은 리스트의 생성 방법과 동일하다. 반복 가능한 객체의 원소가 다시 반복 가능한 객체라면 2개의 for 문을 사용할 수 있다. 아래 다양한 예제를 살펴보자.

```
>>> li1 = [ x  for x  in range(10)] #10개의 리스트 원소 생성
>>> li1
[0, 1, 2, 3, 4, 5, 6, 7, 8, 9]
>>> li2 = [ k*2 for k in range(1, 16, 2)]  #넘겨받은 k*2의 원소들을 생성
>>> li2
```

```
[2, 6, 10, 14, 18, 22, 26, 30]
>>> import random #난수를 생성하는 모듈
#randint(시작값, 종료값) : 시작값에서 종료값 사이의 정수를 랜덤 생성
>>> li3 = [ random.randint(k, 300) for  k  in range(20, 201, 20)]
>>> li3
[33, 163, 236, 216, 269, 293, 187, 231, 296, 205]
>>> ex1 = [10, 20, 33, 44, 55, 66, 77]
>>> li4 = [ 500-y  for y  in ex1] #500에서 기존 리스트의 원소 값을 뺀 결과를 원소 생성
>>> li4
[490, 480, 467, 456, 445, 434, 423]
```

```
>>> a1 = ["현대", "기아", "벤츠", "BMW", "GM", "르노삼성"]
>>> a2 = ["아반떼", "K7", "E300", "520i", "말리부", "SM6"]
>>> car = {x:y  for (x, y)  in zip(a1, a2)} #a1과 a2를 쌍으로 키와 값으로 딕셔너리 생성
>>> car
{'현대': '아반떼', '기아': 'K7', '벤츠': 'E300', 'BMW': '520i', 'GM': '말리부', '르노삼성': 'SM6'}
----------------------------------------------------------------------
>>> a3 = ["1천만원", "2천만원", "3천만원", "4천만원", "5천만원", "6천만원"]
>>> li1 = [(x, y, z)  for  (x, y, z)  in zip(a1, a2, a3)] #각 원소가 튜플임
>>> li1
[('현대', '아반떼', '1천만원'), ('기아', 'K7', '2천만원'), ('벤츠', 'E300', '3천만원'), ('BMW', '520i', '4천만원'),
('GM', '말리부', '5천만원'), ('르노삼성', 'SM6', '6천만원')]
```

```
>>> li =["SKY", "GREEN", "SEA", "MOUNTAIN", "ELF"]
>>> se = { k+"반" for  k  in  li } #문자열간의 병합을 통해 반을 구성함
>>> se
{'GREEN반', 'SKY반', 'ELF반', 'MOUNTAIN반', 'SEA반'}
```

```
#반복 가능한 객체의 원소가 반복 가능한 경우의 예제
#for 문을 사용하는 순서는 앞 : 거시적인 객체, 뒤:미시적 객체
>>> a = [[1,2,3,4],[5,6,7,8]] #반복 가능한 객체의 원소가 반복 가능한 객체인 경우
>>> x = { x**2  for k  in  a  for x in k } #집합의 원소를 컴프리헨션으로 생성
>>> x
{64, 1, 4, 36, 9, 16, 49, 25}
```

위와 비슷하지만, 반복 가능한 원소가 반복 가능한 객체인 경우에는 약간 변형된 형태로 사용
할 수 있으니 아래 예제를 잘 살펴보기 바란다.

```
>>> a = [[1,2,3,4],[5,6,7,8]] #반복 가능한 객체의 원소가 반복 가능한 객체인 경우
>>> li1 = [ [x**2 for x in k] for k in a ] #li1의 원소를 리스트로 구성함
>>> li1
[[1, 4, 9, 16], [25, 36, 49, 64]]
```

if 문을 포함하는 컴프리헨션 기법을 사용해 원소를 생성할 수 있다. 컴프리헨션을 포함하는
문장은 한 줄로 구성한다. 아래는 컴프리헨션에 조건문을 포함하는 기본 문법이다. if 문은 옵
션이며 필요한 만큼 사용할 수 있다.

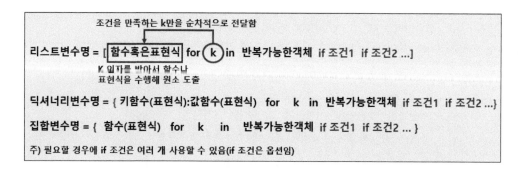

아래 예를 살펴보자. for 문이나 if 문 사이에 콤마(,)가 없다는 것을 명심하기 바란다.

```
>>> li = [3, 7, 10, 30, 35, 45, 50, 60, 77, 80, 88, 93, 99]
>>> li1 = [ k for k in li if k%11==0] #li의 원소중에서 11로 나누어 떨어지는 값만 원소로 생성
>>> li1
[77, 88, 99]
```

if 조건은 여러 개 사용할 수 있으므로, 필요한 만큼 사용할 수 있다고 하였다. 아래는 2개의 if
조건을 사용하였으며, 두 if 조건을 모두 만족하는 x를 의미한다. 만약에 if 조건중 하나라도 만
족하면 된다면, 새로운 if 조건 앞에 or를 삽입해야 한다.

```
>>> import math  #math.sqrt(a) : a의 제곱근을 계산해 돌려줌
>>> li = [3, 7, 10, 30, 35, 45, 50, 60, 77, 80, 88, 93, 99]
#2와 4로 동시에 나누어 떨어지는 수 [or 조건을 원하면 if 문 사이에 or를 삽입해야 함]
>>> li1 = [math.sqrt(x) for x in li if x%2==0 if x%4==0]
>>> li1
[7.745966692414834, 8.94427190999916, 9.38083151964686]
```

생성자 표현식(Generator Expression)은 생성자 객체를 간단하게 만들 수 있다. 생성자 객체는 iterator 객체에 해당되며, next( ) 함수를 사용하여 iterator 객체 내의 원소를 순차적으로 얻을 수 있다. 여기서는 간단히 생성자 표현식을 이용해 iterator 객체를 생성하는 방법을 알아 볼 것이다. 어렵다고 생각되면, 이 부분은 skip해도 괜찮을 것 같다.

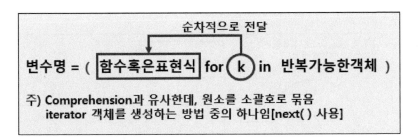

```
>>> ge = (x*x  for x  in range(1,16)) #소괄호를 사용함
>>> type(ge)
<class 'generator'>
>>> ge  #iterator 객체는 시퀀스형 객체에 해당됨
<generator object <genexpr>  at 0x000001895A289740>
>>> next(ge)
1
>>> next(ge)
4
```

7.3 Iterable과 Iterator 객체

반복 가능한(Iterable) 객체와 iterator 객체는 약간의 차이가 있다. 두 객체 모두 iter( ) 메서드를 가지고 있지만, iterator 객체만이 next( ) 메서드를 지원한다. 따라서 어떤 객체가 iterable 객체인지, iterator 객체인지를 구분할 때, "dir(객체명)"을 실행하여 next(iterator객체명) 메서드가 지원되는지를 파악하면 된다. iterator 객체는 내부에 상태 변수를 가지고 있어 한 원소 당한 번만 액세스할 수 있고, 더 이상 원소가 존재하지 않으면 StopIteration 예외를 발생한다. iterator 객체는 반복 가능하다. 그리고 두 객체 모두 반복문에서 사용할 수 있다. iterable 객체는 동일 객체에 대해 중복하여 루프문(반복문)에 사용할 수 있지만, iterator 객체로 생성한 객체는 한 번 사용하면 원소의 위치를 관리하는 내부의 상태 변수가 변경되고 수정이 불가능하기 때문에 다시 사용할 수 없다. 아래 그림을 참고하기 바란다.

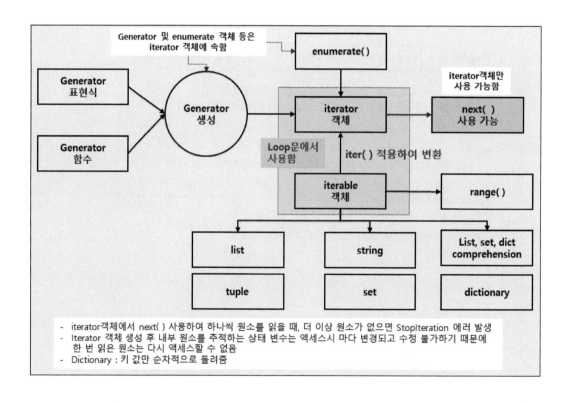

위의 설명을 잘 이해하기 바라며, 다음 프로그램을 수행해 보자.

```
# iterableAndIterator.py

#이터레이터는 next( ) 메서드를 추가적으로 더 지원함.
#이터레이터 객체는 한 번 액세스한 원소는 다시 액세스할 수 없음.

li = [1,3,5,7,9] #iterable 객체(next( ) 메서드가 없음)
iteratorObj = iter(li) #이터레이터 객체(next( ) 메서드 지원)

print("iterable 객체 첫 번째 사용")
for i  in li :
    print(f"{i+1}th : {i}", end=" ")
print("\niterable 객체 두 번째 사용")
for i  in li :
    print(f"{i+1}th : {i}", end=" ")
print("iterable 객체는 계속 사용할 수 있음.")

print("iterator 첫 번째 사용")
for i  in iteratorObj :
    print(f"{i+1}th : {i}", end=" ")
print("\niterator 두 번째 사용")
for i   in iteratorObj :
    print(f"{i+1}th : {i}", end=" ")
print("이터레이터객체의 내부 상태 변수가 원소의 끝을 가리키기 때문에 위는 수행 X")
```

출력

```
iterable 객체 첫 번째 사용
2th : 1 4th : 3 6th : 5 8th : 7 10th : 9
iterable 객체 두 번째 사용
2th : 1 4th : 3 6th : 5 8th : 7 10th : 9 iterable 객체는 계속 사용할 수 있음.
iterator 첫 번째 사용
2th : 1 4th : 3 6th : 5 8th : 7 10th : 9
iterator 두 번째 사용    <-- 아래에 내용이 출력되지 않지요....
이터레이터객체의 내부 상태 변수가 원소의 끝을 가리키기 때문에 위는 수행 X
```

7.4 반복문 내 반복문(Nested Loop)

여러분들이 프로그램을 작성하다보면 for 루프 내에 다시 for 루프를 사용해야 하는 경우가 있다. 극단적으로 말하면, 내부 for 루프 내에 또 다른 for 루프를 사용할 수도 있다. 즉, 여러 계층으로 for 루프를 사용하는 상황이 발생할 수 있다. 여러분들이 for 루프에 대해 파이썬 언어에서 규정한 문법을 준수한다면 필요할 경우에는 언제든지 내부에 for 루프를 사용할 수 있다. 아래는 for 루프 내에 for 루프를 사용할 경우의 문법을 보여주는 그림이다.

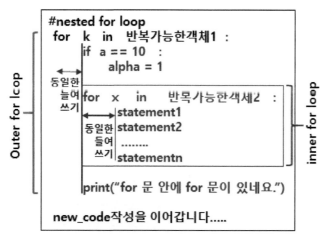

주) 내부 **for loop**는 외부 **for loop**의 관점에서
하나의 문장에 해당된다고 볼 수 있다.
따라서, 내부의 **for loop**의 수행을 완료해야
다음 문장인 **print(...)** 문을 수행하게 된다.

for 루프가 생성될 때마다 해당 코드블록에 대해 들여쓰기 규칙을 준수하면 된다. 그림에서 외부 for 루프가 한 번 수행될 때 내부의 for 루프가 모든 수행을 완료해야 다음 문장인 print( ) 문을 수행할 수 있다는 것을 이해하기 바란다.

다음은 nested 루프를 사용하여 리스트 내의 원소로 가변 길이의 리스트를 가지는 상황에서 리스트의 각 원소들에 다른 값을 곱하여 새로운 리스트를 생성하는 프로그램의 예이다. 리스트의 첫 번째 원소인 리스트의 원소들에는 5를 곱하고, 두 번째 원소인 리스트 원소들에는 10을 곱하고, 세 번째 원소인 리스트 원소들에는 15를 곱하고, 네 번째 원소인 리스트 원소들에는 20을 곱하여 새로운 리스트를 생성하는 프로그램이다.

```
# nestedForLoop.py

#list 내 가변 길이의 list들에 특정 수를 곱한 동일 규격의 새로운 리스트 생성
li = [[1,3,5,7], [2,4,6,8,10], [9,11], [12,14,16,18,20,22]]
print(f"최초 리스트 : {li}")
#list의 첫번째 원소에는 5를 곱하고, 2번째 원소에는 10, 3번째 원소에는 15, 4번째 원소에는 20을 곱하기
li1 = [] #새롭게 생성할 리스트
m = 0 #초기값을 0으로 설정
for i in range(len(li)) : #li의 원소의 숫자만큼 반복
    m += 5 # 루프의 반복시 5, 10, 15, 20으로 값을 변경
    liTmp = []
    for k in li[i] : #각 원소가 리스트이므로, 하나씩 접근하여 연산
        liTmp.append(k*m) #내부 리스트의 모든 원소를 변경하여 하나의 리스트로
    li1.append(liTmp)  #list의 원소로 리스트를 추가

print(f"새로운 리스트 : {li1}")
```

출력

최초 리스트 : [[1, 3, 5, 7], [2, 4, 6, 8, 10], [9, 11], [12, 14, 16, 18, 20, 22]]
새로운 리스트 : [[5, 15, 25, 35], [20, 40, 60, 80, 100], [135, 165], [240, 280, 320, 360, 400, 440]]

7.5 while 루프

파이썬 언어에서 반복문(Loop)은 for~in문 이외에 while 문을 이용해 구현할 수 있다. for~in 문은 C, C++ 언어의 for 문과는 사용하는 방법이 다르지만, while 문은 기존 언어와 배우 흡사 한 구조이다. while 문의 기본적인 문법은 다음과 같다.

■ While loop의 기본 문법

```
while  표현식(Expression)  :
    statement1
    statement2
    ...
    statementN
```

- While 다음에 조건을 검사하기 위한 표현식을 사용하며, 조건이 참인 동안 코드 블록을 수행함
- 표현식 : 코드 작성자가 필요한 수식을 작성해야 하며, 수식에 사용되는 변수는 초기화되어 있어야 하고, 변수 값의 변경 등은 코드 블록에서 이루어짐

많이 사용되지는 않지만, while~else 문을 사용할 수 있다. 다만, else 문에 해당되는 코드 블록은 while 조건이 참이 아닐 때 한 번만 수행된다.

■ While~else loop의 기본 문법

```
while  표현식(Expression)  :
    statement1
    statement2
    ...
    statementN
else :
    estatement1
    estatement2
    ...
    estatementK
```

- else 문은 while 조건문이 참이 아닐 때, 한 번만 수행됨

While 문을 사용해 팩토리얼(Factorial)을 계산하는 프로그램을 흐름도와 함께 아래 그림에서 볼 수 있다. While 문의 조건식에 나오는 변수는 일반적으로 while 문 내에서 증분(증가/감소)을 적용하여 값을 변경시키는 경우가 많다.

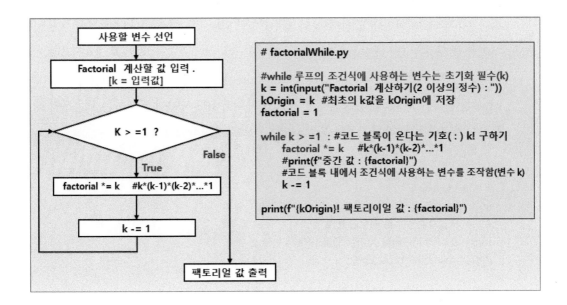

```
# factorialWhile.py

#while 루프의 조건식에 사용하는 변수는 초기화 필수(k)
k = int(input("Factorial 계산하기(2 이상의 정수) : "))
kOrigin = k    #최초의 k값을 kOrigin에 저장
factorial = 1

while k > =1 : #코드 블록이 온다는 기호( : ) k! 구하기
    factorial *= k    #k*(k-1)*(k-2)*...*1
    #print(f"중간 값 : {factorial}")
    #코드 블록 내에서 조건식에 사용하는 변수를 조작함(변수 k)
    k -= 1

print(f"{kOrigin}! 팩토리얼 값 : {factorial}")
```

while 문을 사용해 리스트의 모든 원소를 읽어서 출력하는 간단한 프로그램 예제를 살펴보자.

```
# whileExam1.py

li = ["hello", "happy", "novice", "beautiful", "exercise", "manage"]

#while문을 사용해 리스트의 내용을 모두 출력해보자.
i = 0 #while문의 조건을 조사할 때 사용하는 변수는 초기화되어 있어야 함
while i < len(li) :
    print(f"li의 index {i}에 해당하는 원소는 {li[i]}")
    i += 1  #조건 조사에 사용하는 변수 i는 while문의 코드 블록 내에서 변경

print("프로그램을 종료합니다.")
```

출력

li의 index 0에 해당하는 원소는 hello
li의 index 1에 해당하는 원소는 happy
li의 index 2에 해당하는 원소는 novice
li의 index 3에 해당하는 원소는 beautiful
li의 index 4에 해당하는 원소는 exercise
li의 index 5에 해당하는 원소는 manage
프로그램을 종료합니다.

다음은 0부터 30 이하의 임의의 양의 정수를 입력받은 다음, 입력받은 수부터 100 이하의 수 사이에 존재하는 3의 배수만을 더하여 출력하는 프로그램을 작성해보자. 일단 입력 조건에 부합하는 숫자가 입력될 때까지 입력 관련 while 문을 수행하고, 입력 조건이 부합하면 입력 while 문을 탈출한다. 입력 조건을 만족한 숫자부터 100 사이에 존재하는 모든 3의 배수를 합산하여 결과를 출력하는 부분을 다시 while 문으로 작성하였다.

```python
# threeMultiple.py
a ="" #숫자로 된 문자열을 저장할 변수
x = 0 #입력받은 수를 저장할 변수
sum = 0 #3의 배수만을 더하여 합을 구하기 위한 변수
i =0 #while문에 사용할 변수

while True : #무한 루프(정상 입력을 수신하면 루프문 탈출(break))
    a = input("0~30 사이의 정수를 입력해수세요 : ")
    #소수점이 없는 0~30 사이의 문자열 숫자라면
    if a.isdigit() : #입력된 문자열이 숫자로만 되어 있다면
        x = int(a)
        if (x >= 0 and x <= 30) :
            break #조건을 만족하는 입력을 확인했으므로 while문을 탈출함
        else :
            print("0에서 30까지의 값만 입력해 주세요.")
    else :
        print("입력된 숫자는 소수점이 없는 숫자로만 되어 있어야 합니다. 다시 입력해주세요.")

i = x #x는 변경시키지 않고, 추후에 print문에서 사용하기 위해
while i < 101 : # x가 정수므로, x<=100과 같음
    if i % 3 == 0 :
        sum += i #3의 배수들만을 더하여 누적시킴

    i += 1 # i 값을 1 증가시킴

print(f"{x}부터 100 사이에 있는 3의 배수 숫자들의 합 : {sum}")
```

출력

```
0~30 사이의 정수를 입력해주세요 : 33.5    <-- 입력 조건을 만족하지 않는 입력
입력된 숫자는 소수점이 없는 숫자로만 되어 있어야 합니다. 다시 입력해주세요.

0~30 사이의 정수를 입력해주세요 : 7
7부터 100 사이에 있는 3의 배수 숫자들의 합 : 1674
```

7.6 break와 continue

Break와 continue는 정상적인 반복문(Loop)의 흐름을 변경할 때 사용하는 예약어이다. 반복문은 조건식이 참인 동안 코드 블록을 반복적으로 수행한다. 일반적으로 반복문 내에 특정 조건을 만족하거나 만족하지 못하면 반복문을 탈출하여 반복문 다음의 프로그램 문장부터 수행하거나, 현재 반복의 나머지 코드를 건너뛰고 반복문의 시작부터 다음번 반복을 계속하도록 조작할 수 있다. Break 키워드는 break를 포함하고 있는 가장 가까운 반복문을 탈출할 때 사용한다. 그리고 continue 키워드는 현재 반복문의 잔여 코드 수행을 스킵(Skip)하고 다음 번 반복(Next iteration)을 반복문의 시작부터 다시 수행하도록 한다. 여러분 파이썬 언어에서 반복문은 for~in 문과 while 문이 있다는 것을 기억하기 바란다.

아래는 break 키워드를 조건문 내에 사용할 경우의 프로그램 수행 과정을 보여준다. break 키워드를 만나면 반복문을 즉시 탈출하여 반복문 바로 아래에 있는 프로그램 코드부터 수행을 계속하게 된다.

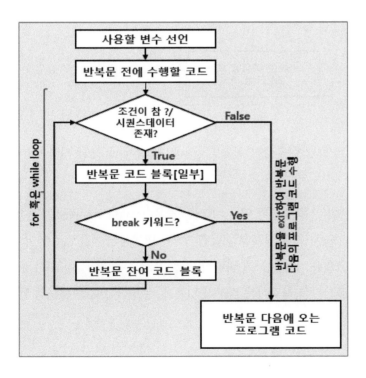

다음은 continue 키워드를 반복문 내에 사용하였을 때, 프로그램의 수행 과정을 보여준다. 반복문 안에서 파이썬 인터프리터가 continue 키워드를 만나게 되면 continue 키워드 아래에 존재하는 반복문의 잔여 코드 수행을 생략하고 반복문의 시작으로 건너뛰며, 다음 번 반복문 수행을 다시 시작하게 된다.

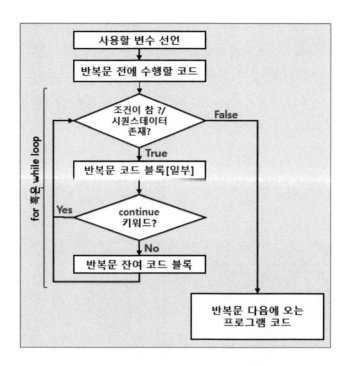

실제로 여러분들이 프로그램 코딩을 수행하다 보면, break나 continue 문을 사용해야만 하는 상황이 발생할 수 있다.

반복문 내에 또 다른 반복문이 있을 경우가 있다. 이러한 경우 break나 continue 문은 break나 continue 문을 감싸고 있는 가장 가까운 반복문을 탈출거하나 반복문의 처음으로 가서 다시 반복을 계속하게 된다. 아래 그림을 잘 살펴보기 바란다. 종종 프로그램 언어를 공부하는 학생들이 break 문이 조건문을 탈출한다고 착각하는 경우가 있는데, 분명한 것은 반복문을 탈출한다는 것이다.

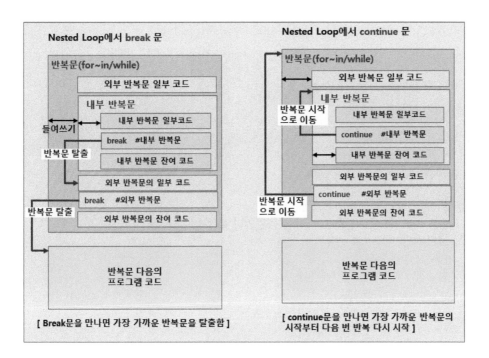

다음은 for~in 문에서 break와 continue 문을 활용한 프로그램 예제이다.

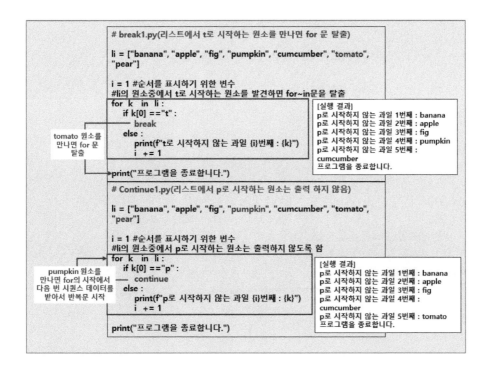

다음은 반복문 안에 다시 반복문이 존재하고, 각 반복문에 **break** 문을 사용한 프로그램 예제이다. 곱셈 19단까지 수행할 수 있는 프로그램이지만, 19단 곱셈을 수행하는 과정에서 275가 넘으면 내부 반복문과 외부 반복문을 탈출하는 프로그램이다. 프로그램을 꼼꼼히 살펴보고 잘 이해해 두기 바란다.

```python
# nestedBreak1.py

#곱셈 19단을 수행할 수 있는 프로그램
#단, 19단을 수행하는 중에 결과값이 270을 넘은 것이 확인되면 종료한다고 하자.
단 = 2 #2단부터 시작하도록 설정
mul = 0 #곱셈 결과 저장
while   단 < 20 :
    print(f"{단}단을 알아봅니다.")
    for i in range(1, 20) :  #i는 1부터 19까지 1씩 증가
        mul = 단*i
        print(f"{단}x{i} = {mul}")
        if mul > 270 : #곱셈 결과가 270보다 크면 for 문을 탈출
            print("내부에 있는 반복문인 for문을 탈출합니다.")
            break #내부 for 반복문 탈출
    if mul > 270 :
        print("외부에 있는 반복문인 while문을 탈출합니다.")
        break #외부 while 반복문 탈출
    단 += 1 #mul이 270보다 작으면 다음 단을 계산하기 위해 1증가

print("최종적으로 프로그램을 종료합니다.")
```

출력

```
앞 부분 생략.......
15x16 = 240
15x17 = 255
15x18 = 270
15x19 = 285
내부에 있는 반복문인 for문을 탈출합니다.
외부에 있는 반복문인 while문을 탈출합니다.
최종적으로 프로그램을 종료합니다.
```

이미 여러분들은 무한 반복문에 대해서도 경험하였다. 무한 반복문은 while 문을 사용하여 구현한다. 무한 반복을 위해서는 조건식이 항상 참이면 된다. 아래 예시된 조건 표현식 부분을 다음과 같이 작성하면 항상 무한 반복문이 된다. 미리 언급하지만, 무한 반복문을 종료하고자 한다면 키보드의 CTRL 버튼을 누른 상태에서 c 버튼을 누르면 된다(CTRL-c).

■ while 무한 반복문(Loop)을 만드는 방법

```
1) while  True :
2) while  1 :
3) while "abc" :
4) while -3 :
```

무한 반복문을 만들기 위해 조건식 부분에 0(혹은 False, "", None)을 제외한 True, 숫자, 문자열 등은 모두 참을 의미하기 때문에 조건이 항상 참이 되어 무한 반복문을 수행할 수 있다. 그렇지만, 일반적으로 무한 반복문을 만들 때 사용하는 표현식은 True 혹은 1을 가장 많이 사용한다.

```
# infiniteLoop1.py

while True :  #0, None, "", False를 제외한 숫자, 문자 등은 모두 참을 의미함
    print("happy")

print("프로그램을 종료합니다. ")
```

> **출력**
> 앞 부분 생략.......
> happy
> happy
> happy
> happyTraceback (most recent call last):
> KeyboardInterrupt   <-- CTRL-C를 눌러서 프로그램 강제 종료

무한 반복문을 사용한 음식 주문 프로그램 예제로 키보드를 통해 "q"를 입력받으면 프로그램을 종료하는 예제를 작성해 보자. 무한 반복문에서는 필요에 따라 반복문을 종료해야 하므로 break 문을 함께 사용하는 경우가 많다. 특히 무한 반복문은 IoT 관련 분야에서 센서(Sensor)로부터 신호를 주기적으로 수신하여 제어를 하는 응용 분야에서 많이 사용한다.

```python
# infiniteLoop2.py

#메뉴 목록
li = ["호떡", "찐빵", "떡볶이", "김밥", "라면", "q"]

while  True :
    print("")
    menu = input(f"주문할 메뉴를 {li}중에서 입력해주세요(q는 종료) :  ")
    If li.count(menu) .  #li의 매칭되면, 1을 리턴함(한)
        if menu == "q" : #q를 누르면 프로그램을 종료
            break  #while 문을 탈출
        else : #나머지 유효한 입력에 대해
            print(f"주문하신 {menu}를 신속히 준비하겠습니다.")
    else : #li의 원소와 매칭되는 것이 없을 때(잘못 주문함)
        print("저희 업소에서 제공하는 메뉴가 아닙니다. 다시 주문해주세요.")

print("프로그램을 종료합니다.")
```

출력

주문할 메뉴를 ['호떡', '찐빵', '떡볶이', '김밥', '라면', 'q']중에서 입력해주세요(q는 종료) : 라면   <-- 입력
주문하신 라면를 신속히 준비하겠습니다.

주문할 메뉴를 ['호떡', '찐빵', '떡볶이', '김밥', '라면', 'q']중에서 입력해주세요(q는 종료) : 짜장면
저희 업소에서 제공하는 메뉴가 아닙니다. 다시 주문해주세요.

주문할 메뉴를 ['호떡', '찐빵', '떡볶이', '김밥', '라면', 'q']중에서 입력해주세요(q는 종료) : q
프로그램을 종료합니다.

1. 아래와 같은 프로그램 코딩을 수행했을 때, 출력 결과는?

```
for  x  range(1, 20, 3) :
    print(x)
```

2. 원뿔의 부피는 $\frac{1}{3}\pi r^2 h$이다. 이 때 r은 5부터 15까지 1씩 증가하면서 변한다고 하자. 그리고 높이 h는 input( ) 함수로부터 10에서 20사이의 정수 값을 받아서 고정한다고 하자. for ~ in 문을 사용하여 반지름 r이 증가함에 따라 원뿔의 부피를 출력해주는 프로그램을 작성하시오. r과 h의 단위는 cm라고 가정한다.

3. 컴프리헨션을 사용해 li=[1, 2,3, 4,5,6,7,8,9,10]의 각 원소 x를 $x^2 + 2x + 3$으로 변환하시오. 단, 새로운 값들은 리스트 변수 cli에 저장하시오.

4. 다음은 반복문과 관련된 설명이다. 빈 칸에 알맞은 keyword를 넣으시오.

> (   ) 키워드는 (   )를 포함하고 있는 가장 가까운 반복문을 탈출할 때 사용한다. 그리고 (   ) 키워드는 현재 반복문의 잔여 코드 수행을 스킵(Skip)하고 다음 번 반복(Next iteration)을 반복문의 시작부터 다시 수행하도록 한다.

5. 무한 루프 내에 구현된 input( ) 함수를 사용해 키보드로부터 입력을 받아 계속해서 리스트 li의 원소로 추가한다. 새로운 원소가 리스트에 추가될 때마다 print( ) 함수를 사용해 리스트 값을 출력한다. 그리고 외부 입력으로부터 '1'을 입력 받았을 경우에만 무한 루프를 탈출해 프로그램을 종료한다. 이러한 설명을 만족하는 프로그램을 코딩하시오.

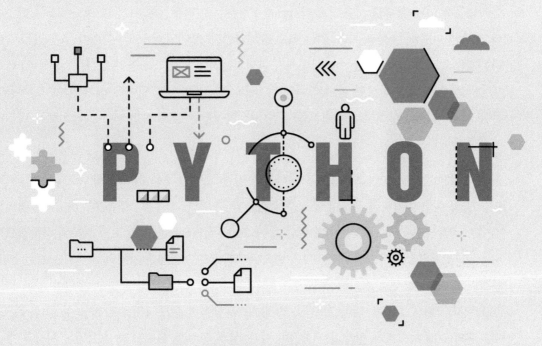

CHAPTER 8
함수와 모듈

여러분들은 이미 함수를 사용해 왔다. print( ) 함수는 여러분들이 가장 많이 사용하는 함수이다. 함수명 다음에 ( )를 붙이면, 이는 함수를 의미한다. 하지만, print( ) 함수가 무슨 일을 수행하는지는 알지만, print( ) 함수가 어떻게 구현되었는지는 모르고 사용해 왔다. 즉, print( ) 함수는 여러분들이 직접 작성한 함수가 아니라, built-in으로 파이썬 언어에서 기본적으로 제공해 주는 함수이다. 이 장에서는 여러분들이 파이썬 언어를 사용해 직접 함수를 작성하는 방법을 학습할 것이다.

함수를 사용하면 먼저 반복적으로 사용하는 동일한 코드 블록을 하나의 함수로 작성한 후 해당 코드의 수행이 필요한 부분에서 호출해 사용할 수 있다. 함수는 정의되어 있다고 수행되는 것이 아니라 호출할 때만 수행한다. 예들 들어, 200문장(Statement)의 코드 블록이 반복적으로 사용된다고 할 때, 프로그램 내에서 7번 반복된다면 프로그램에서 차지하는 전체 코드는 1400문장이 되지만, 함수로 정의해 놓고 필요할 때마다 호출해 사용하면 함수 정의시 공통 코드 200문장과 7번의 호출을 위한 7문장을 합해 207문장이면 프로그램을 구현할 수 있다. 즉, 프로그램의 코드 사이즈가 절약되는 장점이 있다. 물론 함수를 호출할 때 소요되는 시간과 호출된 함수가 수행을 완료하였을 때, 함수 호출 문장 다음에 위치한 프로그램을 다시 수행하기 위해 호출 함수로부터 복귀를 위한 과정에서 약간의 성능 저하는 있을 수 있다. 그러나 이러한 기

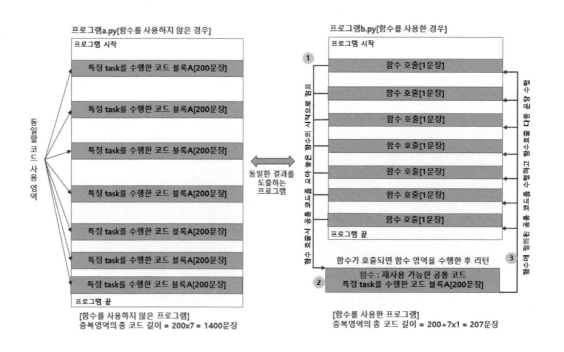

프로그램a.py[함수를 사용하지 않은 경우]

프로그램 시작

특정 task를 수행한 코드 블록A[200문장]

특정 task를 수행한 코드 블록A[200문장]

특정 task를 수행한 코드 블록A[200문장]

특정 task를 수행한 코드 블록A[200문장]

특정 task를 수행한 코드 블록A[200문장]

특정 task를 수행한 코드 블록A[200문장]

특정 task를 수행한 코드 블록A[200문장]

프로그램 끝

동일한 코드 사용 영역

동일한 결과를 도출하는 프로그램

프로그램b.py[함수를 사용한 경우]

프로그램 시작

함수 호출[1문장]

함수 호출[1문장]

함수 호출[1문장]

함수 호출[1문장]

함수 호출[1문장]

함수 호출[1문장]

함수 호출[1문장]

프로그램 끝

함수가 호출되면 함수 영역을 수행한 후 리턴

함수 : 재사용 가능한 공통 코드
특정 task를 수행한 코드 블록A[200문장]

[함수를 사용하지 않은 프로그램]
중복영역의 총 코드 길이 = 200x7 = 1400문장

[함수를 사용한 프로그램]
중복영역의 총 코드 길이 = 200+7x1 = 207문장

능 저하는 거의 무시할 수 있는 수준이다. 아래는 공통된 코드 블록을 함수로 정의해 사용할 경우의 장점을 보여주는 그림이다.

또한 함수를 사용하면 모듈화(Modularity)가 용이하다. 전체 프로그램에서 기능별로 모듈을 나누고, 각 모듈을 함수로 만든 후 프로그램의 수행 순서에 맞도록 호출하여 사용하면 된다. 이러한 방식을 사용하면 모듈별로 팀을 구성해 코딩을 완료한 후에 합체해 사용할 수 있기 때문에 개발 기간의 단축도 도모할 수 있고, 모듈화 되어 있기 때문에 에러가 발생하였을 때 이를 수정하기 위한 디버깅(Debugging)도 용이할 수 있다. 아래 그림은 Home Automation을 위한 프로그램을 가상적으로 모듈화 하여 각 모듈들을 함수로 개발한 후에 합체하여 하나의 완성된 프로그램을 도출하는 개념적인 예이다.

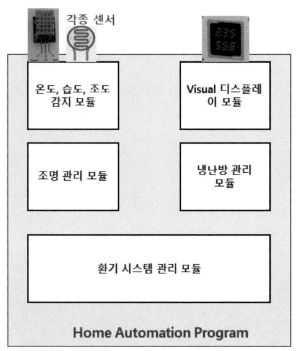

- 각 기능(모듈)을 함수로 구현해 합체하면 하나의 프로그램
- 팀을 구성해 모듈 단위로 개발할 수 있음

이처럼 함수를 적절히 사용할 때 얻을 수 있는 장점을 정리하면 다음과 같다.

항목	특징
코드의 재사용성 (Reusability)	• 한번 작성한 함수는 필요시 호출해 재 사용이 가능함 • 반복적으로 사용하는 공통 코드 영역에 적용 • 전체 프로그램의 코드 길이를 줄일 수 있음
모듈화 (Modularity)	• 기능별로 분할하여 함수로 구현 • 코딩 작업의 분업화가 가능함 • 에러 등의 수정을 위한 디버깅이 용이함 • 기능별로 유사한 부분을 모아서 모듈화하기 때문에 코드의 논리적 이해도 가 높아짐

8.1 함수의 정의(선언)와 호출

파이썬 언어에서 함수를 선언할 때는 **def**라는 키워드로 시작해야 한다. 그리고 뒤에 함수의 이름과 함수의 이름 뒤에 ( )가 존재해야 한다. 함수를 선언하기 위한 기본 문법은 다음과 같다.

■ 함수 선언에 대한 기본 문법

```
def  functionName([parameters]) :  #함수 헤더부
    """필요하면 함수를 설명하는 문서를 여기에 작성(옵션)-docstring"""
    statement1
    statement2
    ...
    statementN
    return [expression]
```

• def : 함수 헤더의 시작을 알려주는 키워드(필수)
• functionName : 함수이름(필수). 함수이름에 대한 작명 규칙은 식별자 명명법과 동일함
      함수의 기능을 알 수 있도록 연관된 함수 이름 부여
• parameters : 파라미터(인자). 옵션으로 함수에 값을 넘겨주는 통로 역할을 함
      2개 이상의 파라미터는 ,(콤마)로 구분함
• 함수 설명을 위한 주석 : 옵션. 주석을 변수에 할당하지 않고 함수를 설명하는 용도로 사용
• return : 리턴 키워드는 있을 수도, 없을 수도 있음.(존재시 함수는 값을 돌려줌)

함수의 선언 끝에는 일반적으로 return 문이 올 수 있는데, 함수를 호출한 곳에 [expression]을 돌려주면서 함수를 탈출한다. 단, return 문은 반드시 존재해야 하는 것은 아니며, 돌려줄 값이 없는 경우에는 return 문은 생략한다. 함수 내의 위치에 상관없이 return 문장을 만나면 함수를 탈출한다. 그리고 선언(정의)하는 함수는 프로그램의 시작부에 위치시키는 것이 일반적이다. 왜냐하면, 함수의 호출이 함수의 선언보다 앞서면 함수를 호출할 수 없기 때문에 에러가 발생할 수 있다. 함수의 기본 형태를 아래와 같이 그림으로 표현할 수 있다.

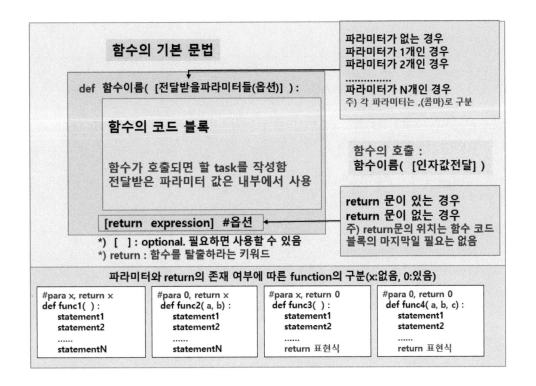

함수의 호출이란 함수의 코드 블록을 실행시키는 것이다.

■ 함수의 호출

functionName([인자])
• 함수명 다음에 ( )를 붙이고, 파라미터가 있으면 괄호 안에 값을 전달

함수에 파라미터(인자)를 넘겨주지 않고, 함수가 돌려주는 값도 없기 때문에 return 문도 없는 간단한 예를 살펴보자. 함수가 호출될 때마다 함수의 코드 블록이 수행되는 것을 볼 수 있다.

```
# functionNoParamReturn1.py
def introduction( )  :  #함수 헤더부(def로 시작해 : 로 마침)
    print("나는 여행과 영화를 좋아합니다")
    print( 나는 현재 한국 대학교 소프트웨어 융합학부에 재학중입니다 ")
    print("만나서 반가웠습니다.")

introduction() #함수 호출(첫번째)
introduction() #함수 호출(두번째)
```

출력
```
나는 여행과 영화를 좋아합니다
나는 현재 한국 대학교 소프트웨어 융합학부에 재학중입니다.
만나서 반가웠습니다.
나는 여행과 영화를 좋아합니다
나는 현재 한국 대학교 소프트웨어 융합학부에 재학중입니다.
만나서 반가웠습니다.
```

여러분들 중에는 파라미터(Parameter)와 인자(Argument)를 혼용하여 사용하는 것을 보았을 것이다. 파라미터와 인자는 구분하지 않고, 같은 개념으로 사용해도 괜찮다. 이 책에서는 사실상 같은 개념으로 사용하고 있다. 그러나 좀 더 세밀하게 구분하면, 아래와 같다.

• 파라미터 : 함수 정의에 있어 괄호 안에 나열된 변수들을 의미함

• 인자 : 함수를 호출할 때, 함수에 전달하는 실제 값을 의미함

프로그램에서 함수의 호출이 함수의 정의보다 앞에 나오면 해당 함수를 인식하지 못하는 오류가 발생한다는 것을 알아야 한다. 프로그래밍 언어에 따라 함수의 정의와 호출의 순서가 중요한 언어가 있고, 그렇지 않은 언어가 있다. 파이썬 언어는 반드시 함수의 정의가 함수의 호출보다 앞에 나와야 한다. 아래 예를 보자.

```
# 함수정의와호출의순서위반.py
demo() #함수의 호출을 정의보다 먼저 코딩함

def  demo( ) :
    print("함수의 정의를 함수의 호출보다 뒤에 위치시켰습니다.")
```

출력
```
Traceback (most recent call last):
  File "C:\Users\admin\함수정의와호출의순서위반.py", line 2, in <module>
    demo() #함수의 호출을 정의보다 먼저 코딩함
NameError: name 'demo' is not defined
```

다음은 함수에 파라미터를 전달하는 간단한 프로그램을 살펴보자. 필요한 파라미터는 자기소개를 위해 name, age, address 등 있다고 하자.

```
# 자기소개1.py
def selfIntroduction(name, age, address) : #name 등은 파라미터
    print(f"나는 {name}이고, {age}살이고, {address}에 살고 있어요")

selfIntroduction("홍길동", 25, "경기도 수원시") #실제 값을 인자라고 함
selfIntroduction("한송이", 31, "서울시 서대문구")
selfIntroduction("다니엘", 15, "호주 멜버른")
```

출력
```
나는 홍길동이고, 25살이고, 경기도 수원시에 살고 있어요
나는 한송이이고, 31살이고, 서울시 서대문구에 살고 있어요
나는 다니엘이고, 15살이고, 호주 멜버른에 살고 있어요
```

함수의 정의에서 3개의 파라미터를 등록하였으면, 함수를 호출할 때도 3개의 인자(파라미터)를 사용해야 한다. 파라미터의 개수가 함수의 정의와 함수의 호출 사이에 일치하지 않으면 에러가 발생한다. 단, 추후에 디폴트로 파라미터 값을 설정해 놓으면 문제가 되지 않는다. 이 부분은 나중에 설명하겠다.

아래 프로그램 예제는 함수의 정의와 호출 사이에 파라미터의 개수가 일치하지 않을 때, 어떤 상황이 발생하는지를 보여준다. 에러가 발생한다.

```
# 자기소개2.py

def selfIntroduction(name, age, address) :
    print(f"나는 {name}이고, {age}살이고, {address}에 살고 있어요")

selfIntroduction("홍길동", 25) #2개의 인자 값만 넘겨줌
selfIntroduction("한송이", 31)
selfIntroduction("다니엘", 15)
```

출력

TypeError: selfIntroduction() missing 1 required positional argument: 'address'

selfIntroduction("홍길동", 25, "경기도 수원시")로 함수 호출을 할 때, 여러분들이 함수 정의 시에 의도한 출력을 얻기 위해서는 인자의 순서를 원래의 취지에 맞게 넣어줘야 한다. 즉, selfIntroduction("경기도 수원시", "홍길동", 25)와 같이 인자 값을 넣어주면 원하는 출력을 얻을 수 없다. "나는 경기도 수원시이고, 홍길동살이고, 25에 살고 있어요"와 같이 의도와 다른 결과가 출력될 수 있다. 하지만, 인자가 순서에 상관없이 원하는 출력을 얻기 위한 방안도 파이썬 언어는 제공하고 있다. 인자를 함수에 전달할 때 "key=value" 형태로 전달하면 된다. 여기서 key는 파라미터의 이름에 해당하며, value는 인자 값이 된다. 아래 프로그램 예를 살펴보면, 인자 값의 위치가 변해도 결과는 정상적으로 출력되는 것을 볼 수 있다.

```
# keyValueMappingFunction1.py

def selfIntroduction(name, age, address) :
    print(f"나는 {name}이고, {age}살이고, {address}에 살고 있어요")
```

```
#인자 전달시 key=value 방식 사용[key:parameter명, value:인자값]
#인자의 순서를 걱정하지 않아도 되지만, 선호하는 방식은 아님.
selfIntroduction(age=25, address="경기도 수원시", name="홍길동")
selfIntroduction(address="서울시 서대문구", name="한송이", age=31)
selfIntroduction( address="호주 멜버른", age=15, name="다니엘")
```

> **출력**
>
> 나는 홍길동이고, 25살이고, 경기도 수원시에 살고 있어요
> 나는 한송이이고, 31살이고, 서울시 서대문구에 살고 있어요
> 나는 다니엘이고, 15살이고, 호주 멜버른에 살고 있어요

8.2 return이 있는 함수

앞 절에서는 함수의 정의와 호출에 대해 알아보고, return 문이 없는 함수를 사용해서 학습하였다. 이 절에서는 return 키워드를 포함하는 함수에 대해 알아보자. 먼저 return 키워드는 함수를 탈출하기 위해 사용하는 키워드이다. 반복문을 탈출하기 위해서는 break 키워드를 사용한다는 것은 이미 학습하였다. 이전 절에서 return 키워드를 사용하지 않았지만, return None이 생략되었다고 생각해도 된다. 즉, return 키워드가 없으면 함수는 수행을 완료하고 None을 돌려주고 프로그램의 다음 문장을 수행한다. 본 절에서는 return 키워드 뒤에 표현식을 적어주면, 함수를 탈출하면서 표현식의 계산 값을 돌려준다. 여기서 기억해야 할 것은 함수에서 값을 돌려주면, 이 값을 변수에 저장해 두어야 차후에 프로그램에서 사용할 수 있다. return 문이 없으면, 별도의 변수에 저장할 값도 없기 때문에 함수 호출을 독자적으로 사용하지만, 함수로부터 돌려받을 값이 존재할 경우에는 향후 사용을 위해 변수에 돌려받은 값을 저장해야 한다. 그리고 return 문의 위치는 함수 코드 블록의 맨 마지막에 위치해야 하는 것이 아니라, 적절한 위치에 배치하여 코딩할 수 있으며, 2개 이상을 사용할 수 있다. 단, 함수 수행 과정중 제일 먼저 수행되는 return 문에서 함수를 탈출한다는 것이다. 유효한 리턴 값은 일반적으로 변수에 저장해 놓아야 한다. print( ) 함수에서는 호출한 함수의 리턴값을 출력에 사용할 수 있다.

먼저 파라미터는 존재하지 않지만, return 문을 사용하는 함수가 있는 프로그램을 살펴보자.

```
# noParaYesReturn1.py
import random

def sundaySchedule( ) :
    li = ["하루종일 공부하기", "하루종일 놀기", "등산하기", "드라이브하기"]
    tjob = random.choice(li) #리스트에서 랜덤하게 하나를 선택함
    return tjob

x = sundaySchedule() #리턴된 값을 담기위해 변수에 할당

print("일요일인 오늘은 " + x + "를 하는 날로 당첨되었습니다." )
#print("일요일인 오늘은 " + sundaySchedule() + "를 하는 날로 당첨되었습니다." ) 가능함
```

출력

일요일인 오늘은 드라이브하기를 하는 날로 당첨되었습니다.

다음은 2 개의 리스트를 인자로 받아서 동일한 인덱스에 위치한 원소들을 곱하여 새로운 리스트를 도출하는 프로그램에 대한 예제이다.

```
# twoListMul1.py

def listMul(x1, x2) : #입력으로 2개의 리스트를 받음
    tlist = []  #동일한 인덱스 두 원소를 곱한 결과를 저장할 리스트
    for i in range(len(x1)) :
        tlist.append(x1[i]*x2[i])
    return tlist #리스트로 값을 돌려줌

li1 = [2, 4, 6, 8, 10]
li2 = [1, 2, 3, 7, 9]

newList = listMul(li1, li2)  #함수의 리턴 값 list를 newList에 할당

print(f"li1 = {li1}")
print(f"li2 = {li2}")
print(f"두 리스트의 동일 인데스 원소의 곱셈 결과: {newList}")
```

출력

li1 = [2, 4, 6, 8, 10]
li2 = [1, 2, 3, 7, 9]
두 리스트의 동일 인데스 원소의 곱셈 결과 : [2, 8, 18, 56, 90]

키보드를 통해 데이터를 입력받아 처리할 때 항상 프로그램의 앞부분에 사용하였는데, 입력을 받아들이는 것은 어디든 위치할 수 있다. 여기서는 함수에 포함시킬 것이다. 외부에서 10개의 정수 데이터를 입력받아 홀수들만의 곱과 짝수들만의 곱을 출력하는 프로그램이다. 여기서는 입력 값을 조사해 짝수와 홀수들을 리스트로 분할하는 함수와 리스트 전체 원소들을 곱하여 결과를 돌려주는 함수를 사용하고 있다.

```python
# evenOddFunc1.py
def evOdGrouping() : #입력 받은 데이터를 짝수와 홀수로 그룹핑하는 함수
    i=1  #함수 내에서 할당한 변수는 함수 내에서만 유효(함수 밖에서 액세스 못함)
    while i <= 10 :
        in1 = int(input(f"{i}번째 값으로 -100 ~ 100 사이의 정수를 입력하세요. : "))
        if in1 % 2 == 0 : #짝수이면
            elist.append(in1)  #짝수들
        else : #홀수이면
            olist.append(in1) #홀수들
        i += 1  #i값을 1씩 증가시킴

def mulElements(li) : #리스트의 원소들을 모두 곱해 리턴
    mul = 1  #곱셈의 결과 저장 변수
    for el in li :
        mul *= el
    return mul  #리턴시 mul 값을 돌려줌


elist =[ ] #짝수의 모음
olist =[ ] #홀수의 모음


evOdGrouping() #함수호출

print(f"elist = {elist}, olist = {olist}") #print함수 내에서 함수 호출해 사용
print(f"짝수들의 곱 : {mulElements(elist)}")
print(f"홀수들의 곱 : {mulElements(olist)}")
```

출력

1번째 값으로 -100 ~ 100 사이의 정수를 입력하세요. : 7
2번째 값으로 -100 ~ 100 사이의 정수를 입력하세요. : 3
3번째 값으로 -100 ~ 100 사이의 정수를 입력하세요. : 1
4번째 값으로 -100 ~ 100 사이의 정수를 입력하세요. : 2
5번째 값으로 -100 ~ 100 사이의 정수를 입력하세요. : 8

6번째 값으로 -100 ~ 100 사이의 정수를 입력하세요. : 12
7번째 값으로 -100 ~ 100 사이의 정수를 입력하세요. : 33
8번째 값으로 -100 ~ 100 사이의 정수를 입력하세요. : 28
9번째 값으로 -100 ~ 100 사이의 정수를 입력하세요. : -10
10번째 값으로 -100 ~ 100 사이의 정수를 입력하세요. : -30
elist = [2, 8, 12, 28, -10, -30], olist = [7, 3, 1, 33]
짝수들의 곱 : 1612800
홀수들의 곱 : 693

위의 프로그램에서 입력이 정수가 아닌 값을 입력할 수 있고, -100~100 사이의 입력 범위를 벗어나
입력하는 경우가 있을 수 있다. 이러한 예외 조건을 모두 스크린하여 정상적인 입력 범위 내의 값이
입력되었을 때만 입력을 처리하여 모두 10개의 데이터를 받을 수 있도록 evOdGrouping( ) 함수를
수정하여 프로그램을 완성하시오.

참고로 return 문이 없는 함수는 함수 수행을 종료하고 메인 프로그램으로 돌아올 때 None을
돌려준다. 아래 예제에서 확인할 수 있다.

```
# 리턴문이없을때의리턴값.py

def noReturn(a, b) :
    print(a+b)

x = 10    #임시로 10을 저장해 놓음
x = noReturn(10, 20)   #단, 리턴문이 없으면 할당문은 사용하지 않는 것이 원칙임
print(f"return 문이 없는 함수는 종료시 {x}를 리턴합니다.")
```

출력
30
return 문이 없는 함수는 종료시 None를 리턴합니다.

아래 그림과 같은 방식을 만족하는 프로그램을 코딩해보자. 기본적인 수식이 그림 우측에 나와 있으니, 먼저 살펴보고 코딩을 진행해야 한다.

▸ 50개의 모집단에 대한 분산을 구하는 프로그램 작성하기

모집단 : random.randint(1,50)을 사용해 50개를 리스트로 생성	수식 정리 : (n : 모집단의 수)
① 평균을 구하는 함수를 정의한다.	x_i : 리스트에서 i번째 원소(i는 0부터 시작함)
② 분산을 구하는 함수를 정의한다.	$\overline{x}$: 모집단(리스트)의 평균
③ 평균을 구하는 함수를 호출한다.	$\sum (x_i - \overline{x})^2$: 편차 제곱합
④ 분산을 구하는 함수를 호출한다.	$\dfrac{\sum (x_i - \overline{x})^2}{n}$: 편차 제곱의 평균(분산)
⑤ 최종적으로 평균과 분산을 출력한다.	$\sqrt{\dfrac{\sum (x_i - \overline{x})^2}{n}}$: 분산의 제곱근(표준편차)

위의 그림에 제시한 내용 중에서 평균과 분산을 함수로 구현해 코딩을 완료한 내용은 다음과 같다.

```
# variance구하기_함수응용.py
import random
li1 = [ ] #리스트
li1_avg = None  #리스트1의 평균

for _  in range(50) :  #range에서 넘겨주는 값을 사용하지 않을 때 _를 사용함
    li1.append(random.randint(1,50))

print(f"li1 = {li1}")

#함수의 정의를 함수의 호출 이전에 하면 문제없음.
def average(li): #리스트를 파라미터로 받음
    sum = 0
    for i  in li :
        sum += i  #i는 리스트 원소
```

```
        return (sum/len(li))  #평균을 리턴함

def variance(li, avg) : #(리스트, 평균)
    squaredAdd = 0  #제곱을 저장하는 변수
    for  i  in  li :
        squaredAdd += (i - avg)**2  #편차 제곱의 합
    return squaredAdd/len(li)  #분산

li1_avg = average(li1) #함수 호출 및 리턴 값 할당
li1_var = variance(li1, li1_avg)

print(f"li1의 평균 : {li1_avg}, li1의 분산 : {li1_var:.4f}")
```

출력

```
li1 = [23, 25, 11, 45, 5, 38, 32, 11, 15, 7, 28, 31, 48, 31, 32, 46, 9, 5, 32, 43, 36, 44, 2, 28, 1, 44, 38, 1,
20, 10, 7, 14, 12, 32, 1, 38, 16, 44, 50, 18, 43, 15, 3, 19, 46, 20, 40, 16, 37, 26]
li1의 평균 : 24.92, li1의 분산 : 222.5536
```

위의 프로그램에서는 분산까지만 계산하였다. 여기서는 list 원소를 100개로 늘리고, 평균, 분산, 표준편차를 구하는 함수를 정의하고, 각각을 호출하여 평균, 분산, 표준편차를 얻고, 이를 출력하는 프로그램을 완성하시오. 단, 값의 a의 제곱근은 a**0.5와 같은 수식 사용하시오.

8.3 변수의 범위(Scope)(지역 변수와 전역 변수)

프로그래밍 언어에서 일반적으로 변수의 범위를 언급할 때는 지역 변수(Local variable)와 전역 변수(Global variable)를 의미한다. 파이썬 언어를 지금까지 배웠지만, 전역 변수와 지역 변수의 개념에 대해 고민하지 않고 프로그래밍 한 것이 사실이다. 대략 전역 변수 위주로 학습하였다고 보는 것이 합당하다. 전역 변수란 변수가 생성되면 프로그램의 어디서든지 접근해서 사용할 수 있는 변수를 말한다. 변수에 값을 할당하는 최초의 순간에 변수가 생성된다. 이미 알고 있지만, 변수를 생성해 보자.

■ 변수의 생성

```
a = 10   #정수
b = 21.5 #실수(부동소수점:floating-point number)
c = True #bool
d = "Heroes" #문자열
e = [1, 2, 3, 4, 5] #list
f = ("a", "b", "c") #tuple
g = {"이름":"홍길동", "취미" : "등산"} #dictionary
h = {1, 100, 3, 50} #set
```

위와 같이 변수에 값을 최초로 할당하는 시점에 변수는 생성되며, 전역 변수는 프로그램의 모든 영역에서 사용할 수 있다. 그런데 파이썬 언어에서는 변수를 생성할 때, 전역 변수가 될 수 없는 영역이 있다. 전역 변수의 반대는 지역 변수로 생각할 수 있다. 즉, 특정 영역에서만 사용되며, 특정 영역을 벗어나면 소멸되어 인식되지 않는 변수가 지역 변수이다. 이러한 특정 영역이 바로 함수이다. 함수 내에서 생성한 변수는 함수 내에서만 사용할 수 있고, 함수를 탈출함과 동시에 소멸되는 변수이다. 따라서 함수 밖에서는 함수 내에 생성한 변수를 인식할 수 없다. 이러한 지역 변수는 함수가 호출될 때마다 생성되고, 함수를 탈출할 때 자동 소멸된다는 것을 반드시 기억해야 한다.

```
# 전역변수.py

'''아래와 같이 함수의 메인 몸체(main body)에 선언된 변수는 전역 변수이며,
프로그램의 어디서든지 액세스가 가능함.
단, 함수 내에서의 사용은 주의할 필요가 있음(추후 설명)
'''
a = 10   #정수
b = 21.5 #실수(부동소수점:floating-point number)
c = True #bool
d = 'Heroes' #문자열
e = [1, 2, 3, 4, 5] #list
f = ('a', 'b', 'c') #tuple
g = {'이름':'홍길동', '나이':25} #dictionary
h = {1, 100, 3, 50} #set
```

```
for i  in range(5) :
    i += 5


print(f"for 문에 사용한 i도 전역 변수 : {i} ==> for 문 밖에서도 i가 인식")

#모든 전역 변수는 함수에서 읽을 수 있음[수정은 다른 문제임]
def globalVarRead( ) :
    print("a, b, c, d 읽기 가능 : ", a, b, c, d)
    print("e, f, g, h 읽기 가능 : ", e, f, g, h)
    print("함수 밖에서 생성한 변수는 함수에서 언제든지 읽을 수 있음")

globalVarRead( ) #함수 호출
```

출력

for 문에 사용한 i도 전역 변수 : 9 ==> for 문 밖에서도 i가 인식
a, b, c, d 읽기 가능 : 10 21.5 True Heroes
e, f, g, h 읽기 가능 : [1, 2, 3, 4, 5] ('a', 'b', 'c') {'이름': '홍길동', '나이': 25} {1, 50, 3, 100}
함수 밖에서 생성한 변수는 함수에서 언제든지 읽을 수 있음

지역 변수는 함수 안에서 생성한 변수라고 하였다. 그리고 함수가 호출될 때마다 생성되고 함수를 탈출할 때 소멸된다고 하였다. 아래 예제를 살펴보자.

```
# 지역변수.py
'''함수 안에서 생성한 변수(변수=값 할당)는 함수 호출시 생성되고,
함수의 수행을 완료하고 탈출할 때 소멸되어 외부에서는 인식이 되지 않음.
'''
def localVar( ) :
    a = 10   #정수
    b = 21.5 #실수(부동소수점:floating-point number)
    c = True #bool
    d = 'Heroes' #문자열
    e = [1, 2, 3, 4, 5] #list
    f = ('a', 'b', 'c') #tuple
    g = {'이름':'홍길동', '나이':25} #dictionary
    h = {1, 100, 3, 50} #set
    print(a, c, e, g)
    print("함수 수행을 완료하였습니다.")
```

```
localVar( )  #함수 호출

print(f) #a~h까지 함수에서 생성한 변수는 함수 밖에서는 인식이 되지 않아요.(에러발생)
#e.append(10)  #e 객체를 인식할 수 없어서 에러 발생
```

출력

```
10 True [1, 2, 3, 4, 5] {'이름': '홍길동', '나이': 25}
함수 수행을 완료하였습니다.
.... 중간 생략
NameError:  name  'f'  is  not  defined
```

이번에는 동일한 변수명으로 전역 변수와 지역 변수를 생성해 보자. 두 변수는 동일한 것일까?
그렇지 않다. 같은 변수명을 사용해도 전역 변수 영역에 생성된 변수와 지역 변수 영역에 생성
된 변수는 서로 다른 변수이다. 동일한 변수명으로 전역 변수와 지역 변수를 생성하면, 생성된
변수가 위치한 영역의 변수가 우선권을 갖는다. 지역 변수는 함수가 호출되어 변수 생성이 되
는 순간부터 함수의 수행 과정 동안 자유롭게 사용이 가능하지만 함수를 탈출(Return)하는 순
간 소멸되는 일시적 변수이기 때문에 전역 변수와 독립적으로 동작한다. 아래 예제를 살펴보
기 바란다.

```
# 동일변수명global_localVar.py

#동일 변수명을 global과 local에서 사용할 때

a = 100 #전역변수

def demo( ) :
    a = 300  #함수 내에서 할당하면 새롭게 생성되는 지역 변수
    a += 700  #a의 합은 1000
    print(f"함수 내에서 생성 지역변수 a 값 :{a}")

demo( ) #함수에서 a를 조작한다. 그런데, 함수 내의 a는 지역 변수이다.
```

```
print(f"Main body에서 생성한 전역 변수 a 값 : {a}") #함수 밖의 main body에서 사용한 변수
print(f"변수의 이름이 동일하다고 같은 변수가 아니네요.")
print("전역 변수 a와 로컬 변수 a는 이름만 갖지 서로 관련이 없네요.")
```

출력

```
함수 내에서 생성 지역변수 a 값 :1000
Main body에서 생성한 전역 변수 a 값 : 100
변수의 이름이 동일하다고 같은 변수가 아니네요.
전역 변수 a와 로컬 변수 a는 이름만 같지 서로 관련이 없네요.
```

그런데 전역 변수 a를 지역 변수 영역에서도 전역 변수로 사용할 필요가 있을 수 있다. 이러한 경우를 파이썬 언어에서는 다음과 같은 방법으로 해결한다.

■ **전역 변수 a를 지역 변수 영역에서 여전히 전역 변수로 사용하는 방법**

• 지역 변수 영역에서 "global a"라고 선언한 후에 사용하면 새로운 지역 변수 a를 생성하지 않고 전역 변수를 사용함

아래 프로그램을 살펴보면 이제는 이해할 수 있을 것이다. 이 프로그램은 바로 위의 예제 프로그램을 약간만 수정한 것이다.

```
# 동일변수명_전역변수사용하기.py

#전역 변수 a를 지역 변수 영역에서도 전역 변수로 사용하는 방법

a = 100 #전역변수

def demo( ) :
    global a   #변수 a가 전역 변수라고 함수에 알려줌.(a 변수를 별도로 생성하지 않음)
    a= 300  #a는 이제 전역 변수
    a += 700  #a의 합은 1000
    print(f"함수 내에서 최종 변경된 a 값 :{a}")

demo( ) #를 전역 변수 a의 변화는 함수 호출 밖에서도 인식됨
```

```
print(f"함수 수행 후 Main body에서 읽은 a 값 : {a}")
print(f"함수 내에 global a를 선언하면, a는 지역 변수 영역에서도 여전히 전역 변수군요")
```

> **출력**
>
> 함수 내에서 최종 변경된 a 값 :1000
> 함수 수행 후 Main body에서 읽은 a 값 : 1000
> 함수 내에 global a를 선언하면, a는 지역 변수 영역에서도 여전히 전역 변수군요

그런데 여러분 전역 변수를 지역 변수 영역에서 사용하려면 "global xxx"와 같이 모든 데이터 형에 대해 이러한 원칙을 지켜야 할까요? 아닙니다. global을 사용하는 것은 int, float, bool, str, tuple과 같은 변경 불가한 데이터형(Immutable Data Type)에 대해서만 적용된다. list, set(add( ), remove( ) 함수 존재), dict형과 같은 변경 가능한 데이터형(Mutable Data Type)은 아무런 제약이 없다. 지역 변수 영역에서 조작하고, 지역 변수 영역을 탈출하여도 조작 결과가 그대로 반영된다. 단, 변경 가능한 데이터형의 변수를 함수 외부가 아닌 함수 내부에서만 선언 하여 사용할 경우에는 지역 변수로 동작한다. 아래 프로그램을 살펴보자.

```python
# 변경가능한데이터함수에서즉시사용하기.py

li = [1,2,3,4,5]  #리스트
d1 = {"name":"홍길동"} #딕셔너리
s1 = {"x", "y", "z"} #set
t1 = ("a", "b", "c") #튜플(변경가능한 데이터형이 아닙니다)
a =700

def  func1() :
    li.append(a)  #변경 가능한 데이터형은 global이 필요 없음
    del li[3]
    li[0]  = -1
    d1["age"]  = 33
    #print(li)
    #print(d1)
    t1  = (1,2,3)
    #print(t1)
    s1.add("alpha") #set은 add( ) 함수를 사용해 원소 추가
    #print(s1)
```

```
func1()

print("함수 호출(수행) 후 지역 영역에서의 변경이 전역 영역에 그대로 반영(튜플제외)")
print(li)
print(d1)
print(s1)
print("튜플은 변경 가능한 데이터형이 아니기 때문에 변화없음 :", t1)
```

```
함수 호출(수행) 후 지역 영역에서의 변경이 전역 영역에 그대로 반영(튜플제외)
[-1, 2, 3, 5, 700]
{'name': '홍길동', 'age': 33}
{'alpha', 'z', 'y', 'x'}
튜플은 변경 가능한 데이터형이 아니기 때문에 변화없음 : ('a', 'b', 'c')
```

```
>>> def func1() : #lis를 함수 안에서만 선언하여 사용하면 로컬 변수임
      lis =[1,2,3,4]
      print(lis)

>>> func1()
[1, 2, 3, 4]
>>> print(lis) #변경 가능한 데이터도 함수 안에서만 선언하였으면 로컬이지요
Traceback (most recent call last):
  File "<pyshell#113>", line 1, in <module>
    print(lis) #변경 가능한 데이터도 함수 안에서만 선언하였으면 로컬이지요
NameError: name 'lis' is not defined
```

지금까지 설명한 내용은 함수의 파라미터로 넘겨줘도 같은 결과를 얻을 수 있다. 즉, 변경 불가
능한 데이터형은 함수에서 인자로 넘겨줄 때, 값을 넘겨주는 것과 같으며, 변경 가능한 데이터
형은 함수에서 인자로 넘겨줄 때 객체의 레퍼런드(참조주소)를 넘겨주는 것과 같기 때문이다.
아래 예제를 잘 살펴보기 바란다.

```python
# 변경가능한데이터파라미터1.py

#변경 가능한 데이터(리스트, 튜플, 사전) 등은 함수에서의 변경이 적용됨
#변경 가능한 데이터는 레퍼런스(주소) 값이 넘어감(call by object reference)
def  changeableData(리스트, 사전) :
    리스트.append("홍콩")
    사전['취미'] = "Traveling"


리스트 = ["한국", "영국", "스페인"]
사전 = {"이름": "David", "나이":19}

changeableData(리스트, 사전)

print(f"리스트 : {리스트}")
print(f"사전 : {사전}")

#변경 불가한 데이터는 데이터 값만 넘어감(call by value)
def aaa(a) :
    a = a+2  #여기서 할당된 a는 로컬 변수에 해당함
    return a

a = 20
x = aaa(a)
print(f"함수 수행 후의 지역 변수 a가 리턴한 값 : {x}")
print(f"함수 수행 후 전역 변수 a : {a}")
```

출력

리스트 : ['한국', '영국', '스페인', '홍콩']
사전 : {'이름': 'David', '나이': 19, '취미': 'Traveling'}
함수 수행 후의 지역 변수 a가 리턴한 값 : 22
함수 수행 후 전역 변수 a : 20

8.4 Lambda 함수

람다(lambda) 함수는 익명(Anonymous) 함수로 함수의 이름이 없이 정의된 함수이다. 파이썬 언어에서 정상적인 함수는 def 키워드로 시작하지만, 익명 함수는 lambda 키워드로 시작한다. 이처럼 익명 함수는 lambda 키워드로 시작하기 때문에 익명 함수를 lambda 함수라고 부른다. 파이썬 언어에서 lambda 함수의 기본 문법은 아래와 같다. 특히 lambda 함수는 한 줄 코드 형식 함수(one line function)라고도 한다. 함수에 하나의 표현식만 사용하기 때문이다.

■ lambda 함수의 기본 문법

> lambda 넘겨줄인자들(arguments) : 표현식(expression)
>
> - 넘겨줄 인자들 : 람다 함수는 표현식(함수의 몸체에 해팅)에 원하는 개수의 인자를 넘겨줄 수 있음. 2개 이상의 인자가 있으면 콤마로 구분하여 나열함
> - 표현식(Expession) : 연산을 수행하고, 결과를 돌려줌(return 키워드 사용하지 않음)

이러한 lambda 함수는 익명 함수이기 때문에 변수(혹은 식별자)에 할당한다. 익명 함수를 변수에 할당하면 변수는 함수 객체가 된다. 함수 객체는 기존의 함수 호출 방식과 동일하게 사용할 수 있다. 아래는 익명 함수를 변수에 할당하여 호출하는 방법을 설명한다. 아울러 등가의 일반 함수 표현을 보여준다.

`square = lambda a : a**2`
`#함수의 호출`
`x = square(3)`
`print(x)`
`--> 9를 출력`
	`def  square(a) :`
	`    return a**2`
	
	`x = square(3)`
	`print(x)`

lambda 함수는 간단한 한 줄 코드를 함수로 만들어 일반 함수처럼 사용하는 것에 목표를 둔 것이 아니라 원하는 곳에서 즉시 사용하고 버릴 수 있는 함수이다. 즉, 재사용을 고려해 작성한 코드가 아니다. lambda 함수는 이름처럼 함수이기 때문에 함수 호출시 인자를 넘겨줄 때는 괄호를 사용해 넘겨주면 된다. 또한 사용되는 위치에 따라 변수에 할당하지 않아도 된다. 혹은

lambda 함수의 선언과 동시에 호출해 사용할 수도 있다. lambda 함수는 return 구문을 사용하지 않는다.

```
# lambdafunc1.py

#인자의 갯수는 일치해야 함(선언과 동시에 호출)
x = (lambda a, b : a+b)(3,5) #람다 함수 정의 뒤에 괄호에 인자 전달
print(f"a+b의 결과는 {x}")
```
출력
```
a+b의 결과는 8
```

일반 함수에서 lambda 함수를 리턴 할 수도 있으며, 리턴 된 값이 lambda 함수 객체이기 때문에 인자를 전달하여 최종적인 결과를 얻을 수 있는 프로그램을 작성할 수도 있다.

```
# lambdafunc2.py

def power(n):
    return lambda x : x ** n

orderdPower = power(4)   #lambda x: x**4 를 리턴함
#print(type(orderedPower)  #데이터형이 function)
print(f"3**4의 값은 : {orderdPower(3)}")  #3**4 계산
```
출력
```
3**4의 값은 : 81
```

리스트와 파이썬에서 제공하는 map( ) 및 filter( ) 함수를 연계하여 사용하는 경우가 많다. 리스트와 map( ) 함수는 가장 많이 사용하는 조합중의 하나이다. 먼저 map( ) 함수를 간단히 살펴보면 다음과 같은 문법을 사용한다.

■ map( ) 함수 기본 문법

> map(function, iterable1, iterable2, ...)

- function : 필수 파라미터. 리스트, 튜플 등 반복 가능한 객체의 각 원소들에 적용할 함수. lambda 함수나 일반 함수에서 함수의 이름만 사용
- iterable : 필수 파라미터. 1개 이상의 iterable 객체의 목록. function에 넘겨줄 인자 수와 일치하는 iterable 객체 필요함.
- return : iterator 객체로 돌려줌

map( ) 함수는 나열된 iterable 객체(쌍)들의 원소들을 순차적으로 function에 전달하여 연산된 새로운 iterator 객체를 돌려준다. map( ) 함수의 결과를 보기 위해서는 list( )로 변환해야 한다는 것은 알고 있어야 한다. 아래 예제를 살펴보자.

```python
# labmdafunc3.py

#문자열의 덧셈은 문자열의 병합
def mul(x, y):
    return x + y
#map 함수에 함수가 오는 위치는 함수명만 사용해야 함.
#mul 함수의 파라미터 갯수만큼 iterable 객체가 뒤에 따라 와야 함.
x = map(mul, ('orange', 'banana', 'strawberry'), ('노랗다', '길다', '빨갛다'))

x = list(x)
print(f"x = {x}")

#lambda함수를 사용한 구현
y = map(lambda a, b : a+b, ('orange', 'banana', 'strawberry'), ('노랗다', '길다', '빨갛다') )
y=list(y)
print(f"y = {y}")
```

> 출력

```
x = ['orange노랗다', 'banana길다', 'strawberry빨갛다']
y = ['orange노랗다', 'banana길다', 'strawberry빨갛다']
```

filter( ) 내장 함수는 리스트 등 iterable 객체의 원소들 중에서 조건을 만족하는 원소들만을 필터링하여 결과를 돌려받을 때 사용하는 함수이다. filter( ) 함수의 기본 문법은 다음과 같다.

■ filter( ) 함수 기본 문법

filter(조건함수(function), iterable)

- function : 필수 파라미터. 리스트, 튜플 등 반복 가능한 객체의 각 원소들에 적용할 함수. lambda 함수나 일반 함수에서 함수의 이름만 사용
- iterable : 필수 파라미터.
- return : 조건을 만족하는 원소들만을 iterator 객체로 돌려줌

아래는 lambda 함수를 사용하여 반복 가능한 객체의 원소를 필터링하는 프로그래밍 예제이다. lambda 함수는 프로그램 코딩 중에 즉시 사용하고, 재사용을 고려하지 않는 경우에 선호하는 방식이다.

```python
# lambdafunc4.py

def odd(x):
    return True if x % 2 == 1 else False

li = list(range(1,11))
oddIterator = filter(odd, li) #조건이 참인 원소들만을 필터링함

oddList = list(oddIterator)
print(f"일반함수를 사용한 홀수 원소들 필터링결과 : {oddList}")

#lambda 함수를 이용한 구현
oddIter = filter(lambda x : x%2==1, li)
oddLi = list(oddIter)
print(f"람다함수를 사용한 홀수 원소들의 필터링결과 : {oddLi}")
```

출력
일반함수를 사용한 홀수 원소들 필터링결과 : [1, 3, 5, 7, 9]
람다함수를 사용한 홀수 원소들의 필터링결과 : [1, 3, 5, 7, 9]

여기서 한 가지 주의할 것이 있다. 이미 설명하였지만, filter( ) 함수가 iterator 객체를 리턴하기 때문에 한 번 읽어낸 값은 다시 사용할 수 없다. 내부의 위치를 관리하는 상태 변수는 변경되지 않기 때문이다. 즉 일부 값을 읽어낸 다음에 어떤 변환을 하더라도 상태 변수가 가리키는 값부터 변환이 이루어진다. 아래 예제를 다시 살펴보기 바란다.

```python
# filter2.py

나이 = [15, 33, 19, 10, 45, 56, 67, 40, 80]

def func1(x):
  if x < 30:
    return True
#  else :  #이 부분은 제거해도 무방함
#    return None

청년 = filter(func1, 나이)  #iterator 객체로 리턴함

for x in 청년:
  print(x)

print("청년 데이터를 리스트로 변경하여도 내부 상태 변수가 가리키는 부분부터 변환이 됨.")
print("위에서 '청년'의 모든 데이터를 읽어 냈기 때문에 더 이상 변환이 불가하다.")
print(list(청년))  #이미 내부 상태 변수가 끝을 가리고 있어서 list로 변환될 원소가 없음
```

출력
```
15
19
10
청년 데이터를 리스트로 변경하여도 내부 상태 변수가 가리키는 부분부터 변환이 됨.
위에서 '청년'의 모든 데이터를 읽어 냈기 때문에 더 이상 변환이 불가하다.
[]
```

8.5 디폴트 파라미터 값을 갖는 함수

여러분들이 지금까지 가장 많이 사용한 함수는 print( ) 함수이다. print( ) 함수를 사용하여 출력하면, 자동으로 줄 바꿈이 발생하고, 인자들을 구분하는 ,(콤마)를 기준으로 한 칸 씩 띄어서 출력하는 하는 것을 보았을 것이다. 이처럼 print( ) 함수가 호출될 때마다 자동으로 줄 바꿈이 되고, 데이터를 구분하는 ,를 기준으로 한 칸 띄우는 것은 디폴트 파라미터가 print( ) 함수에 설정되어 있기 때문이다. print( ) 함수의 기본 문법을 다시 한 번 살펴보자.

■ print( ) 함수 기본 문법

print(객체1, 객체2, ..., 객체n, sep=' ', end='\n')

- 객체 : 필수. 실제 출력되는 변수, 문자열, 수식 등을 1개 이상 여러 개가 올 수 있음
- sep : 객체간 구분자(,)에 대한 처리 지침. (sep=' ')이므로 디폴트가 객체 간에 한 칸 띄움
- end : 마지막에 프린트 되는 것. end='\n'이므로 자동으로 한 줄 바꿈

위를 살펴보면, 파라미터 sep와 end는 보통의 경우에 여러분들이 직접 조작하지 않았다. print( ) 함수가 수행될 때, sep와 end에 대해 최초에 설정된 값을 적용하였다. 즉, 함수 정의시 외부에서 일부 파라미터를 특별히 지정하지 않으면 print( ) 함수에 미리 지정해 놓은 인자 값이 함수에 전달되어 반영된 것이다. 이처럼 외부에서 지정하지 않으면 함수에 넘겨줄 인자 값을 미리 설정해 놓은 값으로 전달한다. 이것을 디폴트 파라미터라고 한다. 이제 여러분들이 함수를 정의하면서 디폴트 파라미터를 직접 설정해 보자. 여기서 한 가지 반드시 주의해야 할 것이 있는데, 디폴트 파라미터를 설정할 경우에는 반드시 함수에 전달해야 할 파라미터를 앞쪽에 위치시키고, 디폴트로 설정하는 파라미터를 뒤에 위치시켜야 한다. 다시 한 번 언급하지만, 파라미터나 인자를 여기서는 같은 개념으로 사용하고 있다. 그리고 디폴트 파라미터가 존재하면 함수 호출시 파라미터의 개수보다 적은 수의 인자 값을 넘겨줄 수 있는 장점이 있다.

아래 예는 func1( ) 함수에서 파라미터 c에 디폴트 값을 설정하였다. 파라미터 c에 값을 넘겨주지 않으면 함수는 디폴트로 설정된 값을 사용하고, 값을 넘겨주면 함수는 넘겨받은 값을 사용한다.

```
# defaultParam1.py

#c가 default 파라미터임.
def func1(a, b, c="입니다.") :
    x = str(a+b)
    x += c
    return x

x =30; y=70

print(f"x + y = {func1(x, y)}") #c에 해당하는 값을 넘기 않으면 디폴트 값이 사용됨
print(f"x + y = {func1(x, y, '이 맞나요?')}") #c에 "이 맞나요?"를 넘겨줌
```

출력

```
x + y = 100입니다.
x + y – 100이 맞니요?
```

그리고 여러분은 파라미터의 이름과 값을 맵핑시켜 함수에 전달하면 순서에 상관없이 사용할수 있다는 것을 배웠다. 파라미터 이름을 키(Key)라고 부른다. 아래 예를 살펴보기 바란다.

```
# defaultParam2.py

def  func2(name, age, hobby="프로그램 코딩하기") :
    print(f"이름은 {name}, 나이는 {age}, 취미는 {hobby}")

#인자값 전달시 : key=value 방식 사용
func2(age=33, name="홍길동") #hobby 값을 할당하지 않으면 default 값 전달됨
func2(hobby="등산하기", age=21, name="James") #hobby 값을 "등산하기"로 할당
```

출력

```
이름은 홍길동, 나이는 33, 취미는 프로그램 코딩하기
이름은 James, 나이는 21, 취미는 등산하기
```

2개 이상의 디폴트 파라미터를 가질 경우에는 디폴트 값을 사용하지 않는 파라미터에 대해서 "key=value" 쌍으로 인자를 전달하면 유용하게 사용할 수 있다. 만약에 최초 파라미터를 정의

한 순서대로 입력을 할 경우에는 "key=value" 쌍을 사용하지 않고, 해당 위치에 값만 넘겨주면 된다.

```
# defaultParam3.py

def  func3(start, end, step=1, skip=3) :
    sum = 0
    s = start
    e = end

    if not (start+10 <=  end) :
        print("end 값이 start 값보다 10 이상 커야 합니다")
        return
    while s <= e :
        if s % skip == 0 : #skip의 배수는 합산에서 배제하기
            s += step
            continue  #while 문의 처음으로 가서 다시 수행(필요 없음)
        else :
            sum += s
            s += step
    print(f"{start}에서 {end}까지 증분은 {step}(으)로 {skip}의 배수를 제외한 총합 : {sum}")

func3(50, 57, 2) #start와 end 값이 조건에 맞지 않으면 리턴함
func3(1, 20, skip=4) #4의 배수를 배제한 총합 구하기
func3(10, 30, step=2) #3의 배수를 배제한 총합 구하기
func3(10, 30, 2) #3번째 인자는 본래의 순서대로 step에 해당된다.
```

출력

```
end 값이 start 값보다 10 이상 커야 합니다
1에서 20까지 증분은 1(으)로 4의 배수를 제외한 총합 : 150
10에서 30까지 증분은 2(으)로 3의 배수를 제외한 총합 : 136
10에서 30까지 증분은 2(으)로 3의 배수를 제외한 총합 : 136
```

8.6 가변 개수 파라미터와 가변 개수 키 파라미터를 갖는 함수

함수에 넘겨줄 파라미터의 개수가 가변적일 경우에는 파라미터 이름 앞에 *를 붙이면 된다. 이 경우 함수는 전달받은 가변 인자들을 튜플로 취급한다. 이 방식은 아래에 제시한 예제를 살펴보면 바로 이해할 수 있을 것이다. 실제로 정확한 파라미터의 개수는 함수 호출시 열거한 데이터의 개수가 된다.

```python
# 가변인자전달1.py

def variableArgFunc1(*values): #파라미터이름 앞에 * : 가변적인 인자 전달
    #함수 내에서는 values 는 튜플로 취급함.
    sum =0
    for oneValue  in values : #튜플 values 값을 순차적으로 전달
        sum += oneValue
    print(f"sum : {sum}")
    print(type(values)) #values의 데이터형은 tuple

variableArgFunc1(1, 3, 5, 7) #4개의 수를 더함

#*values 변수를 튜플 index 사용 방식으로 다루기
def variableArgFunc2(*values):
    #함수 내에서는 values 는 튜플로 취급함.
    sum =0
    for i  in range(len(values)) :
        sum += values[i] #개별 튜플 데이터를 읽어와 sum과 더함
    print(f"sum : {sum}")

variableArgFunc2(2, 4, 6, 8, 10)
```

> **출력**
> sum : 16
> <class 'tuple'>
> sum : 30

다음의 예를 간단히 살펴보자. 일반적인 파라미터와 *arg 파라미터가 혼합되어 있는 경우이다.

```
#unpackingArg1.py
#*arg는 multiple paramters를 하나의 파라미터로 다룰 때
def PowSum(power, *args):
    poweredSum = 0
    print("Powered Element")
    for i in args:
        poweredSum += i**power
        print(i**power, end=' ')
    return poweredSum

#함수 호출
print("\n최종 합 출력 : ", PowSum(3, 1, 3, 5, 7)) #3은 power, 나머지는 arg
```

출력

```
Powered Element
1 27 125 343
최종 합 출력 :  496
```

다음은 가변 길이 딕셔너리형 데이터를 함수에 전달하는 방법을 알아보자. 프로그래머가 딕셔너리형으로 데이터를 전달할 때, 이를 파이썬 함수에서 인식하는 방법은 파라미터 이름 앞에 **를 붙이면 된다. 함수 내에서는 파라미터 이름은 딕셔너리 변수처럼 사용하면 된다. 키를 사용해 값을 액세스할 수 있다. 그리고 함수 호출시 각 인자는 "key=value" 방식으로 전달하면 된다.

```
# 딕셔너리형가변인자전달1.py

def dicTypeVarParamPass1(**obj) : #**는 가변 딕셔너리 방식으로 인자 전달
    print(f"이름 : {obj['name']}", end=" ") #key를 정확히 알아야 코딩 가능함
    print(f"취미 : {obj['hobby']}", end=" ")
    print(f"음악 : {obj['music']}", end=" ")
    print(f"영화 : {obj['movie']}")  #마지막 데이터 출력후 줄 바꿈

dicTypeVarParamPass1(name="홍길동", hobby="sleeping", music="heaven", movie="전선의 추억")
dicTypeVarParamPass1(name="오달순", hobby="surfing", music="바위섬", movie="금고지기")

#현실성 있는 딕셔너리 사용하기
print("=======현실성 있는 딕셔너리 사용하기=======")
```

```
def dicTypeVarParamPass2(**obj2) : #**는 가변 딕셔너리 방식으로 인자 전달
    for k, v  in obj2.items() : #키와 값을 동시에 얻음
        print(f"{k} : {v}", end=" ")
    print( ) #줄 바꿈 기능을 수행

dicTypeVarParamPass2(이름="홍길동", 수입="100만원", 지출="88만원")
dicTypeVarParamPass2(상호="황금성", 판매="3000만원", 순이익="500만원", 결산일="매월20일")
```

출력

```
이름 : 홍길동 취미 : sleeping 음악 : heaven 영화 : 전선의 추억
이름 : 오달순 취미 : surfing 음악 : 바위섬 영화 : 금고지기
=======현실성 있는 딕셔너리 사용하기=======
이름 : 홍길동 수입 : 100만원 지출 : 88만원
상호 : 황금성 판매 : 3000만원 순이익 : 500만원 결산일 : 매월20일
```

마지막으로 변경 가능한 데이터형인 리스트를 함수에 전달하면, 레퍼런스(참조)를 전달한다고 배웠다. 참조란 함수에 주소 값을 넘겨준다고 생각하면 된다. 함수에서 조작한 변경 가능한 데이터형은 함수 밖에서도 변수에 취해진 수정, 변경, 삭제 등의 내용이 그대로 반영된다.

```
# 리스트의함수전달.py

#파라미터로 리스트를 전달하면 참조주소가 전달됨.
def 리스트전달func(flowers):
  for 꽃 in flowers:
    print(꽃, end= " ")
  flowers.append("살구꽃")

과일꽃 = ["매화꽃", "산수유꽃", "벚꽃", "진달래꽃"]

리스트전달func(과일꽃)
print( ) #줄 바꿈 기능만 수행
print(과일꽃) #함수에서 append한 내용이 반영되어 있음.
```

출력

```
매화꽃 산수유꽃 벚꽃 진달래꽃
['매화꽃', '산수유꽃', '벚꽃', '진달래꽃', '살구꽃']
```

8.7 모듈과 패키지

파이썬 언어에서 모듈은 함수, 전역 변수 및 클래스 등을 저장하고 있는 파일이다. 바꾸어 말하면 프로그램 작성 중에 불러와 사용할 수 있는 라이브러리이다. 여러분들은 이미 모듈을 불러와 사용해 본 경험이 있다. 아래 예를 보자. import 뒤에 모듈명을 적어주면 해당 모듈을 불러와 사용할 수 있다.

```
import random   #random 모듈(라이브러리)를 불러옴

random.random( ) #랜덤 모듈에 있는 random( ) 함수를 호출함
```

random 모듈은 파이썬 언어에서 기본적으로 제공해주는 모듈이다. 하지만 파이썬 인터프리터가 기본적으로 포함하고 있지 않기 때문에 이 모듈을 사용하기 원하는 프로그래머는 import 문을 사용해 random 모듈을 불러와야 한다. 기본적으로 사용할 수 있는 모듈(라이브러리)은 다양하게 제공되고 있으며, 제 3자가 제작해 제공하는 모듈도 필요에 따라 사용할 수 있다.

이제는 여러분들이 모듈을 생성한 후에, 이를 임의의 프로그램으로 불러와 해당 모듈에서 제공하는 전역 변수나 함수를 사용하는 방법을 알아보자. 자신이 원하는 모듈(라이브러리)을 생성하고자 한다면, 먼저 "파일명.py"와 같이 기존에 파이썬 프로그램을 작성하였던 것과 마찬가지로 파이썬 프로그램을 코딩한 후에 파이썬 파일을 저장한다. 여기서 "파일명.py"에서 .py를 제거한 "파일명"은 향후에 다른 파일에서 불러와 사용할 수 있는 모듈명에 해당된다. 그리고 호출하는 프로그램에서 모듈에 있는 특정 함수를 사용할 경우에는 "모듈명.함수명(인자전달)"과 같이 사용하면 된다. 특정 모듈에 있는 전역 변수를 사용할 경우에도 "모듈명. 전역변수명"으로 사용할 수 있다. 즉, 모듈을 불러와서 사용할 경우에는 해당 모듈의 함수 혹은 전역 변수 앞에 "모듈명."을 붙이고 사용하면 정상적으로 수행될 것이다. 아래 그림은 모듈에 대해 설명한 것이다. 잘 살펴보기 바란다.

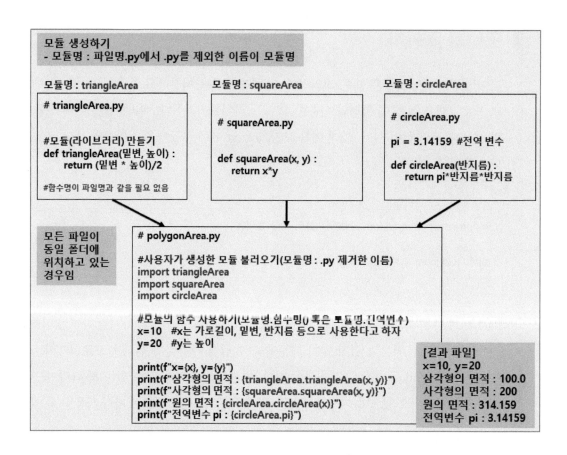

모듈이 현재 코딩중인 파일과 다른 경로에 있을 수 있는데, 이 경우에는 sys 모듈을 사용하여 경로를 추가해야 한다. 현재로서는 중요한 것은 아니기 때문에 참고만 하자. 알고 있으면 향후 유용할 수 있다.

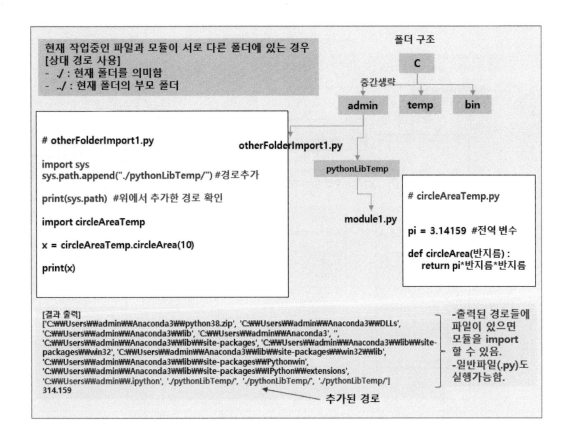

지금까지 설명한 모듈은 하나의 파일 단위로 불러오는 개념을 의미한다고 하면, 패키지는 여러 개의 모듈을 포함하고 있는 폴더를 의미한다. 물론 패키지에 하나의 모듈만 존재할 수도 있지만, 대부분의 경우에는 패키지에는 여러 개의 모듈을 포함한다. 해당 폴더가 패키지로 인식되려면 __init__.py 파일을 포함하고 있어야 한다. __init__.py 파일은 비어있는 파일이어도 상관없다. 그리고 파이썬 버전 3.3 이상부터는 __init__.py 파일이 폴더에 존재하지 않아도 패키지로 인식한다. 3.3 이전 버전의 파이썬을 사용할 경우에는 여전히 __init__.py 파일이 존재해야 한다. 일반적으로 __init__.py 파일에는 해당 패키지에 대한 초기화 코드를 작성한다. 하지만, 파일명만 존재해도 무방하니, 이 부분은 추가적인 설명은 생략한다. 또한 패키지 폴더 안에 또 다른 하위 패키지를 정의하는 것도 가능하다. 패키지의 개념을 설명하는 아래 그림을 잘 살펴보기 바란다.

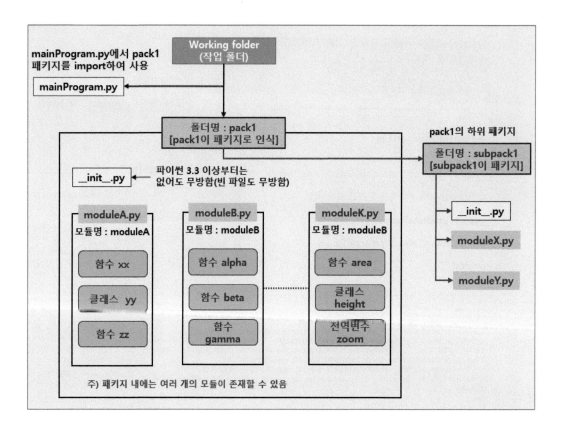

위의 그림에 나오는 mainProgram.py 파일에서 패키지 내의 모듈을 사용하고 싶으면, "import 패키지명.모듈명"으로 프로그램의 상단에 선언하면 패키지에서 해당 모듈을 불러온다. 불러온 모듈 내의 함수, 클래스, 변수 등을 사용하려면 "패키지명.모듈명.함수(...)" 등과 같이 코딩하면 된다. 아래 그림은 패키지 내의 모듈에 있는 함수, 클래스, 변수 등을 사용하는 방법을 보여준다. 그리고 클래스에 대해서는 아직 배우지 않았지만, 나중에 배울 것이다.

```
mainProgram.py

#패키지에 있는 모듈 불러오기
#import 패키지명.모듈명
#import 패키지명.서브패키지명.모듈명
import  pack1.moduleA
Import  pack1.moduleC
import  pack1.subpack1.moduleX


#패키지에 있는 모듈의 함수, 클래스, 변수 사용하기
# 패키지명.모듈명.함수명()
# 패키지명.모듈명.클래스명()
# 패키지명.모듈명.변수명

aa = pack1.moduleA.xx(...)  #함수 사용하기
pack1.moduleA.yy(...)  #클래스 사용하기
z = Pack1.mduleC.zoom  #변수 사용하기
```

"import 패키지명.모듈명"을 사용해 모듈을 불러오고, "패키지명.모듈명.함수명(...)"과 같은 방식으로 사용하면 너무 길고 불편하다고 생각되어 파이썬 언어에서는 좀 더 간단하게 모듈내의 함수나 변수 등을 사용할 수 있는 방법을 제공하고 있다. 몇 가지 방법이 있으며, 각 방법마다 특징이 있다. 여기서 전체적으로 정리하여 설명하겠다. 첫 번째는 "from 패키지명.모듈명 import 함수명, 클래스명, 변수명"과 같이 불러오는 방법이다. 이 방법으로 불러오면 모듈에 존재하는 함수, 클래스, 변수 등을 "패키지명.모듈명"을 붙이지 않고 직접 사용할 수 있는 장점이 있다.

두 번째로 많이 사용하는 방식은 별칭(Alias)을 사용하는 것이다. 예를 들어, "패키징명.모듈명"이 모듈 내의 함수 등을 사용할 때, 길어서 불편할 때가 많다. 좀 더 코드를 간단하게 하기 위해서 별명(별칭)을 사용하는 것이다. "모듈명"이나 "패키징명.모듈명" 등을 프로그램 내에서 다른 이름으로 대체하여 사용하는 것이 편리할 때는 이러한 방식을 사용한다. 사용 방법은 "import 패키지명.모듈명 as 별칭명"과 같이 선언하면, 프로그램 내에서 "별칭명.함수(...)"와 같이 사용할 수 있다. 이 방법도 많이 사용되는 방법이기 때문에 반드시 알아두기 바란다.

```
#import 뒤에 함수, 클래스 다음에 ( ) 사용하지 않음
from 패키지명.모듈명  import 함수명, 클래스명, 변수명

#불러온 모듈의 함수, 클래스, 변수 사용하기
함수명(...)  #필요시 함수를 다른 변수 할당할 수 있음
클래스명(...)  #클래스의 할당도 가능
x = 변수명 +10  #변수는 수식, 할당 등에 사용함

특징 : 앞에 모듈명 혹은 패키지명.모듈명을 사용하지 않기 때문
에 기존의 함수, 클래스, 변수 사용 방식과 동일함.


from 패키지명.모듈명  import  *
- 패키지명.모듈명 내에 존재하는 모든 함수, 변수, 클래스를 기
  존의 함수, 클래스, 변수 사용 방식과 동일함.
- * : 모듈 내에 있는 모든 것을 의미함
```

예]

```
from random import random, randint
x = random( ) #랜덤 함수를 호출(0이상 1미만의 랜덤 값 리턴)
y = randint(1, 10) #1~10 사이의 정수 난수 값 리턴
-----------위와 동일한 기능 수행-------------
import  random
x = random.random( )
y = random.randint(1, 10)
```

```
>>> from random import random, randint
>>> random( )
0.8145938188302413
>>> randint(1,10)
```

```
#별칭(Alias)을 사용한 구현
import 패키지명.모듈명  as  별칭명

#불러온 모듈의 함수, 클래스, 변수 사용하기
별칭명.함수명(...) #필요시 함수를 다른 변수 할당할 수 있음
별칭명. 클래스명(...) #클래스의 할당도 가능
x = 별칭명.변수명 +20 #변수는 수식, 할당 등에 사용함

특징 :  모듈명 혹은 패키지명.모듈명 대신에 별칭을 사용하여 함수, 클
래스, 변수 등을 호출할 수 있음
```

예]

```
import math as m  #모듈명 math 대신에 m을 사용
a = m.pi  #3.14159를 a에 할당
import matplotlib.pyplot  as plt
plt.show( ) #별칭을 사용하면 좀 더 간단하게 표현 가능
-----------위와 동일한 기능 수행--------------
import  math
a = math.pi
import  matplotlib.pyplot
matplotlib.pyplot.show( )
```

```
import math
PI = math.pi
print(f"pi : {PI}")

pi : 3.141592653589793
```

```
import math as m   #별칭 사용하기
PI = m.pi
print(f"pi : {PI}")

pi : 3.141592653589793
```

파이썬 언어는 다양한 내장 변수를 제공하고 있다. 이중에서 "__name__" 내장 변수는 중요하기 때문에 알고 있는 것이 좋다. "__name__" 내장 변수는 현재 모듈의 이름을 저장하고 있다. 그런데 이 변수는 현재 직접 실행되고 있는 모듈(프로그램)에 "__main__"이라는 값을 할당한다. 그리고 직접 실행되지 않고 현재 프로그램에 import된 모듈은 .py가 생략된 모듈명(파일

명)을 가진다. 따라서 임의의 모듈에서 "__name__"의 값이 "__main__"인지를 확인하여 직접 수행중인 프로그램인지 아닌지를 판단할 수 있다.

아래 예제는 triangleArea.py 인데, 본래는 다른 모듈에서 import하여 사용하기 위해 작성한 모듈이다. 그런데 해당 모듈의 코딩이 유효한지를 먼저 확인하고 싶을 경우에는 테스트를 할 필요가 있다. 프로그램에서 if 문은 모듈의 검증을 할 때 사용하면 유용할 것이다. 이처럼 "__name__" 변수의 값이 "__main__"인지의 여부를 판별하여 특별한 수행을 하도록 작성하는 것이 가능하다.

```
# triangleArea.py

#모듈(라이브러리) 만들기
#pi = 3.14159  #전역 변수

def triangleArea(밑변, 높이) :
    print(f"triangleArea 함수를 포함하는 __name__ : {__name__}")
    return (밑변 * 높이)/2

#아래 if문은 본 프로그램이 현재 수행중인 프로그램일 경우에만 수행됨
#그렇지 않으면 수행되지 않음(함수의 정의만 존재함)
#다른 모듈에 import되면 수행되지 않는다는 뜻임
if __name__ == "__main__" : #import된 것이 아니라, 현재 수행중인 프로그램이라면
    밑변 = 10; 높이 = 20
    print(f"삼각형 밑변 :{밑변}, 높이 : {높이}인 면적 : {triangleArea(밑변, 높이)} ")
```

출력
```
triangleArea 함수를 포함하는 __name__ : __main__
삼각형 밑변 :10, 높이 : 20인 면적 : 100.0
```

이번에는 위에서 실행한 triangleArea.py 파일을 polygonArea1.py 파일에서 불러와 수행해 보자. "__name__" 값에 할당된 값이 모듈의 이름인 것을 확인할 수 있다.

```
# polygonArea1.py

#사용자가 생성한 모듈 불러오기
import triangleArea  as 삼각형면적


#모듈의 함수 사용하기(모듈명.함수명() 혹은 모듈명.전역변수)
x=10    #x는 가로길이, 밑변, 반지름 등으로 사용한다고 하자
y=20    #y는 높이

print(f"x={x}, y={y}")
print(f"삼각형의 면적 : {삼각형면적.triangleArea(x, y)}")
```

출력
```
x=10, y=20
triangleArea 함수를 포함하는 __name__ : triangleArea
삼각형의 면적 : 100.0
```

8.8 내장 모듈(math, random, time, datetime)

본 절에서는 파이썬 언어에서 기본적으로 제공해주는 모듈들로 import하여 사용하는 중요한 몇 가지 모듈들을 소개할 것이다. 자주 사용하는 기본 제공 모듈들로 중요한 것은 random, math, time 및 datetime 모듈이다. 각각에 대해 간단히 설명할 것이다.

■ random 모듈

random 모듈은 의사 난수를 생성해주는 모듈이다. random 모듈에서는 의사 난수 생성과 관련된 다양한 함수들을 제공해주고 있다. 이 모듈을 사용하기 위해서는 당연히 "import random"으로 모듈을 불러와야 한다. 다음은 random 모듈에서 지원하는 다양한 함수들을 정리한 것이다.

random.seed(seed값)	seed값이 없으면, 컴퓨터의 시스템 시간을 사용하여 설정하며, 씨드 값으로 정수값을 넣어줌. 씨드 값을 설정하면, 프로그램 수행시마다 동일한 난수를 생성함.
random.random( )	0과 1사이 실수 값에서 랜덤하게 하나를 돌려줌. 단, 1은 포함하지 않음.
random.randint(s,e)	s는 시작값이고, e는 종료값으로 s와 e사이의 랜덤 정수를 돌려줌. 단, 종료값도 포함함.
random.uniform(s,e)	s와 e 사이의 랜덤 실수를 돌려줌. 단, 종료값은 포함하지 않음
random.randrange (s, e, step)	range(s, e, step) 함수로 생성되는 정수 중에서 랜덤하게 하나를 돌려줌
random.choice(iterable객체)	iterable한 객체(리스트, 튜플, 문자열만 지원)의 원소중 하나를 랜덤하게 돌려줌.
random.shuffle(리스트)	리스트 원소의 순서를 랜덤하게 바꿈. 리스트 자체가 변경됨. 문자열과 튜플은 지원하지 않음
random.sample (iterable객체, 추출개수)	리스트, 튜플, 문자열(3개만 지원)의 iterable 객체에서 랜덤하게 지정한 개수만큼 추출하여 리스트로 돌려줌. 값을 중복 추출하지 않음.

이제 위에서 설명한 랜덤 함수를 실습해 보자. 랜덤 함수는 많이 사용되고 있으니, 잘 알아두기 바란다.

```python
# randomNum.py

import random as r

print(f"random.random() : {r.random()}")
print(f"random.randint(1,5) : {r.randint(1, 5)}")
print(f"random.randrange(시작, 종료, 스텝) : {r.randrange(1, 30, 3)}")
print(f"random.uniform(1,5) : {r.uniform(1, 5)}") #1에서 <5의 실수를 리턴
li = [1, 7, 9, 20, 30, 55]
print(f"li : {li}")
print(f"random.choice(li) : {r.choice(li)}")
print(f"random.sample(li,3) : {r.sample(li, 3)} : 리스트로 돌려줌")
r.shuffle(li) #li 자체를 랜덤하게 섞음
print(f"random.shuffle(li) : {li}")
r.seed(100) # 씨드 값을 설정하면, 프로그램 수행시마다 동일한 랜덤 값 생성
print(f"random.random() : {r.random()} : 씨드를 설정한 후 수행")
```

```
random.random() : 0.45492700451402135
random.randint(1,5) : 2
random.randrange(시작, 종료, 스텝) : 19
random.uniform(1,5) : 3.927835892133023
li : [1, 7, 9, 20, 30, 55]
random.choice(li) : 20
random.sample(li,3) : [30, 1, 55] : 리스트로 돌려줌
random.shuffle(li) : [7, 30, 55, 9, 20, 1]
random.random() : 0.1456692551041303 : 씨드를 설정한 후 수행
```

- math 모듈

math 모듈을 설명하기 앞에 파이썬 언어에서 기본적으로 제공하는 built-in 함수를 먼저 알아보자. 기본으로 제공하는 함수는 모듈명을 사용하지 않고 프로그래밍 할 때 즉시 사용할 수 있는 함수이다. 기본으로 제공하는 함수는 여러분들이 알고 있는 것이 좋다. 아래는 파이썬 언어에서 기본으로 제공하는 수학 관련 함수들이다.

함수명	설명[파이썬 기본 제공 수학 함수들]
abs(x)	x의 절대값을 돌려줌
max(n1, n2, ..)	함수로 넘겨주는 인자 값들중에서 가장 큰 값을 돌려줌
min(n1, n2, ..)	함수로 넘겨주는 인자 값들중에서 가장 작은 값을 돌려줌
pow(x, y)	x**y 값을 돌려줌. (x**y를 직접 사용하면 됨)
round(x)	소수점 이하의 수를 반올림한 정수를 돌려줌. 단, 소수점 이하의 수가 정확히 0.5일 때는 정수가 짝수가 되도록 함. (21.5 ==〉 22[짝수], 22.5 ==〉 22[짝수])
round(x, n)	반올림하여 소수점 n자리까지만 표시함.

기본 제공하는 수학 함수를 사용하는 프로그램을 살펴보면 다음과 같다.

```
# 기본제공수학함수.py

print(f"-10의 절대값은 {abs(-10)}, -33.35의 절대값은 {abs(-33.35)}")
print(f"1, 100, 30, -15중 최대값은 {max(1,100, 30, -15)}")
print(f"1, 100, 30, -15중 최소값은 {min(1,100, 30, -15)}")
print(f"3**5는 {pow(3,5)}, 그렇지만 기존 방식이 더 좋음 : {3**5}")
print(f"155.505를 반올림하면 {round(155.505)}")
print(f"125.500를 반올림하면(정확히 0.5이면 정수는 짝수가 되도록) : {round(125.50)}")
print(f"114.500를 반올림하면(정확히 0.5이면 정수는 짝수가 되도록) : {round(114.50)}")
print(f"315.34576을 반올림해 소수점 세째 자리까지만 표현하면 : {round(315.34576, 3)}")
```

출력

-10의 절대값은 10, -33.35의 절대값은 33.35
1, 100, 30, -15중 최대값은 100
1, 100, 30, -15중 최소값은 -15
3**5는 243, 그렇지만 기존 방식이 더 좋음 : 243
155.505를 반올림하면 156
125.500를 반올림하면(정확히 0.5이면 정수는 짝수가 되도록) : 126
114.500를 반올림하면(정확히 0.5이면 정수는 짝수가 되도록) : 114
315.34576을 반올림해 소수점 세째 자리까지만 표현하면 : 315.346

math 모듈은 다양한 수학 함수들을 제공해 준다. 여기서는 중요한 몇 가지만 알아보자. 프로그램 상단에 "import math"를 선언하는 것을 잊지 말자. 아래 정리된 내용을 잘 살펴보기 바란다.

함수명	설명
math.fabs(x)	x의 절대 값을 실수형으로 돌려줌
math.ceil(x)	소수점 이하에 0보다 큰 값이 있으면 올림하여 돌려줌
math.floor(x)	소수점 이하의 수를 버려서 더 작은 정수를 돌려줌 (3.5 ==> 3, -2.7 ==> -3)
math.exp(x)	e^{**x} 값을 돌려줌
math.log(x)	자연 로그 x 값을 돌려줌
math.log10(x)	밑이 10인 로그 x 값을 돌려줌
math.log(x, base)	밑을 base로 하는 로그 x 값을 돌려줌
math.sqrt(x)	x의 제곱근을 돌려줌
math.sin(x)	x의 사인 값을 돌려줌. x는 radian임
math.cos(x)	x의 코사인 값을 돌려줌. x는 radian임
math.tan(x)	x의 탄젠트 값을 돌려줌. x는 radian임

자주 사용하는 math 모듈의 함수를 프로그램으로 구현해 보았다.

```
# mathModule.py
import math as m
print(f"-3의 실수 절대값은 {m.fabs(-3)}")
print(f"2.5를 반올림하면 {m.ceil(2.5)}")
print(f"2.8를 소수점 이하를 버림하면 {m.floor(2.8)}")
print(f"-2.8를 소수점 이하를 버림하면 {m.floor(-2.8)}")
print(f"e**3 값은  {m.exp(3):.5f}")
print(f"자연 로그 10의 값은 {m.log(10)}")
print(f"4의 제곱근은  {m.sqrt(4)}")  #4**0.5 와 같음
```

출력

```
-3의 실수 절대값은 3.0
2.5를 반올림하면 3
2.8를 소수점 이하를 버림하면 2
-2.8를 소수점 이하를 버림하면 -3
e**3 값은  20.08554
자연 로그 10의 값은 2.302585092994046
4의 제곱근은  2.0
```

■ time 모듈

time 모듈은 시간 관련 다양한 함수를 지원한다. 여기서는 최소한의 것만을 알아볼 것이다. time 모듈은 time( ) 함수를 가지고 있다. 이 함수는 1970년 1월 1일 0시 0분 0초부터 경과한 시간을 초 단위로 계산하여 돌려준다.

100만분의 1초까지의 정확도로 표현할 수 있다.

```
>>> import time
>>> time.time( ) #초 단위로 반환하며, 정확도는 100만분의 1초
1613463021.254864
```

여기서 localtime( ) 함수를 사용하여 time( ) 함수로 얻은 값을 날짜와 시간의 형태로 변환하여 돌려준다. localtime은 해당 지역의 시간대에 맞춰서 값을 돌려준다.

```
>>> t = time.time()
>>> time.localtime(t)  #해당 지역의 시간에 맞춰서 날짜와 시간 정보를 돌려줌
time.struct_time(tm_year=2021,  tm_mon=2,  tm_mday=16,  tm_hour=17,  tm_min=15,  tm_sec=10,
tm_wday=1, tm_yday=47, tm_isdst=0)
>>> x = time.localtime(t)
```

위의 time_struct_time의 구조 살펴보면 tm_year, tm_mon 등의 속성 값을 볼 수 있다. 이러한 값들은 아래와 같이 개별적으로 접근이 가능하다.

```
>>> x.tm_year
2021
>>> x.tm_hour
17
>>> x.tm_mon
2
>>> x.tm_mday
16
```

그렇다면, 오늘의 날짜를 다음과 같이 문법을 적용하면 볼 수 있을 것이다. localtime( ) 함수에 파라미터를 전달하지 않으면, time.time( ) 함수에서 돌려준 현재 시간(초)을 인자(파라미터)로 사용한다.

```
>>> x = time.localtime( )     #time.localtime([sec])
>>> print(f"현재 날짜 : {x.tm_year}년 {x.tm_mon}월 {x.tm_mday}일")
현재 날짜 : 2021년 2월 16일
```

위의 방식을 사용하여 날짜와 시간 정보를 표현할 수 있지만, time 모듈에서 제공하는 strftime(시간출력포맷) 함수를 많이 사용한다. strftime( ) 함수(메서드)는 time 객체뿐만 아니라 date, datetime 객체에 대해 날짜와 시간을 다양한 방식의 문자열로 표현해 돌려준다. strftime( ) 함수에서 포맷을 적용하기 위한 규칙이 있는데, 아래는 이에 대해 정리한 것이다.

포맷코드	설명	사용 예
%a	요일을 축약하여 보여줌	sun, mon,.. 등
%A	요일을 full name으로 보여줌	Sunday, Monday,...
%w	요일을 숫자로 표시. 일=0, 토=6	0, 1, ..., 6
%d	해당 달의 일(2자리 숫자)	01, 02, ..., 31
%-d	해당 달의 일	1, 2, ..., 31
%b	달의 이름을 축약하여 보여줌	Jan, Feb, ..., Dec
%B	달의 full name	January,...
%m	달을 숫자 표현(2자리 숫자)	01, 02, ..., 12
%-m	달을 숫자로 표현	1, 2, 3, ..., 12
%y	년도를 2자리 숫자로 표현	01, 02, ..., 99
%-y	년도를 숫자로 표현	1, 2, 3, ..., 99
%Y	숫자로 full year를 표현	1965, 2022, 등
%H	시간을 24시간 단위로 표현	00, 01, ..., 23
%I	시간을 12시간 단위로 표현	00, 01, ..., 12
%p	해당 지역의 AM, PM 표시	AM, PM
%M	분 표시	00, 01, ..., 59
%S	초 표시	00, 01, ..., 59
%c	해당 지역에 맞는 날짜, 시간 표현	Mon Oct 30 05:11:07 2024
%x	해당 지역의 날짜 표현	07/31/22
%X	해당 지역의 시간 표현	07:06:05

strftime( ) 함수에 사용하는 포맷 코드를 사용해 localtime( ) 함수로 얻은 값을 우리가 원하는 형태로 출력해 볼 수 있다. 이러한 코드는 모두 외우기가 어려우니, 시간을 출력할 필요가 있을 때, 포맷 코드를 참고하여 사용하는 방법을 알고 있으면 된다.

```
>>> x = time.localtime()
>>> time.strftime("%c", x)  #strftime("출력포맷", 시간[로컬시간])
'Tue Feb 16 17:15:10 2021'
>>> time.strftime("%Y-%m-%d %H:%M:%S", x)
'2021-02-16 17:15:10'
```

time 모듈 중에서 특히 sleep(sec값) 함수는 제어나 멀티쓰레드 분야에서 많이 사용한다. 의도적인 시간 지연 등을 구현하기 위해 사용한다. sleep( ) 함수에 전달하는 초만큼 프로그램이 중지되는 효과가 있다. time.sleep(5.5) 문장을 만나면 프로그램은 5.5초 동안 중지(sleep)한 후 프로그램의 다음 문장을 수행한다. 아래에 있는 프로그램은 sleep( ) 함수를 활용한 간단한 예제이다.

```python
# sleep1.py
import time

#5회 반복하여 출력하는 간단한 프로그램
for  i  in  range(5) :
    print(f"{i} 번째 수행중입니다. 출력 후 1.2초 동안 sleep한 후 수행됩니다.")
    time.sleep(1.2) #1.2초 동안 sleep함
    x = time.time( )
    lt = time.localtime(x)
    print(time.strftime("%c", lt))
```

출력

```
0 번째 수행중입니다. 출력 후 1.2초 동안 sleep한 후 수행됩니다.
Tue Feb 16 18:14:11 2021
1 번째 수행중입니다. 출력 후 1.2초 동안 sleep한 후 수행됩니다.
Tue Feb 16 18:14:12 2021
2 번째 수행중입니다. 출력 후 1.2초 동안 sleep한 후 수행됩니다.
Tue Feb 16 18:14:13 2021
3 번째 수행중입니다. 출력 후 1.2초 동안 sleep한 후 수행됩니다.
Tue Feb 16 18:14:14 2021
4 번째 수행중입니다. 출력 후 1.2초 동안 sleep한 후 수행됩니다.
Tue Feb 16 18:14:16 2021
```

마지막으로 time.time( ) 함수를 두 군데 수행하여 시간 차이를 계산할 수도 있다.

```python
>>> x = time.time( )
>>> y = time.time()  #한 줄 씩 타이핑하여 수행하므로 두 측정 사이에 시간차이가 존재
>>> y-x  #두 코딩 시점의 시간 차 계산(단위 : 초)
5.72294807434082
```

■ datetime 모듈

datetime 모듈도 날짜와 시간을 조작할 수 있는 객체를 제공한다. 클래스를 이용한 객체 생성은 배우지 않았기 때문에 가볍게 보고 다음으로 넘어가기 바란다. 모듈 이름이 의미하듯이 datetime 모듈은 날짜(date)와 시간(time)을 제공하기 위해 제작된 모듈이다. 먼저 datetime 모듈을 사용하기 위해서는 "import datetime"을 선언해야 한다. 이후 datetime 모듈에는 datetime이라는 클래스로 생성한 객체가 존재한다. datetime 객체의 메서드 now( )는 현재의 날짜와 시간 정보를 출력 가능한 형태로 돌려준다. 직접 구현보자.

```
>>> import datetime
>>> dt= datetime.datetime.now( )  #100만분의 1초까지 표현함
>>> print("현재 날짜 및 시간 :", dt)
현재 날짜 및 시간 : 2021-02-16 18:27:20.179030
```

위의 예에서 datetime 모듈에서 datetime 객수만을 불러와 사용하면 좀 더 간단하게 코드를 표현할 수 있다. 위의 구현과 동일하게 동작하는 다른 방법을 소개하겠다.

```
>>> from datetime import datetime #import 다음은 객체명 datetime을 의미함
>>> dt = datetime.now( )  #좀 더 간단해 보이지요
>>> print("현재 날짜 및 시간 :", dt)
현재 날짜 및 시간 : 2021-02-16 18:34:08.014447
```

datetime 모듈의 datetime 객체도 strftime( ) 메서드를 지원한다. 사용 방법은 time 모듈에서 학습했던 방식과 동일하다. 한 가지 차이점이 있다면, strftime( ) 메서드를 호출할 때, 객체명.strftime( )과 같이 사용해야 한다는 것이다.

```
# datetime1.py

from datetime import datetime #datetime 객체만를 불러옴
```

```
x = datetime.now( )

print(f"현재시간 : x.strftime('%X') => {x.strftime('%X')}")

print(f"x.strftime('%Y년 %m월 %d일 %H시 %M분 %S초') :{x.strftime('%Y년 %m월 %d일 %H시 %M분 %S초')}")
```

실행결과

현재시간 : x.strftime('%X') => 18:45:13
x.strftime('%Y년 %m월 %d일 %H시 %M분 %S초') :2021년 02월 16일 18시 45분 13초

프로그램에서 시간 정보 등을 표현할 필요가 있을 경우에는 직접 코딩할 줄 아는 것이 가장 좋지만, 관련 코드가 어디에 있는지 알고 가져다 사용하는 것도 좋을 것 같다.

1. 전역 변수 a를 지역 변수 영역(함수)에서 여전히 전역 변수로 사용하고 싶다면, 지역 변수 영역에서 (   )라고 선언한 후에 사용해야 한다.

2. 아래 프로그램을 실행하였을 때, print( ) 함수에서 출력된 결과는?

```
def  demoFunc(a) :
    a = a+10
    li.append(100)


a = 20
li = [1, 2]
demoFunc(a)
li.append(3000)
print("a의 값은 ", a)
print("li의 값은 ", li)
```

3. (   ) 함수는 익명(Anonymous) 함수로 함수의 이름이 없이 정의된 함수이다.

4. (   ) 함수는 나열된 iterable 객체(쌍)들의 원소들을 순차적으로 function에 전달하여 연산된 새로운 iterator 객체를 돌려준다.

5. li = [10, 30, 100, 70, 200, 150, 55, 120]일 때, 100보다 큰 원소들만을 추출하는 filter( ) 함수를 구현하시오.

6. (   )은 하나의 파일 단위로 불러오는 개념을 의미한다고 하면, (   )는 여러 개의 모듈을 포함하고 있는 폴더를 의미한다.

7. (   ) 내장 변수는 현재 모듈의 이름을 저장하고 있다. 그런데 이 변수는 현재 직접 실행되고 있는 모듈(프로 그램)에 (   )이라는 값을 할당한다.

8. x = 3.45678654일 때, 파이썬에 기본적으로 제공하는 함수를 사용해 소수점 2자리까지만 표현하고자 한다. 기 본 함수를 사용해 이를 구현하시오.

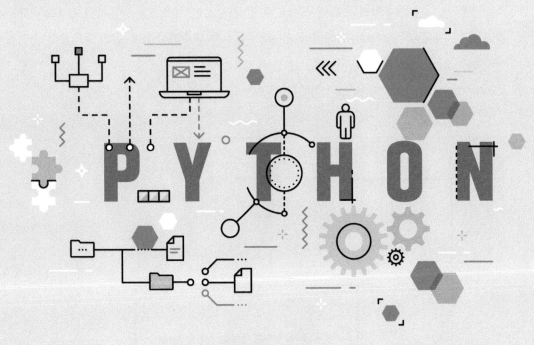

CHAPTER 9
파일 입출력
(File Input and Output)

여러분들은 지금까지 입력을 위해서는 표준 입력 장치인 키보드를 사용하였고, 표준 출력 장치인 콘솔 창에 출력하는 것을 배웠다. input( ) 함수를 사용하여 표준 입력 장치로부터 입력을 받아들이고, print( ) 함수를 사용해 표준 출력 장치에 필요한 내용을 출력한 것이다. 아래 그림은 기존의 input( ) 함수와 print( ) 함수를 사용한 표준 입출력의 예를 보여준다.

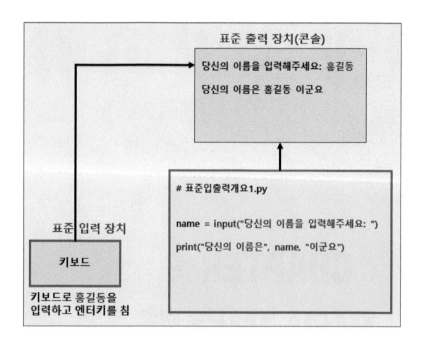

파이썬 프로그램은 하드디스크나 USB와 같은 메모리 장치에 프로그램에서 생성한 데이터들을 파일로 저장하거나 하드디스크나 USB와 같은 메모리 장치에 저장된 파일을 읽어와 프로그램에서 처리할 수 있다. 기존의 표준 입출력 장치를 사용하여 데이터를 읽거나 처리 결과를 보여주는 것과는 개념적으로 차이가 있다. 아래 그림은 파일 입출력과 관련된 기본적인 개념을 보여주는 그림이다.

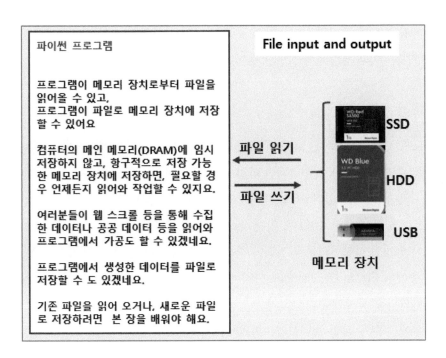

파이썬 프로그램

프로그램이 메모리 장치로부터 파일을 읽어올 수 있고,
프로그램이 파일로 메모리 장치에 저장할 수 있어요

컴퓨터의 메인 메모리(DRAM)에 임시 저장하지 않고, 항구적으로 저장 가능한 메모리 장치에 저장하면, 필요할 경우 언제든지 읽어와 작업할 수 있지요.

여러분들이 웹 스크롤 등을 통해 수집한 데이터나 공공 데이터 등을 읽어와 프로그램에서 가공도 할 수 있겠네요.

프로그램에서 생성한 데이터를 파일로 저장할 수 도 있겠네요.

기존 파일을 읽어 오거나, 새로운 파일로 저장하려면 본 장을 배워야 해요.

File input and output

파일 읽기
파일 쓰기

SSD
HDD
USB

메모리 장치

9.1 파일 입출력을 위한 기본 함수

파일 입출력의 수행은 기본 절차가 있다. 먼저 파일을 오픈해야 하고, 성공적으로 파일을 오픈하면 파일 객체를 돌려준다. 파일 객체를 사용해 파일에서 읽거나 파일에 쓰는 일을 수행해야 하며, 오픈 파일에 대한 모든 작업을 마쳤으면 파일을 닫아야 한다. 아래 그림은 파일 관련 작업을 수행하는 3단계 절차를 보여준다.

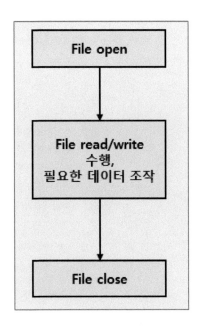

File open
↓
File read/write
수행,
필요한 데이터 조작
↓
File close

본 절에서는 파일 조작과 관련된 3단계 작업 중에서 파일 열기와 닫기를 위주로 설명하고, 파일의 읽기 및 쓰기는 이후의 절에서 설명할 것이다.

■ open( ) 함수와 close( ) 함수

파일을 읽기 모드, 쓰기 모드 혹은 읽기 및 쓰기 가능한 모드로 열기 위해 open( ) 함수를 사용한다. open( ) 함수가 정상적으로 수행되면 파일 객체(File Object)를 돌려준다. 파일 객체는 메서드(함수)와 속성을 가지고 있다. 파일 객체에서 제공하는 메서드(함수)를 사용해 열린 파일에서 읽거나 쓰는 일을 수행할 수 있다. 일단 open( ) 함수 자체에 집중해 보자. open( ) 함수를 호출할 때는 여러 개의 파라미터를 넘겨줘야 하는데, 대부분은 디폴트 설정 값을 사용하면 된다. 파라미터 중에서 file, mode, encoding까지는 알고 있어야 한다. file은 읽어올 파일명이나 새로 생성할 파일명을 경로까지 포함하여 전달하는 용도이다. 그리고 경로 정보가 없이 파일명만 있는 경우에는 현재 작업 폴더를 의미한다. mode는 파일을 읽기 용도로 사용할 것인지, 쓰기 용도로 사용할 것인지를 설정한다. encoding은 읽어올 데이터나 파일에 쓸 데이터의 인코딩 방식을 설정하기 위한 용도이다. 디폴트 인코딩은 ANSI 방식이다. 엄밀히 말하면 디폴트 인코딩은 encoding='cp949'인데, cp949 인코딩은 ANSI 인코딩을 포함한다. 그리고 텍스트 파일은 ANSI 인코딩 방식 이외에도 utf-8 인코딩 방식도 많이 사용한다.

■ 파일의 open( ) 함수의 기본 문법

```
open(file, mode='r', buffering=-1, encoding=None, errors=None, newline=None, closefd=True,
opener=None)
```

* file : 필수. 파일시스템의 경로까지 포함한 파일명. 경로가 없으면 현재 폴더임
       파일명은 대소문자를 구별하므로 주의하기 바람.
* mode : 파일을 오픈한 동안의 모드. 디폴트는 읽기 모드(r)
* encoding : 인코딩 포맷. 디폴트 인코딩은 cp949(ANSI 인코딩의 superset임)
* return 값 : 파일 객체(File object) – 메서드와 속성을 가짐

아래 그림은 open( ) 함수와 관련된 여러 가지 사용 방법을 보여준다. 그리고 오픈한 파일에 대한 조작을 완료하였으면, "파일객체명.close( )"를 수행하여 파일에 대한 추가적인 조작을 하지 않도록 닫아준다. 사용을 완료한 파일을 닫아주지 않으면 예상하지 못한 파일의 손상이 발

생할 수 있다. 즉, 파일을 닫아주면, 파일에 대한 읽기나 쓰기를 할 수 없게 하는 기능이다.

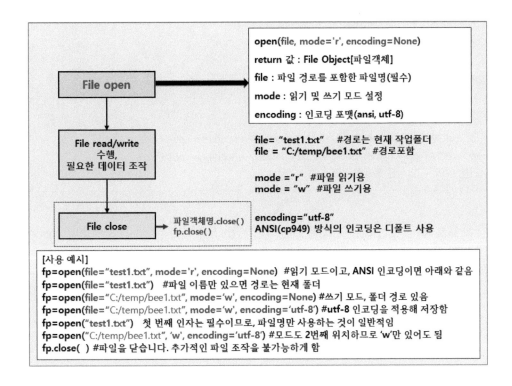

원래의 파라미터 위치에 전달하는 인자의 위치가 같으면 "key=value"형태가 아닌 "value"만 넣어주면 된다. open( ) 함수에서는 파라미터 file과 mode는 값만 전달해도 문제가 되지 않는다.

아래는 파일의 열기와 닫기만을 수행하는 간단한 프로그램 예제이다.

```python
# fileOpen1.py

#파일을 열어봅니다.
#메모장에서 encoding방식은 ANSI로 선택하여 저장
#파일명 : doc1_ansi.txt
#현재 코딩 작업중인 폴더에 저장해야 합니다.(그렇지 않으면 경로 지정이 필요함)

# 방식 1 : 파라미터 키(KEY)  file과 mode에 값을 맵핑하는 방법
fobj = open(file="doc1_ansi.txt", mode='r') #모드를 생략하면 디폴트 모드는 읽기 모드
print(fobj)
fobj.close() #파일을 닫습니다. 닫지 않으면, 예기치 않은 에러가 발생할 수 있어요.
```

```
# 방식 2 : 본래의 파라미터 위치에 값을 위치시면 맵핑을 시키지 않아도 됨
fobj = open("doc1_ansi.txt", 'r') #모드를 생략하면 디폴트 모드는 읽기 모드
print(fobj)
fobj.close()

print("여러분 위의 두 방식은 동일합니다.")
```

```
<_io.TextIOWrapper name='doc1_ansi.txt' mode='r' encoding='cp949'>
<_io.TextIOWrapper name='doc1_ansi.txt' mode='r' encoding='cp949'>
여러분 위의 두 방식은 동일합니다.
```

파일 객체를 print( ) 함수로 출력해 보면, 파일명(name), 모드(mode) 및 인코딩(encoding) 등의 정보가 기본적으로 출력되는 것을 확인할 수 있다.

그리고 존재하지 않는 파일을 읽기 위해 파일을 열면 다음과 같은 에러가 발생한다. 아래와 같이 "FileNotFoundError" 에러가 발생한다.

```
>>> fp = open("axyz.txt", mode='r')
Traceback (most recent call last):
  File "<pyshell#87>", line 1, in <module>
    fp = open("axyz.txt", mode='r')
FileNotFoundError: [Errno 2] No such file or directory: 'axyz.txt'
```

open( ) 함수의 파라미터 중 하나인 mode에 대해서 자세히 살펴보자. 대부분의 프로그래밍언어들도 여기서 소개하는 것과 유사한 방식으로 파일의 mode를 다루기 때문에 잘 익혀두면 다른 언어를 공부할 때 도움이 된다. 다양한 mode를 지원하는데, 이를 먼저 정리하면 아래와 같다. 그리고 파일을 처음 열었을 때는 파일의 시작 위치부터 조작이 가능하다. 파일의 종류는 텍스트 파일과 이진 파일로 나눌 수 있다. 텍스트 파일은 여러분들이 메모장에 열어서 내용을 확인할 수 있는 파일이다. 그러나 이진 파일은 JPG, PNG, 음성, 동영상, 실행 파일 등과 같이 메모장에 열어보면 내용을 판독할 수 없다. 이진 파일은 줄(line) 개념이 없기 때문에 줄 바꿈 등의 표시를 할 필요가 없다. mode에서 텍스트 파일은 "t"를 사용하며, 이진 파일은 "b"를 사용한다. 하지만, 텍스트 파일인 경우에는 "t"를 생략할 수 있다. 반대로 이진 파일이라면 반드시

"b"를 mode에 포함시켜야 한다. mode 값은 문자열을 사용해야 한다.

mode	파일종류	설명
r	텍스트 파일	읽기 용도로만 파일을 연다. 디폴트 모드임.
r+		읽기 및 쓰기 용도로 파일을 연다.
w		쓰기 용도로만 파일을 연다.
w+		쓰기 및 읽기 용도로 파일을 연다
a		기존 파일의 뒤에 붙여서 파일을 쓰도록 연다. 파일을 열면 기존 파일의 맨 뒤를 가리킨다. 기존 파일이 없으면, 파일을 생성하고 파일 쓰기를 한다.
a+		appending과 읽기가 가능하도록 파일을 연다. 파일이 존재하지 않으면, 새로운 파일을 생성하고, 읽기 및 쓰기가 가능하다.
x		배타적 파일 생성(파이썬 3.6이상). 파일이 존재하면 에러를 발생하지만, 파일이 존재하지 않으면 새로운 파일을 생성해 write 용도로 연다.
rb	이진 파일	이진 파일을 읽기 용도로만 파일을 연다. +추가 가능함
wb		이진 파일을 쓰기 용도로만 파일을 연다. +추가 가능함
ab		이진 파일이라는 것 이외에는 텍스트 파일의 a와 동일함. +추가 가능함
t		파일의 종류가 텍스트 파일. 생략 가능함
b		파일의 종류가 이진 파일. 생략하면 안됨
+		임의 모드 뒤에 + 기호는 읽기 및 쓰기가 가능하다는 표시임

임의의 파일에 대해 모드를 'r'로 설정하였다면, 해당 파일에 쓰기 조작은 불가능하다는 것을 반드시 명심하기 바란다.

다음으로 open( ) 함수의 파라미터 중 하나인 encoding에 대해 자세히 살펴보자. 인코딩은 문자를 저장하는 방식이다. 메모장을 이용해 파일을 저장할 때, 인코딩 방식을 선택할 수 있다. 우리는 이중에서 ANSI 방식과 UTF-8 방식을 사용할 것이다. 아래는 메모장에서 파일을 저장할 때 인코딩 방식을 선택하는 방법을 보여준다. 저장하기 전에 인코딩 방식을 미리 설정해야 한다. 예를 들어, 여러분이 파일을 UTF-8 인코딩 방식으로 저장한다면 파이썬 프로그램은 디폴트가 cp949(ANSI 방식의 superset) 방식이므로, 파일을 정상적으로 조작할 수 없다. UTF-8 인코딩 방식으로 저장된 파일을 열고자 한다면, encoding='utf-8'과 같이 open( ) 함수 호출시 넘겨줘야 한다.

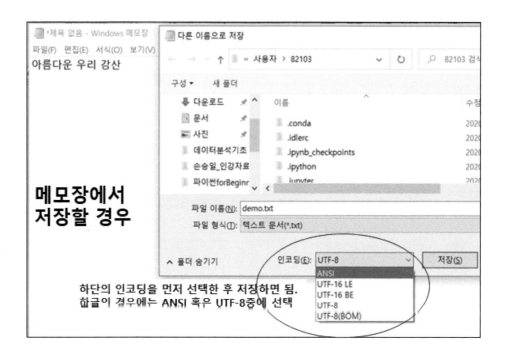

utf-8 인코딩 방식을 적용해 저장한 파일에 대해 열고, 닫기를 하는 간단한 프로그램이다. 파라미터 항목 중에서 encoding 부분을 확인해 보기 바란다.

```
# fileOpen_utf8파일.py

#utf-8 인코딩 방식을 적용해 저장한 파일을 열어봅니다.
#메모장에서 encoding방식은 utf-8로 선택하여 저장
#파일명 : doc1_utf8.txt
#현재 코딩 작업중인 폴더에 저장해야 합니다.

# 방식 1 : 파라미터 키(KEY)  file과 mode에 값을 맵핑하는 방법
fobj = open(file="doc1_utf8.txt", mode='r', encoding='utf-8')
print(fobj)
fobj.close() #파일을 닫습니다. 닫지 않으면, 예기치 않은 에러가 발생할 수 있어요.

# 방식 2 : 본래의 파라미터 위치에 값을 위치시면 맵핑을 시키지 않아도 됨
#encoding=은 생략하면 안됩니다.(utf-8, 혹은 UTF-8 모두 가능)
fobj = open("doc1_utf8.txt", 'r', encoding='UTF-8') #모드를 생략하면 디폴트 모드는 읽기 모드
print(fobj)
```

```
fobj.close()

print("여러분 위의 두 방식은 동일합니다.")
```

```
<_io.TextIOWrapper name='doc1_utf8.txt' mode='r' encoding='utf-8'>
<_io.TextIOWrapper name='doc1_utf8.txt' mode='r' encoding='UTF-8'>
여러분 위의 두 방식은 동일합니다.
```

다시 파일 객체에서 제공하는 메서드(함수)와 속성을 알아보자. 파일 객체에서 제공하는 메서드를 사용해 외부 파일을 읽거나 외부 파일에 쓸 수 있기 때문에 잘 알고 있어야 한다. 다만, 파일 읽기와 쓰기 등에 대해서 이어지는 절에서 더 자세히 설명할 것이다. 파일 객체에서 제공하는 속성(Attribute)에 대해 먼저 알아보자. 이러한 속성은 파일 입출력을 학습하는데 있어서 중요한 것은 아니기 때문에 간단히 인지만 하고 있어도 된다. 4개 정도의 속성만 소개하겠다. 사용법은 "파일객체명.속성"으로 사용하면 해당 속성 값을 알려준다.

파일 객체의 속성(Attribute)	설명
closed	파일이 닫혔다면, True를 돌려줌
mode	파일의 mode를 돌려줌
name	파일의 경로를 포함한 파일명을 돌려줌.
encoding	파일의 인코딩 방식을 돌려줌

```
# 파일속성보기.py

fobj = open("doc1_utf8.txt", mode='r', encoding='utf-8')
print(fobj)
print(f"fobj.closed : {fobj.closed}")
print(f"fobj.mode : {fobj.mode}")
print(f"fobj.name : {fobj.name}")
print(f"fobj.encoding : {fobj.encoding}")
fobj.close()

print(f"파일을 닫은 후 fobj.closed : {fobj.closed}")
```

```
<_io.TextIOWrapper name='doc1_utf8.txt' mode='r' encoding='utf-8'>
fobj.closed : False
fobj.mode : r
fobj.name : doc1_utf8.txt
fobj.encoding : utf-8
파일을 닫은 후 fobj.closed : True
```

이제는 파일 객체가 제공하는 메서드(함수)들을 알아보자. 여러분들은 파일 객체가 제공하는 메서드를 사용해 열린 파일에 대한 조작을 할 수 있다. 중요한 메서드들을 정리해 보았다. 메서드를 사용하는 방법은 "파일객체명.메서드명( )"과 같은 방식으로 호출하면 된다.

메서드(Method)	설명
read( )	파일의 전체 내용을 하나의 문자열로 돌려줌
read(size)	텍스트 파일: size 문자수만큼의 문자열을 돌려줌(size=정수) 　　　　: 탈출 문자도 하나의 문자로 취급함. 이진 파일 : size 바이트만큼의 바이트 값들을 돌려줌
readline( )	파일에서 한 줄을 문자열로 돌려줌('\n'까지가 한 줄로 인식됨)
readlines( )	파일 전체에서 각 줄을 문자열 원소로 하는 리스트를 돌려줌
write(data)	문자열 data를 파일에 저장함
writelines(iterable)	각 원소가 문자열로 구성된 iterable한 객체를 넘겨주면 전체를 하나의 파일로 연결하여 저장함
seek(offset, whence)	파일 시작부터 offset만큼 떨어진 위치로 포인터를 변경함. whence : 　0 : 파일의 시작부터 offset(디폴트) 　1 : 파일의 현재 위치부터 offset 　2 : 파일의 마지막 위치로부터의 offset
tell( )	열린 파일의 현재 포인터 위치를 돌려줌

아래 텍스트 파일을 불러와 seek( )와 tell( ) 메서드를 수행해 보도록 하자. seek( )와 tell( )은 간단히 살펴보기만 할 것을 권고하는 바이다. 파일명은 introductionOfDept.txt 이며, ANSI 인코딩 방식으로 저장하였다.

- introductionOfDept.txt 파일

> The emergence of new information technology is an important keyword that dominates the 21st century, and the development and application of new technologies using computers and communications have become the most important tasks.
> Especially, with the development of integrated IT convergence technology such as IOT (Internet of Things), modern society is changing the way of life and work by exchanging information with both individuals and organizations.

```
# seek와tell메서드.py

#ANSI 인코딩 방식으로 저장한 파일명
fobj = open("introductionOfDept.txt", mode='r')
str =""
#seek(offset, whence) : whence의 설정에 따라 offset만큼 떨어진 위치로 포인터 변경함.
#파일 포인터의 시작 값은 0부터임

fobj.seek(50) #파일 포인터를 50으로 바꾸자
#fobj.tell( ) #파일에서 현재 파일 포인터의 값을 돌려줌
print(f"fobj.seek(50) 수행 후 fobj.tell( ) 수행하면, 포인터 값은 {fobj.tell( )}")

str = fobj.read(9) # 포인터가 가리키는 위치부터 9문자를 읽어서 돌려줌(read(size))
print(f"fobj.read(9) 수행 : {str}")

fobj.close()
```
실행 결과
```
fobj.seek(50) 수행 후 fobj.tell( ) 수행하면, 포인터 값은 50
fobj.read(9) 수행 : important
```

9.2 파일 읽기

앞 절에서 간단히 언급한 바와 같이 외부 파일을 읽어서 처리하는 것은 중요한 부분이다. 파일의 읽기와 관련된 메서드를 다시 정리하면 다음과 같다.

메서드(Method)	설명
read( )	파일의 전체 내용을 하나의 문자열로 돌려줌
read(size)	size 문자수만큼의 문자열을 돌려줌(size=정수)
readline( )	파일에서 한 줄을 문자열로 돌려줌('\n'까지가 한 줄로 인식됨)
readlines( )	파일 전체에서 각 줄을 문자열 원소로 하는 리스트를 돌려줌

위와 같이 파일을 열어서 파일 객체를 생성하면, 몇 가지 방법으로 파일의 내용을 읽을 수 있다. 아래 그림을 잘 살펴보기 바란다.

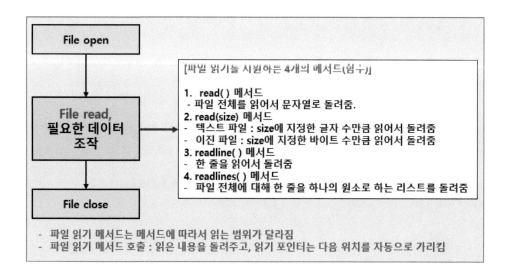

파일 읽기와 관련된 설명을 위해 외부 파일로 아래와 같은 "파일읽기설명서.txt" 파일을 사용할 것이다. utf-8 인코딩 방식으로 저장하였다.

> 이 파일은 utf-8 인코딩 방식으로 저장할 것이다.
> 외부 파일에서 읽어와 처리하는 것을 배우고 있다.
> 에디터에서 엔터키를 치면 줄 바꿈이 발생한다.
> 줄 바꿈 표시는 '\n'으로 표시된다.
> 한 줄이란 '\n'을 포함한 것까지를 의미한다.

이제부터 파일 읽기 메서드들이 "파일읽기설명서.txt" 파일에 대해 위에서 설명한 바와 같이 실제 동작을 하는지 살펴보자. 먼저 read( )와 read(size) 메서드를 보자. read( ) 메서드는 파일 전체를 읽어서 문자열로 돌려주고, read(size)는 size 값을 할당한 문자 수만큼 읽어서 문자열로 돌려주며, 호출할 때마다 다음 위치에서 읽어오는 것을 확인할 수 있을 것이다.

```python
# fileReadMethod.py

fobj = open("파일읽기설명서.txt", 'r', encoding='utf-8')
data = ""
#파일 전체를 읽어보자.
data = fobj.read( ) #파일 전제 내용을 문자열로 돌려줌

print(f"fobj.read( ) 를 사용해 읽은 내용 : \n{data}")

#size 문자수(혹은 바이트수[이진데이터])만큼 읽어서 돌려줌
fobj.seek(0) #읽기 포인터를 처음으로 이동시(앞의 read( )에서 읽기 포인터를 맨 뒤로 변경했음)
data = fobj.read(10) #10개의 문자를 돌려줌
print(f"fobj.read(10) 호출 : {data}")
data = fobj.read(30) #30개의 문자를 돌려줌(이전에 읽은 내용 다음 것)
print(f"fobj.read(30) 호출 : {data}")
fobj.close()
```

실행 결과
```
fobj.read( ) 를 사용해 읽은 내용 :
 이 파일은 utf-8 인코딩 방식으로 저장할 것이다.
외부 파일에서 읽어와 처리하는 것을 배우고 있다.
에디터에서 엔터키를 치면 줄 바꿈이 발생한다.
줄 바꿈 표시는 '\n'으로 표시된다.
한 줄이란 '\n'을 포함한 것까지를 의미한다.
fobj.read(10) 호출 :  이 파일은 utf
fobj.read(30) 호출 : -8 인코딩 방식으로 저장할 것이다.
외부 파일에서 읽
```

이제 readline( ) 메서드를 알아보자. 이 메서드가 호출될 때마다 한 줄 씩 읽어서 돌려주고, 읽기 포인터는 다음을 자동으로 가리킨다. 아래 예를 살펴보자. 아래는 현재 코딩하고 있는 폴더와 외부 파일이 동일한 폴더에 있을 경우이다.

```
>>> import os
>>> os.getcwd( ) #외부 파일이 해당 폴더에 들어있는지 확인하기 위해 사용함
'C:\\Users\\admin\\AppData\\Local\\Programs\\Python\\Python39'
>>> fobj = open("파일읽기설명서.txt", 'r', encoding='utf-8')
>>> fobj.readline( ) #한 줄 읽어서 돌려줌
'\ufeff이 파일은 utf-8 인코딩 방식으로 저장할 것이다.\n'
#위에서 \ufeff를 나오지 않게 하려면, encoding 옵션을 utf-8-sig로 변경할 것
>>> fobj.readline( ) #한 줄 읽어서 돌려줌
'외부 파일에서 읽어와 처리하는 것을 배우고 있다.\n'
>>> fobj.readline( ) #한 줄 읽어서 돌려줌
'에디터에서 엔터키를 치면 줄 바꿈이 발생한다.\n'
```

만약에 여러분이 코딩을 수행하고 있는 폴더와 외부 파일이 위치한 폴더가 일치하지 않을 경우에는 다음과 같이 코딩을 변경해야 한다.

```
>>> fobj = open("C:\\Users\\admin\\파일읽기설명서.txt", 'r', encoding='utf-8')
>>> data = fobj.readline( )
>>> data
'\ufeff이 파일은 utf-8 인코딩 방식으로 저장할 것이다.\n'
>>> print(data)
 이 파일은 utf-8 인코딩 방식으로 저장할 것이다.
```

그런데, 여러분 파일의 처음에 '\ufeff' 추가되어 있는 것을 확인할 수 있네요. 이러한 경우에는 실제 print( )함수로 출력하면 보이지 않는데, 이것을 꼭 제거하고 싶다면 아래와 같이 인코딩을 바꿔주면 된다. 중요한 것은 아니다. 그리고 인코딩시에 인코딩을 "utf-8(BOM 없음)"으로 설정해 다시 저장해도 된다.

```
>>> fobj = open("C:\\Users\\admin\\파일읽기설명서.txt", 'r', encoding='utf-8-sig')
>>> fobj.readline( )
'이 파일은 utf-8 인코딩 방식으로 저장할 것이다.\n'
>>> fobj.readline( )
'외부 파일에서 읽어와 처리하는 것을 배우고 있다.\n'
```

사실 파일 객체는 iterator 객체이다. 따라서 파일 객체에 대해 for~in 문을 적용하여 파일 읽기를 구현할 수 있다. for~in 문을 수행하면, 파일 객체는 한 줄 단위로 문자열 데이터를 넘겨준다. 아래 예제를 잘 살펴보자.

```
# fileReadlineMethod1.py

fobj = open("파일읽기설명서.txt", 'r', encoding='utf-8')

#아래는 한 줄을 얻어서 한 글자씩 출력하는 예임
#for oneChar in fobj.readline() :
#    print(oneChar)

#for~in문을 사용하여 파일 전체를 한 줄 씩 출력하기
for line  in fobj :    #파일 객체는 iterator 객체임
    print(line, end='') #print 함수의 줄 바꿈을 하지 않기 위해 end=''

fobj.close()
```

출력
```
이 파일은 utf-8 인코딩 방식으로 저장할 것이다.
외부 파일에서 읽어와 처리하는 것을 배우고 있다.
에디터에서 엔터키를 치면 줄 바꿈이 발생한다.
줄 바꿈 표시는 '\n'으로 표시된다.
한 줄이란 '\n'을 포함한 것까지를 의미한다.
```

이제는 while 문에서 readline( ) 메서드를 사용해 파일 전체를 읽는 프로그램을 작성해 보자.

```
# fileReadlineWhile.py

fobj = open("파일읽기설명서.txt", 'r', encoding='utf-8')

#while문을 사용하여 파일 전체를 한 줄 씩 출력하기
while  True :
    line = fobj.readline( )
    if  not line :  #line 데이터가 None(Null)이라면
        break
```

```
        print(line, end='')

fobj.close()
```

이 파일은 utf-8 인코딩 방식으로 저장할 것이다.
외부 파일에서 읽어와 처리하는 것을 배우고 있다.
에디터에서 엔터키를 치면 줄 바꿈이 발생한다.
줄 바꿈 표시는 '\n'으로 표시된다.
한 줄이란 '\n'을 포함한 것까지를 의미한다.

with~as 구문을 사용하면 close( ) 메서드를 사용하지 않아도 되는 장점이 있기 때문에 파일 입출력 관련하여 종종 사용된다.

■ with ~ as : 구문의 기본 문법

```
with open(......)    as  fileObject :
    fileObject.readline( )
    .......
    #fileObject.write("this is demo")
```

• 특징 : 파일을 닫지 않아도 with 문이 종료되면 자동으로 파일을 닫음.

아래 예를 살펴보자.

```
# fileWithAs.py

fobj = open("파일읽기설명서.txt", 'r', encoding='utf-8')
data = ''

with open("파일읽기설명서.txt", 'r', encoding='utf-8') as fobj :
    data = fobj.readline( )
    print(data, end='')
    data = fobj.readline( )
    print(data, end='')

#fobj.close()  : with 구문을 사용하면 close( ) 메서드가 필요없음.
```

이 파일은 utf-8 인코딩 방식으로 저장할 것이다.
외부 파일에서 읽어와 처리하는 것을 배우고 있다.
<<이하 생략>>

마지막으로 readlines( ) 메서드에 대해 알아보자. 이미 언급한 바와 같이 readlines( ) 메서드는 파일 전체에 대해 한 줄을 하나의 원소로 하는 리스트를 돌려준다. 아래 예제를 살펴보자.

```python
# fileReadlinesMethod.py

fobj = open("파일읽기설명서.txt", 'r', encoding='utf-8-sig')
data = ''

data = fobj.readlines( ) #각 줄을 하나의 문자열 원소로 하는 리스트를 돌려줌
print(f"fobj.readlines( )를 적용하기 :\n{data}")

fobj.close()
```

실행 결과

fobj.readlines( )를 적용하기 :
['이 파일은 utf-8 인코딩 방식으로 저장할 것이다.\n', '외부 파일에서 읽어와 처리하는 것을 배우고 있다.\n', '에디터에서 엔터키를 치면 줄 바꿈이 발생한다.\n', "줄 바꿈 표시는 '\\n'으로 표시된다.\n", "한 줄이란 '\\n'을 포함한 것까지를 의미한다."]

다음은 readlines( ) 메서드를 사용해 읽은 리스트 데이터를 for~in 문을 사용해 한 줄 씩 출력하는 프로그램이다.

```python
# fileReadlinesMethod1.py

fobj = open("파일읽기설명서.txt", 'r', encoding='utf-8-sig')
data = []

data = fobj.readlines( ) #각 줄을 하나의 문자열 원소로 하는 리스트를 돌려줌
```

```
#for~in 문을 사용해 한 줄씩 출력해보자.
for line  in data :  #for line in fobj.readlines( ) :와 동일함
    print(line, end='')

fobj.close()
```

이 파일은 utf-8 인코딩 방식으로 저장할 것이다.
외부 파일에서 읽어와 처리하는 것을 배우고 있다.
에디터에서 엔터키를 치면 줄 바꿈이 발생한다.
줄 바꿈 표시는 '\n'으로 표시된다.
한 줄이란 '\n'을 포함한 것까지를 의미한다.

9.3 파일 쓰기

여러분이 프로그램에서 생성한 데이터를 파일로 저장할 수 있다. 아래는 이전에 간단히 언급하였던 파일 쓰기 관련 메서드이다.

메서드(Method)	설명
write(data)	문자열 data를 파일에 저장함
writelines(iterable객체)	각 원소가 문자열로 구성된 iterable한 객체를 넘겨주면 전체를 하나의 파일로 연결하여 저장함. 사용할 수 있는 iterable객체는 리스트, 튜플, 문자열이며, 단 각 원소는 문자열이어야 함.

위의 메서드를 그림으로 표현하여 정리하면 다음과 같다.

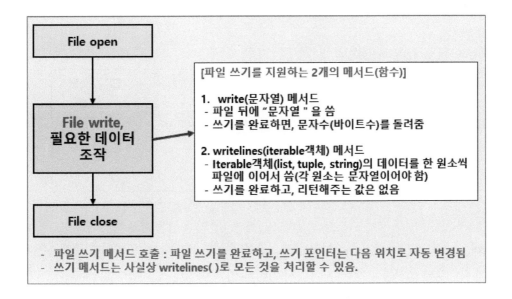

먼저 write( ) 메서드에 대해 알아보자. 언급한 바와 같이 write( ) 메서드는 파라미터로 문자열을 넘겨준다. 그리고 인코딩은 디폴트 인코딩인 ANSI 인코딩(CP949) 방식을 사용하여 저장할 것이다. 따라서 encoding 파라미터는 디폴트 값을 사용한다. 아래 예제를 살펴보자.

```python
# fileWriteMethod1.py

fobj = open("파일저장1.txt", 'w') #ANSI(CP949) 인코딩을 사용함

li = ["홍길동", "25세", "영화감상"]

#write메서드를 사용해 하나씩 데이터를 저장해 보자.
fobj.write(li[0])
fobj.write(li[1])
fobj.write(li[2])
fobj.write("저장을 완료하였음\n프로그램을 종료함")

#여러분 아래와 같이 숫자와 딕셔너리 등 문자열이 아닌 것은 저장할 수 없어요.
#저장을 시도하면 에러가 발생합니다.
#fobj.write(125)
#fobj.write({"이름":"홍길동"})
fobj.close()
```

메모장으로 열어보면 아래와 같은 결과

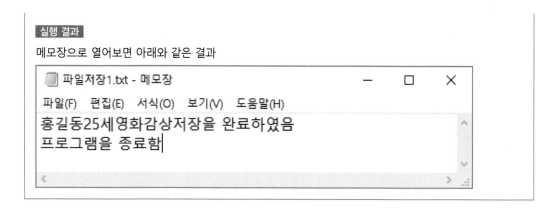

open( ) 메서드의 mode가 'w'이면 프로그램을 수행할 때마다 기존 파일이 존재하면 항상 파일의 처음부터 쓰기를 수행한다. 따라서 기존 파일에 이어서 쓰고 싶다면, mode를 'a'로 변경하면 된다. 물론 기존 파일이 존재하지 않으면 파일을 새롭게 생성하고, 처음부터 파일 쓰기를 수행한다. 위에서 작성한 프로그램에 이어서 파일 쓰기를 수행해 보자.

```
# fileWriteAppend.py

fobj = open("파일저장1.txt", 'a') #ANSI(CP949) 인코딩을 사용함, 기존 파일에 이어쓰기

#기존 파일에 이어쓰기를 구현해 보자.
fobj.write("이 부분은 기존 파일에 이어쓰기를 한 첫 번째 문장이다.\n")
fobj.write("두 번째 호출되 write( )를 호출하여 이어쓰기를 진행하고 있다.")

fobj.close()
```

메모장으로 열어보면 기존 파일의 내용에 이어쓰기가 되어 있음

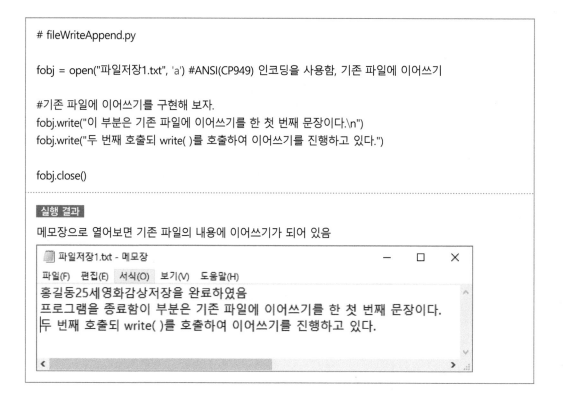

write( ) 메서드는 파일에 문자열 쓰기를 수행하고, 파일에 쓴 문자의 수를 돌려준다. 간단히 아래를 참고하기 바란다.

```
>>> fobj = open("demo.txt", "w")
>>> fobj.write("Hello Guys!!!") #파일 쓰기를 수행하고 문자수를 리턴해줌
13
```

이제는 writelines( ) 메서드를 알아보자. 이미 설명한 바와 같이 writelines( ) 메서드는 파라미터로 리스트, 튜플, 문자열 등 3가지 종류의 데이터를 받아서 처리할 수 있다. 각 원소들은 파일에 연속적으로 쓰여 진다. 아래 예제를 확인해 보자.

```python
# fileWritelinesMethod1.py

fobj = open("writelines파일.txt", 'w') #ANSI(CP949) 인코딩을 사용, 기존 파일에 이어쓰기

li = ["이름", "나이", "주소"]
tu = ("행복", "사랑", "연민", "봉사")
str = "문자열도 지원하는 것을 알 수 있지요."

#단, 각 원소들은 문자열이어야 함
fobj.writelines(li) #list로 쓰기
fobj.writelines('\n') #줄 바꿈
fobj.writelines(tu) #tuple로 쓰기
fobj.writelines('\n') #줄 바꿈
fobj.writelines(str) #문자열로 쓰기
fobj.close()
```

실행 결과

해당 파일을 메모장으로 열어보기

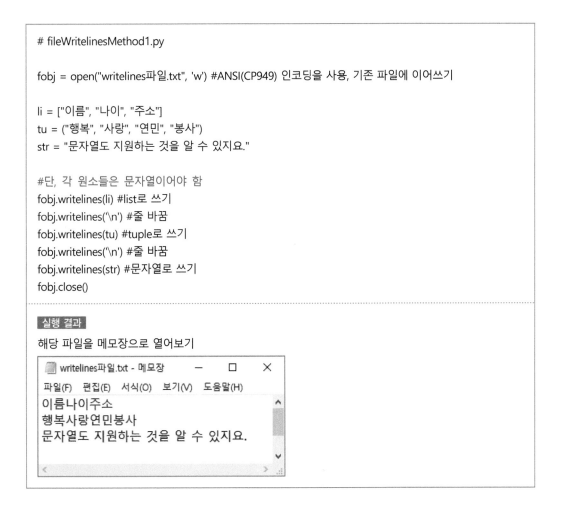

with~as 구문을 사용하여 파일 쓰기를 수행할 수 있다. 이전 설명한 파일 읽기와 방식은 동일하다. 아래는 위에서 설명한 프로그램을 with~as 구문을 사용하여 구현한 것이다. 동일한 결과를 얻을 수 있으며, with~as 구문 종료시 파일을 자동으로 닫기 때문에 close( ) 메서드를 사용할 필요가 없다.

```
# withAsWritelines.py

li = ["이름", "나이", "주소"]
tu = ("행복", "사랑", "연민", "봉사")
str = "문자열도 지원하는 것을 알 수 있지요."

with open("with를사용한write.txt", 'w')  as  fobj :
    fobj.writelines(li) #list로 쓰기
    fobj.writelines('\n') #줄 바꿈
    fobj.writelines(tu) #tuple로 쓰기
    fobj.writelines('\n') #줄 바꿈
    fobj.writelines(str) #문자열로 쓰기
#fobj.close() with 문을 사용하면 파일 close가 자동으로 됨
```

외부의 파일을 새로운 파일로 복사하는 프로그램을 만들어보자. 지금까지 배운 파일 읽기 및 쓰기를 사용하면 쉽게 구현할 수 있다. 3가지 방식으로 구현하였는데, 2가지 방식은 주석 처리하였다. 확인을 원하는 방법만 주석을 해제하고, 나머지는 주석 처리하여 수행해 보기 바란다.

```
[poem.txt : 원본 파일]
poem
a piece of writing in which the words are arranged in separate lines,
often ending in rhyme, and are chosen for their sound and
for the images and ideas they suggest
```
```
# fileCopy.py

fobj1 = None  #읽기용 파일객체
fobj2 = None  #쓰기용 파일객체
data = None  #읽온 파일을 저장히는 용도
```

```
fobj1 = open("poem.txt", 'r')
fobj2 = open("poemCopy.txt", 'w')

#방식1(전체를 읽어서 한번 파일쓰기를 수행)
data = fobj1.read( ) #파일 전체를 문자열로 읽음
fobj2.write(data)

#방식2(전체를 리스트로 읽고, 리스트로 씀)
#data = fobj1.readlines( ) #파일 전체를 한 줄을 하나의 원소로 하는 리스트
#fobj2.writelines(data)

#방식3(한 줄씩 읽어서, 한 줄씩 쓰기)
#for  line in fobj1 : #fobj1은 iterable 객체
#    fobj2.write(line)

fobj1.close()
fobj2.close()
```

실행 결과

poemCopy.txt 파일을 열어보면 원본과 동일함을 확인할 수 있음.

다음은 1부터 100사이의 정수를 모두 더하여 결과를 도출하는 프로그램이다. 그런데 덧셈에 사용되는 데이터와 덧셈 결과를 "sumTest.txt" 파일에 저장한다고 하자.

```
# FileSum.py

fobj = open("sumTest.txt", 'w')
sum = 0

fobj.write("sum을 구하기 위해 사용한 데이터 : \n")
for  i  in range(1, 101) :
    temp = str(i)+" "  #숫자를 문자로 변경하여 출력하고 한 칸 띄우기
    fobj.write(temp)
    if i % 10 == 0 :
        fobj.write('\n')  #10개의 데이터를 쓰고 줄 바꿈함
    sum += i
```

```
fobj.write("----------------------------------\n")
fobj.write(f"모든 원소를 더한 합 = {sum}")
fobj.close()
```

sumTest.txt 파일을 열어보자.
sum을 구하기 위해 사용한 데이터 :
1 2 3 4 5 6 7 8 9 10
11 12 13 14 15 16 17 18 19 20
21 22 23 24 25 26 27 28 29 30
31 32 33 34 35 36 37 38 39 40
41 42 43 44 45 46 47 48 49 50
51 52 53 54 55 56 57 58 59 60
61 62 63 64 65 66 67 68 69 70
71 72 73 74 75 76 77 78 79 80
81 82 83 84 85 86 87 88 89 90
91 92 93 94 95 96 97 98 99 100

모든 원소를 더한 합 = 5050

이제 외부 파일 "숫자데이터15개.txt"에서 나열된 15개의 숫자를 각각의 숫자에 대한 제곱근을 계산해 콘솔에 출력하는 프로그램을 작성해 보자. 여기서는 한 줄에 여러 개의 숫자가 존재하기 때문에 문자열 한 줄을 읽은 다음에 각각의 수가 하나의 원소가 되도록 split( ) 함수를 적용해야 한다. split( ) 함수에 파라미터를 전달하지 않으면 디폴트로 공백을 기준으로 원소를 구분한다. 그런 다음 원소들을 리스트로 만들어 돌려준다.

```
[숫자데이터15개.txt 파일]
100 200 300 400 500
600 700 800 900 1000
1100 1200 1300 1400 1500
```

```
# 파일읽어서각각의루트값을출력하기.py
import math

fobj1 = open("숫자데이터15개.txt", 'r')
```

```
numLi =[] #각 숫자를 제곱근을 취해 리스트에 저장
for line  in fobj1 :  #한 줄 씩 읽음
    for num  in  line.split() :  #공백으로 구분한 숫자 배열
        temp = int(num) #문자열의 숫자를 정수로 변환
        numLi.append(math.sqrt(temp))

#제곱근의 출력은 소수점 4자리까지만 한다고 하자.
for  f  in numLi :
    print(f"{f:.4f}", end=' ')
fobj1.close()
```

실행 결과

10.0000 14.1421 17.3205 20.0000 22.3607 24.4949 26.4575 28.2843 30.0000 31.6228 33.1662 34.6410
36.0555 37.4166 38.7298

9.4 그 밖의 파일 조작

프로그램에서 외부 파일을 조작할 수 있다. 그런데 이러한 조작을 위해서는 "import os"를 수행해야 한다. 즉, os 모듈을 불러와야 한다. os 모듈에서 제공하는 몇 가지 기능만을 소개할 것이다. 아래 정리된 내용을 먼저 살펴보자. "os.함수명( )"과 같은 방식으로 호출하여 사용한다.

os 모듈 함수	설명
getcwd( )	현재 작업하고 있는 폴더 경로를 보여줌
mkdir("폴더명")	새로운 폴더를 생성함
rmdir("폴더명")	지정한 폴더를 삭제함
listdir( )	현재 폴더의 파일 목록을 보여줌

실제로 위의 함수들을 사용할 상황은 거의 발생하지 않는다. 그러나 여러분들이 알고 있으면 좋을 것 같다.

```
>>> import os
>>> os.getcwd( ) #현재의 작업 폴더 알아내기
'C:\\Users\\admin\\AppData\\Local\\Programs\\Python\\Python39'
>>> os.mkdir("test_dir") #새로운 폴더를 생성함
>>> os.listdir( ) #현재 폴더의 파일 목록을 보여줌
['data1.txt', 'demo.txt', 'DLLs', 'Doc', 'doc1_ansi.txt', 'include', 'Lib', 'libs', 'LICENSE.txt', 'NEWS.txt',
'python.exe', 'python3.dll', 'python39.dll', 'pythonw.exe', 'Scripts', 'tcl', 'test1.py', 'test_dir', 'Tools',
'vcruntime140.dll', 'vcruntime140_1.dll', '파일읽기설명서.txt']
>>> os.rmdir("test_dir") #지정한 폴더(test_dir)를 삭제함
>>> os.rmdir("xxx") #존재하지 않는 폴더를 삭제하려고 하면 에러 발생함
Traceback (most recent call last):
  File "<pyshell#82>", line 1, in <module>
    os.rmdir("xxx")
FileNotFoundError: [WinError 2] 지정된 파일을 찾을 수 없습니다: 'xxx'
```

다음은 새로운 파일을 생성하려고 할 때, 이미 존재하는 파일을 생성할 수도 있다. 이미 파일이 존재하는지의 여부와 상관없이 open( ) 함수의 mode가 파일 쓰기('w')이면, 기존 함수는 에러를 발생하지 않고 기존의 파일에 덮어쓰기를 수행한다. 이처럼 기존 파일이 손상될 수 있는 상황을 방지하기 위하여 아래와 같이 os.path 모듈은 파일의 존재 여부를 미리 확인할 수 있는 몇 가지 함수를 지원한다.

os.path 모듈 함수	설명
exists("path")	path는 파일명까지 포함할 수 있으며, 파일 존재하면 True를 돌려주고, 그
isfile("path")	렇지 않으면 False를 돌려줌
isdir("path")	path가 폴더이면 True를 돌려주고, 그렇지 않으면 False를 돌려줌
getsize("path")	path의 파일 크기를 바이트 단위로 돌려줌

여기서는 "os.path.exists(경로)를 사용한 프로그램만 설명할 것이다. exists( ) 대신 isfile( ) 함수로 대체하면 동일한 결과를 얻을 수 있다.

```
#시간을파일명에첨가1.py
#시간을파일명에첨가1.py
import time
import os
t = time.localtime()
current_time = time.strftime('%Y_%m_%d', t)  #문자열로 리턴(년월일)

fname = 'xxx'+ current_time +'.txt'
print(fname)
fobj = None
if  os.path.exists('filter2.py') : #filter2.py파일이 존재하는 상태에서 수행해 보자.
    fobj = open(fname, 'w')
else :  #파일명이 존재하지 않으면
    fobj = open('기타파일조작1.txt', 'w')

fobj.writelines("Hello")  #파일에 쓰기 수행
fobj.close()
```

xxx2021_06_25.txt   <-- 파일을 열어보면 Hello가 저장되어 있음

9.5 이진 파일 처리하기

본 교재에서는 이진 파일에 대해서는 자세히 다루지 않을 것이다. 여기서는 간단히 이진 파일을 열어보는 예만 제시할 것이다. 이진 파일을 읽어서 특별한 작업을 할 경우에는 추가적으로 학습해야 할 것이다. 이진 파일은 메모장으로 열어보면 알 수 없는 문자들이 나열되어 있는 것을 볼 수 있다. 임의의 .PNG 파일을 메모장으로 열어보면 아래와 같이 알아 볼 수 있는 문자열을 보여준다.

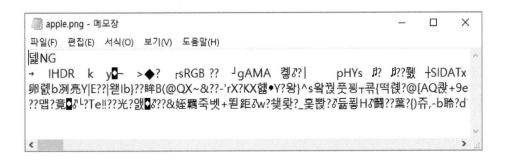

이미지 처리 등을 위해 이러한 파일을 읽어서 조작할 수 있는데, 이러한 이진 파일을 읽어보자. 예에서는 한 바이트 씩 읽고 있다.

```
# 이진파일읽기.py

fobj = open("apple.png", 'rb') #이진파일은 mode에 b가 존재해야 함

for  _  in range(100) :  #_ : 변수를 사용하지 않을 때
    oneByte = fobj.read(1) #한 바이트씩 읽음
    print(oneByte, end='')

fobj.close()
```

실행 결과

b'\x89'b'P'b'N'b'G'b'\r'b'\n'b'\x1a'b'\n'b'\x00'b'\x00'b'\x00'b'\r'b'I'b'H'b'D'b'R'b'\x00'b'\x00'b'\x00'b'k'b'\x00'b'\x00'b'\x00'b'y'b'\x08'b'\x06'b'\x00'b'\x00'b'\x00'b'>'b'\xa1'b'\xdf'b'\x9c'b'\x00'b'\x00'b'\x00'b'\x01'b's'b'R'b'G'b'B'b'\x00'b'\xae'b'\xce'b'\x1c'b'\xe9'b'\x00'b'\x00'b'\x00'b'\x04'b'g'b'A'b'M'b'A'b'\x00'b'\x00'b'\xb1'b'\x8f'b'\x0b'b'\xfc'b'a'b'\x05'b'\x00'b'\x00'b'\x00'b'\t'b'p'b'H'b'Y'b's'b'\x00'b'\x00'b'\x0e'b'\xc3'b'\x00'b'\x00'b'\x0e'b'\xc3'b'\x01'b'\xc7'b'o'b'\xa8'b'd'b'\x00'b'\x00'b'\x10'b'S'b'I'b'D'b'A'b'T'b'x'b'^'b'\xed'b'\x9d'b'\x89'b'w'b'\x14'b'U'b'\x1a'

9.6 예외(exception :try except finally 문)

예외(Exception)의 사전적 정의는 일반적인 통례나 정해진 규칙에서 벗어난 것을 의미하는 것으로, 컴퓨터 시스템의 동작 도중 예기치 못한 이상 상태가 발생하여 수행 중인 프로그램에 영향을 미치는 것을 말한다. Exception은 오류가 발생한 것에 대한 정보를 포함하고 있는 객체이다. 시스템 탈출(System Exit)을 제외한 모든 내장 예외와 사용자 정의 예외는 Exception 객체를 상속하고 있다. 이러한 Exception은 사실상 실행 과정에서 발생하는 에러로 run-time 에러에 속한다.

■ **문법 에러(Syntax Error)**

문법 에러는 파싱(Parsing) 에러라고도 한다. 이 에러는 파이썬 문장을 실행하기 위해 파이썬

언어의 문법에 맞게 작성되었지 파싱하는 과정에서 발생하는 에러로 해결책은 원래의 문법에 맞게 수정하는 것이다. 파싱 에러는 except 구분에서 해결할 수 없다.

또한, 코드 블록에 대한 들여쓰기 규칙을 위반할 경우에도 에러를 발생한다. 이러한 들여쓰기 관련 문법 에러는 Indentation Error와 TabError가 있다. 이러한 오류들은 프로그램에서 직접 코딩을 들여쓰기 문법에 맞도록 수정해야 한다.

```
>>> #파싱(Parsing error) : 문장 수행을 위해서 문법을 조사하는 과정에서 파악된 에러
>>> #에러 메시지 : invalid syntax 임.
>>> a =     #변수 a에 값을 할당하지 않았네요.
SyntaxError: invalid syntax
>>> print(10, "abc". "hell") #"abc" 다음에 콤마를 .으로 잘못 타이핑했네요
SyntaxError: invalid syntax
>>>#파싱 에러는 해당 문장을 반드시 수정해야 함.
>>> a = 100
>>> if a > 50 :
    print("a는 50보다 큽니다.")
        print("현재의 a 값은 100입니다.") #들여쓰기 잘못 되었네요.

SyntaxError: unexpected indent
```

■ 예외(Exception)

문장이나 표현식이 문법적으로 문제가 없다고 하더라도, 실행하면 에러를 발생시킬 수 도 있다. 이처럼 실행 중에 감지되는 에러들을 예외(Exception)라고 한다. 여러분들이 발생한 에러를 어떻게 처리할 것인지를 규정하지 않으면 내장된 예외들에 정의된 기본적인 에러 메시지를 출력한다. 사실 이러한 에러 메시지만을 확인해도 일반적인 프로그래머들은 에러의 원인을 파악하고 수정할 수 있을 것이다. 하지만, 프로그램으로 try~except 구문을 사용하여 run-time 에러가 발생하였을 때, 수행해야 할 일을 작성하는 것이 가능하다.

먼저 예외의 종류를 간단히 살펴보자. 모든 built-in 예외는 Base Exception 객체를 상속하지만, 사용자 정의 예외(Exception)는 Exception 객체를 상속한다. 실질적으로 Exception 객체는 built-in 예외와 사용자 정의 예외 모두가 상속하는 객체이기 때문에 중요하다. 즉, 정확한 예외 이름을 알지 못할 경우에는 Exception 객체를 통해 에러 정보를 얻어 낼 수 있다. 또한 많이 사

용하는 예외 중에서 Exception 객체를 상속하지 않는 Keyboard Interrupt 예외가 있다. Keyboard Interrupt 예외는 외부에서 CTRL-c를 누르면 프로그램을 강제로 종료시킬 때 발생한다. 내장 예외의 이름은 내장 식별자의 이름으로 사용하기 때문에 해당 exception 이름에 대응된다. 아래는 모든 예외를 정리한 것이 아니라, 자주 접하게 될 예외들을 모아 놓은 것이다. 나머지 예외들도 있지만, 대략 여기서 소개한 것까지 알면 다른 것은 크게 문제되지 않을 것이다. Base Exception 객체가 최상위 객체이고, 모든 내장 예외는 이 객체를 상속받지만, 사용자 지정 예외는 Exception 객체를 상속받는다. 따라서 예외를 처리할 경우에는 모든 내장 및 사용자 지정 예외의 최상위 객체인 Exception 객체를 사용한다. Exception 객체는 하위의 모든 객체를 포괄하기 때문에 모든 내장 예외 및 사용자 정의 예외를 일괄 처리하고자 할 경우에는 Exception을 사용하면 된다. 만약에 예외명 Arithmetic Error를 지정하면, 하위에 있는 Floating Point Error, Overflow Error, Zero Division Error를 모아서 처리할 수 있다. 그리고 최하위에 있는 Index Error를 지정하면, 지정된 에러만을 처리할 수 있다. 예외명 Key Error는 딕셔너리에서 key를 찾을 수 없을 때 발생하는 에러이다. 나머지 예외명들도 예외명에 의미가 포함되어 있으므로, 주의 깊게 살펴보기 바란다.

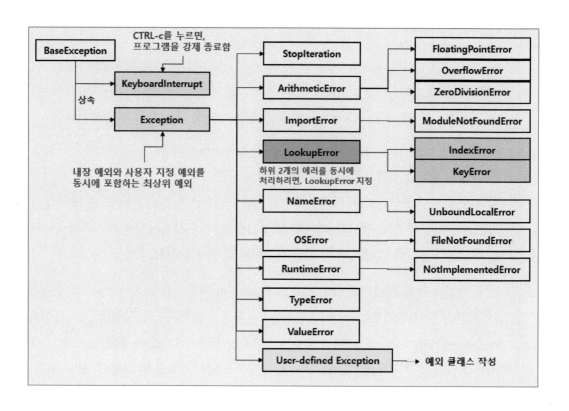

파이썬에서는 위에서 언급한 예외들이 발생하면, 처리할 수 있는 방식을 제공한다. 만약에 별도의 예외 처리를 하지 않으면, 대부분의 경우에는 에러 메시지를 출력하고 프로그램을 종료한다. 그러나 에러 처리를 할 수 있도록 하면 프로그램을 종료하지 않고 필요한 조치를 취할 수도 있다. 먼저 에러를 처리하기 위해서는 다음과 같은 문법을 사용한다.

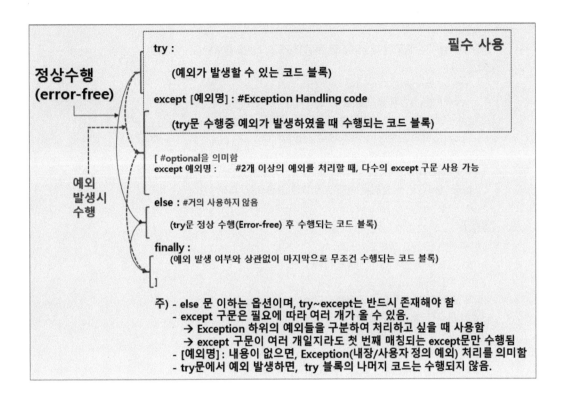

try~except 구문이 기본 구문이며, except 구문은 예외를 세분화하여 처리할 경우에는 여러 개사용할 수 있다. try 구문은 예외 발생할 수 있는 코드가 들어 있는 블록이다. 먼저 try 구문의 코드 블록을 수행하며, 예외가 발생하였을 때는 except 구문을 수행한다. 즉, except 구문은 에러가 발생하지 않으면 수행하지 않는다. 거의 사용하지는 않지만 else 구문이 있는데, try 구문을 예외 발생 없이 정상적으로 수행을 완료하면 수행하는 블록이다. 그리고 finally 구문은 에러의 발생 여부와 상관없이 마지막에 반드시 한번 수행되는 블록이다. 여기에 파일 닫기 등의 메서드(함수)를 위치시킨다. try문과 except 문을 제외한 나머지 구문은 프로그래머가 선택적으로 사용할 수 있으며, 사용하지 않아도 무방하다.

먼저 Exception과 동일 레벨에 있는 Keyboard Interrupt 예외를 살펴보자. CTRL-c 키를 누르면, 현재 수행중인 프로그램을 강제 종료한다. except 구문은 예외가 발생하면 예외를 처리하기 위해 수행하기 때문에 예외 핸들링(Handling : 조작) 코드 블록이라고 부른다.

```python
# 키보드인터럽트예외.py
import time
#프로그램이 수행중일 때 ctrl-c 를 누르면 프로그램을 종료한다.
try :
    for i in  range(10000) :
        print(f"{i+1}번째 루프를 돌고 있어요.")
        time.sleep(1.1) #1.1초 동안 프로그램 수행을 지연(중지)
        print("IoT와 관련된 실습에 많이 사용됩니다.")

except KeyboardInterrupt :
    print("ctrl-c 키를 눌러서 현재 프로그램을 종료합니다. ")
```

> **출력**
>
> 1번째 루프를 돌고 있어요.
> IoT와 관련된 실습에 많이 사용됩니다.
> 2번째 루프를 돌고 있어요.
> IoT와 관련된 실습에 많이 사용됩니다.
> 3번째 루프를 돌고 있어요.
> IoT와 관련된 실습에 많이 사용됩니다.
> 4번째 루프를 돌고 있어요.
> ctrl-c 키를 눌러서 현재 프로그램을 종료합니다.

만약에 예외 핸들링 처리를 하지 않는다면, 예외가 발생한 위치 등의 정보가 있는 traceback 정보와 예외의 종류를 출력해준다. 아래를 살펴보기 바란다. 즉, 예외가 발생하였을 때, 별도의 처리를 할 수 없다.

```python
# ctrl_c를눌러보자.py
for i in  range(10000) :
    print(f"{i+1}번째 루프를 돌고 있어요.")
    time.sleep(1.1) #1.1초 동안 프로그램 수행을 지연(중지)
    print("IoT와 관련된 실습에 많이 사용됩니다.")
```

```
출력
```

1번째 루프를 돌고 있어요.
IoT와 관련된 실습에 많이 사용됩니다.
2번째 루프를 돌고 있어요.
Traceback (most recent call last):

  File "<ipython-input-5-b49f41e26526>", line 3, in <module>
    time.sleep(1.1) #1.1초 동안 프로그램 수행을 지연(중지)
KeyboardInterrupt

예외 명으로 Exception을 사용하면 모든 내장 예외 및 사용자 정의 예외를 하나의 except 문으로 처리할 수 있다. except 문 아래의 else 문은 잘 사용하지 않지만, 사용한다면 예외가 발생하지 않으면 try 문 수행 완료 후 수행할 코드 블록이다. 아래를 살펴보자. 먼저 예외가 발생하는 프로그램이다.

```python
# exception최상위객체사용하기.py
import math

try :
    a= 10000
    #처음에는 아래와 같이 수행하고, 다음 번에는 0을 2로 바꾸어 수행해 보자.
    a = a / 0  #컴퓨터는 0으로 나누면 예외를 발생함.
    print("결과는 ", a)

except Exception :  #모든 내장 예외 및 사용자 정의 예외를 최상위 객체명
    print(f"값을 0으로 나누면, {math.inf}(무한대)가 된다.")
    print("결과는 ", math.inf)
else :  #거의 사용하지 않아요...
    print("정상적으로 계산이 완료하였네요.")
```

```
출력
```

값을 0으로 나누면, inf(무한대)가 된다.
결과는 inf

위의 예에서 except 다음에 나오는 예외명이 Exception인 경우에는 생략해도 된다. 즉, except 다음 예외명이 나오지 않고 공백이면, Exception이 생략된 것으로 생각하면 된다. 따라서 동일한 결과가 나온다.

```python
# exception최상위객체사용하기.py
import math

try :
    a= 10000
    #처음에는 아래와 같이 수행하고, 다음 번에는 0을 2로 바꾸어 수행해 보자.
    a = a / 0  #컴퓨터는 0으로 나누면 예외를 발생함.
    print("결과는 ", a)

except :  #예외명 Exception은 생략할 수 있음.
    print(f"값을 0으로 나누면, {math.inf}(무한대)가 된다.")
    print("결과는 ", math.inf)
else :  #거의 사용하지 않아요...
    print("정상적으로 계산이 완료하였네요.")
```

출력

값을 0으로 나누면, inf(무한대)가 된다.
결과는 inf

다음은 예외가 발생하지 않도록 수정한 프로그램이다. 나누는 숫자를 0에서 2로 변경한 것만 다르다. 보시면 아시겠지만, try 문의 수행을 완료하고, else 문을 수행하고 있다.

```python
# exception최상위객체사용하기.py
import math

try :
    a= 10000
    #처음에는 아래와 같이 수행하고, 다음 번에는 0을 2로 바꾸어 수행해 보자.
    a = a / 2  #컴퓨터는 0으로 나누면 예외를 발생함.
    print("결과는 ", a)
```

```
except Exception : #모든 내장 예외 및 사용자 정의 예외를 최상위 객체명
    print(f"값을 0으로 나누면, {math.inf}(무한대)가 된다.")
    print("결과는 ", math.inf)
else : #거의 사용하지 않아요...
    print("정상적으로 계산이 완료하였네요.")
```

출력

```
결과는  5000.0
정상적으로 계산이 완료하였네요.
```

만약에 여러분들이 예외 핸들링 블록에서 예외를 발생시킨 원인을 알아보기 위한 메시지를 보고 싶다면, "Exception as e"와 같이 코딩하면 된다. 여기서 e는 예외를 설명하는 메시지라고 생각하면 된다. 이러한 메시지는 본래 "예외명 : 설명 메시지" 중에서 "설명 메시지" 부분에 해당한다. 먼저 파이썬 셸에서 존재하지 않는 파일을 열어보자. 물론 아래와 같은 예외가 발생한다.

```
>>> fobj = open("alphabetta.txt", "r") #존재하지 않는 파일을 열기함
Traceback (most recent call last):
  File "<pyshell#0>", line 1, in <module>
    fobj = open("alphabetta.txt", "r") #존재하지 않는 파일을 열기함
FileNotFoundError: [Errno 2] No such file or directory: 'alphabetta.txt'
>>> # 윗 줄의 설명 : 예외명 :  예외 설명 메시지
```

"Exception as e"와 같이 코딩할 경우, e는 예외 설명 메시지 부분에 해당된다는 것이다. 즉, 예외에 대한 설명을 출력하여 보고 싶다면, 이러한 코딩을 적용하면 된다. 아래 예를 직접 살펴보자.

```
# 예외설명보기.py

#Exception as  e 사용하기[e대신 다른 변수명 사용 가능]
#e : 에러(예외)를 설명하는 메시지
try :
    fobj = open("alphabetta.txt", "r") #존재하지 않는 파일을 열기함
    a=100
    a = a/0
```

```
except Exception as e :
    print("예외의 원인 설명 메시지 : ", e)
```

출력

예외의 원인 설명 메시지 : [Errno 2] No such file or directory: 'alphabetta.txt'

Exception 객체는 모든 내장 예외와 사용자 정의 예외를 한 번에 모아서 처리할 수 있는 통로 이지만, 예외를 하위 레벨로 내려가 각각을 처리하고 싶을 경우도 있을 것이다. 이러한 경우에 는 여러 개의 except 구문을 사용할 수 있다. 이와 관련된 실습에 앞서 자주 보게 될 예외를 의 도적으로 발생시켜 보자. 아래와 같은 상황에서는 예외가 발생할 것이다.

```
>>> import keyNote #존재하지 않는 모듈 import
Traceback (most recent call last):
  File "<pyshell#3>", line 1, in <module>
    import keyNote #존재하지 않는 모듈 import
ModuleNotFoundError: No module named 'keyNote'
>>> k #한 번 할당한 적이 없는 존재하지 않는 변수 접근
Traceback (most recent call last):
  File "<pyshell#4>", line 1, in <module>
    k #한 번 할당한 적이 없는 존재하지 않는 변수 접근
NameError: name 'k' is not defined
>>> li = [1,2,3,4,5]
>>> li[100] #리스트의 인덱스 범위를 벗어나는 액세스
Traceback (most recent call last):
  File "<pyshell#6>", line 1, in <module>
    li[100] #리스트의 인덱스 범위를 벗어나는 액세스
IndexError: list index out of range
>>> a = 3 + "abc"  #숫자와 문자를 덧셈은 지원하는 않음
Traceback (most recent call last):
  File "<pyshell#7>", line 1, in <module>
    a = 3 + "abc" #숫자와 문자를 덧셈은 지원하는 않음
TypeError: unsupported operand type(s) for +: 'int' and 'str'
>>> d = {1:2, 3:4, 5:6}
>>> d[10] #존재하지 않는 키값 사용
Traceback (most recent call last):
  File "<pyshell#10>", line 1, in <module>
    d[10] #존재하지 않는 키값 사용
```

```
KeyError: 10
>>> int("오십오") #숫자의 문자열을 인자로 전달
Traceback (most recent call last):
  File "<pyshell#12>", line 1, in <module>
    int("오십오") #숫자의 문자열을 인자로 전달
ValueError: invalid literal for int() with base 10: '오십오'
```

이제 다수 개의 except 문을 구현해 보자. except 구문이 여러 개 있을 경우에는 위에서부터 아래로 서비스 가능한 예외가 존재하는지를 확인한다. 첫 번째로 일치하는 except 구문을 수행한다. 명심할 것은 조건에 맞는 예외 구문이 여러 개 있을지라도 첫 번째 해당되는 예외 구문만을 수행한다는 것을 잊지 말아야 한다. 그리고 finally 구문은 예외의 발생 여부와 상관없이 마지막에 딱 한 번 무조건 수행하는 코드 블록이다. 물론 이 구문은 옵션이기 때문에 사용 여부는 프로그래머의 판단에 의존한다.

```python
# multipleExcept문.py

try :
    a = 100
    a= a+ b #b 변수는 생성된 적이 없음
    fobj = open("없는파일.txt") #디폴트 읽기
except NameError :
    print("생성된 적이 없는 변수를 사용하네요.")
except FileNotFoundError :
    print("존재하지 않는 파일입니다.")
except KeyError :
    print("딕셔너리에서  키 값이 존재하지 않습니다. ")
except : #위의 예외를 제외한 나머지 예외는 여기서 처리함
    print("나머지 예외들입니다. ")
else  :  #try 문이 정상적으로 수행되었을 경우 수행되는 블
    fobj.close()
finally :  #마지막에 무조건 한 번 수행됨
    print("항상 마지막에 수행되는 finally문 :" + "프로그램의 수행을 종료합니다.")
```

출력

생성된 적이 없는 변수를 사용하네요.
항상 마지막에 수행되는 finally문 :프로그램의 수행을 종료합니다.

■ raise 키워드를 사용한 강제 예외 발생

파이썬 프로그래머는 강제적으로 예외를 발생시킬 수 있다. 강제적인 예외를 발생시키기 위해 raise 문을 사용한다. 프로그래머가 직접 예외 클래스를 작성하여 예외 객체를 생성하는 사용자 정의 예외는 클래스를 배우지 않았기 때문에 여기서는 다루지 않기로 한다. 다만, 기존의 예외 객체를 활용하여 특정 조건을 판별하여 예외를 직접 발생시키는 방법을 알아볼 것이다. 기존의 예외 객체를 활용한 예외 강제 발생 기본 문법은 다음과 같다.

■ raise 기본 문법

```
raise  built-inException[("예외설명message")]
```

- [ ] ; Optional 무자역윽 넣어주며, 예외 석멸 메시지를 넘겨줌
- Ex] raise Exception
      raise Exception("예외가 발생하였군요.")
      raise NameError
      raise NameError("변수를 할당한 적이 없습니다.")
      raise IndexError
      raise IndexError("인덱스 에러가 발생하였습니다.")

아래에서 몇 가지 예를 살펴보자. 가장 많이 사용하는 것이 Exception 예외를 사용하는 것이다. raise 키워드 다음에 나오는 예외명에 대응되는 예외로 진입한다. Exception 예외에 적절한 예외 핸들링 루틴을 작성하면 된다.

```python
# raiseExcept1.py

try :
    li = [1, 2, 3, 4]

    if 5 not in  li :
        raise Exception  #Exception 예외를 강제 발생시킴
except Exception : # Exception 은 생략 가능
    print("숫자 5는 li의 원소가 아니군요")
```

출력
숫자 5는 li의 원소가 아니군요

위의 프로그램에서 약간만 변형하여 Exception 예외를 발생시킬 때, 예외 메시지를 전달할 수 있다. Exception("예외설명메시지")와 같이 작성하면 된다. 예외 설명 메시지를 확인하고 싶으면, "except Exception as e :" 구문을 사용하면 된다.

```
# raiseExcept2.py

try :
    li = [1, 2, 3, 4]

    if 5 not in  li :
        raise Exception("숫자 5는 li에 없는 원소입니다.")
except Exception as e : # Exception 은 생략 가능
    print("예외 설명 : ", e)
```

출력
예외 설명 : 숫자 5는 li에 없는 원소입니다.

대부분의 경우에는 기존의 예외명을 사용하여 예외를 강제 발생시킬 경우에는 Exception을 사용한다. 하지만, 하위 예외에 속하는 특정 예외로 지정하여 예외를 발생시킬 수 있다. 그렇지만, 이러한 방식은 그다지 권고하고 싶지는 않다. 간단히 참고하기 바란다.

```
# raiseExcept3.py

try :
    a = 200
    if a > 100 :
        raise ValueError("a 값은 100보다 크면 안됩니다.")

except  ValueError as e :
    print("예외 메시지 :", e)
```

출력
예외 메시지 : a 값은 100보다 크면 안됩니다.

그런데 내장 예외 객체를 사용하고, 예외 핸들링 루틴을 특별히 조작할 필요가 없다면, 굳이 try~except 문을 사용하지 않아도 된다. 여러분들이 try~except 문을 배우기 전에도 예외가 발생하면 프로그램이 종료되면서 해당 예외에 대한 traceback 정보와 예외 설명 메시지가 출력된 것과 같은 의미이다.

```
# raiseExcept4.py

a = 200
if a > 100 :
    #아래에서 예외의 종류는 ValueError이고, 메시지는 괄호 안의 내용임
    raise ValueError("a 값은 100보다 크면 안됩니다.")
```

출력

```
Traceback (most recent call last):

  File "C:\Users\admin\raiseExcept4.py", line 6, in <module>
    raise ValueError("a 값은 100보다 크면 안됩니다.")

ValueError: a 값은 100보다 크면 안됩니다.
```

9장 연습 문제

1. 파일을 다루는 시퀀스는 (   ) - (파일에 대한 조작) - (파일 닫기) 순으로 이루어진다.

2. 먼저 아래에 제시된 텍스트 파일을 저장한 다음에 질문에 지시된 내용에 따르시오.

   > [파일명 : testSample.txt, 저장 인코딩 방식 : ansi]
   > Lorem Ipsum is simply dummy text of the printing and typesetting industry.
   > Lorem Ipsum has been the industry's standard dummy text ever since the 1500s, when an unknown
   > printer took a galley of type and scrambled it to make a type specimen book.

   1) readline( ) 함수를 사용하여 모든 텍스트의 내용을 읽어서 출력하시오.

   2) 파일을 오픈한 다음에 아래 내용을 파일의 끝 부분에 추가하여 저장하시오. writeline( ) 함수도 반드시 사용
      하세요.

   > [파일에 추가할 내용]
   > Contrary to popular belief, Lorem Ipsum is not simply random text.

   3) 2)까지를 수행한 이후에 다시 파일을 읽어 들인 후 for~in을 사용해 파일 객체(File Object)에 대해 전체 내
      용을 읽어서 print( ) 함수를 사용해 출력하시오.

   4) with ~as 구문을 사용하여 파일을 읽어서 출력하시오.

3. try ~ except 구문에 대한 설명이다. 빈 칸에 알맞은 용어를 적으시오.

   > (   ) 구문은 에러의 발생 여부와 상관없이 마지막에 반드시 한번 수행되는 블록이다. 여기에 파일 닫기
   > 등의 메서드(함수)를 위치시킨다.

CHAPTER 10
객체지향 프로그래밍(OOP)

10.1 객체지향 프로그램의 개념

파이썬은 객체지향 프로그래밍 언어(Object-Oriented Programming Language)이다. 정수, 리스트, 튜플, 집합, 딕셔너리, 문자열 등 파이썬에 있는 모든 것들은 객체이다. 숫자의 데이터 형을 보려면 type(33)과 같이 작성한다. dir( ) 함수는 파라미터로 넘겨주는 객체의 속성(property)과 메서드를 출력해 준다.

```
>>> type(33)
<class 'int'>  #int형인데,class로부터 만들어졌음(즉, 33도 객체라는 의미)
>>> dir(int) #dir(객체명) : 객체의 속성과 메서드를 출력함
['__abs__', '__add__', '__and__', '__bool__', '__ceil__', '__class__', '
... 중간 생략
 '__trunc__', '__xor__',
'as_integer_ratio', 'bit_length', 'conjugate', 'denominator', 'from_bytes', 'imag', 'numerator', 'real',
'to_bytes']
```

앞과 뒤에 __가 있는 __add__( ) 메서드 등은 일반적으로 직접 사용할 용도로 만든 것이 아니라, 내부적으로 사용하기 위해 만든 메서드이다. 여러분들이 두 수 100과 200을 더하기 위해 + 연산자를 사용하면 자동으로 (100).__add__(200)과 같이 호출되어 300을 돌려준다. 이러한 메서드를 매직 메서드 혹은 둔더(Dunder) 메서드라고 한다.

아직은 여러분들도 생소하지만, 참고하기 바란다. 단, 여러분들이 지금까지 사용해 왔던 list, tuple, set과 같은 다양한 데이터형에 dir( ) 함수를 적용하면 속성과 메서드를 출력하는 것을 알 수 있다. 즉, 파이썬 프로그램은 거의 모든 것을 객체화하여 사용하고 있음을 알 수 있다. 본 장의 개념을 잘 이해하면 C++과 JAVA와 같은 객체지향 프로그램 언어를 배울 때 자신감을 가질 수 있다.

지금부터 간단히 객체지향 프로그래밍에 대해 알아보자. 객체지향 프로그래밍은 강력한 응용 프로그램을 작성하기 위해 많이 사용되는 개념이다. 객체지향 프로그래밍에 대한 이해가 높을수록 윈도우 프로그래밍을 하거나, 훨씬 복잡한 프로그램을 작성하는데 유리하다. 객체는 상태를 표현하는 변수와 행위를 구현하는 함수를 하나로 묶어 놓은 것이다. 이러한 변수와 함수를 속성과 메서드라고 한다. 객체지향 프로그래밍은 다음과 같은 특징을 가진다. 모델링하려

는 객체들에서 공통적인 속성과 동작을 추출하는 추상화(Abstraction)를 사용한다. 외부로부터 객체의 내부 구조를 파악할 수 없도록 은닉하고, 일부 속성과 메서드들만을 제공해 객체를 관리하는 캡슐화(Encapsulation)를 할 수 있다. 또한 상위 객체의 속성과 메서드를 하위 객체가 상속받아 사용할 수 있는 상속(Inheritance) 개념을 사용할 수 있다. 상속 받은 메서드는 자신의 객체 내에서 메서드를 재정의(Overriding)하여 사용할 수도 있다. 그리고 클래스의 특정 메서드에 대해 파라미터의 개수 및 데이터형에 따라 다르게 동작하도록 동일 이름인 여러 개의 메서드를 정의(Overloading)하여 사용하는 것이 가능한데, 이를 다형성(Polymorphism)이라 한다. 다만, 파이썬 언어는 overloading은 사용하지 않고, overriding만을 사용한다.

위의 내용을 종합하여 정리하면, 객체지향 프로그래밍은 객체를 특징짓는 데이터를 추상화시켜 상태와 행위를 갖는 객체를 생성하고 객체 간 유기적인 상호작용을 하는 프로그래밍 기법이라고 할 수 있다.

10.2 클래스(Class)

객체지향 프로그래밍은 클래스를 사용해 객체를 생성하고, 생성된 객체를 사용한다. 여기서 클래스는 객체들을 만들어내기 위한 설계도(청사진: Blueprint)라고 할 수 있다. 객체란 그냥 만들어지는 것이 아니라, class 구문에서 추상화, 캡슐화 및 상속 등을 적용하여 속성과 메서드

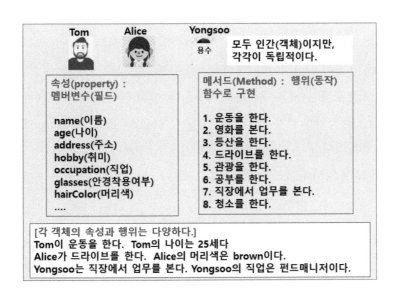

를 기술하고, 이를 객체화(Instantiation)해야 객체가 생성된다. 객체는 어떠한 상태(속성)와 행위(동작: 메서드)를 가지고 있는 데이터이다. 제시된 그림은 객체가 인간일 경우의 일반적인 속성과 행위를 간략하게 정의한 것이다. 사람마다 속성이나 행위가 독립적이다.

그림에서 Tom, Alice, Yongsoo는 객체에 해당되며, 독립적인 속성 값을 가지고, 독립적인 행위를 한다. 물론 서로 독립적이지만, 나이가 같을 수 있고, 취미가 같을 수 있고, 동일한 행위를 할 수 있다.

이제 객체를 생성하기 위한 준비 작업으로 class에 대해 배워보자. 객체를 생성하기 위한 설계도를 만들기 위해서는 class 키워드를 사용해야 한다. 아래는 class를 정의하는 기본 문법이다.

■ class 정의 기본 문법

```
class   클래스이름  :   #ClassName
        statement1
        statement2
        ...
        statementN

class  DemoClass :
    pass   #나중에 class를 정의하고자 하면, 일단 pass라고 적어야 함
```

class를 정의한다는 것은 새로운 사용자 데이터형을 정의하는 개념이다. 결과적으로 프로그래머는 다양한 데이터형을 정의하여 사용할 수 있다. 그리고 클래스 이름을 작명할 경우에는 첫 글자를 대문자로 사용하는 것이 일반적이다. 클래스 이름을 모두 소문자로 사용해도 전혀 문제가 되지 않지만, 통상적으로 첫 글자는 대문자를 사용한다. 이제 위에서 설명하였던 인간 객체에 대해 간략하게 class로 정의해 보자. 클래스의 이름은 "Humanbeing"이다. name, age와 같은 속성은 일반 변수처럼 할당할 수 있다. 메서드 또한 일반 함수처럼 정의하여 사용할 수 있다. 속성(Property)을 멤버 변수(Member variable) 혹은 필드(Field)라고도 한다.

```
#클래스를 생성해 보자.
class Humanbeing :  #클래스이름이 Humanbeing
    '''이 클래스는 인간을 묘사한 blueprint이다. ''' #클래스 주석
    #property : member variable
    name = "홍길동"
    age = 21
    address="대한민국 고조선시 삼국동 조선1번지"
    hobby = "등산"
    occupation = "학생"
    glasses = "No"
    hairColor = "brown"

    #method : 행위(행동, 동작) 정의
    def 운동하기(self ) :
        print("경보를  하고 있습니다.")

    def 영화보기(self) :
        print("폭풍의 언덕")

    def 공부하기(self) :
        print("프로그래밍을 공부하고 있어요.")
```

위에서 정의한 클래스를 살펴보면, 모든 멤버 변수들이 특정한 값으로 고정되어 있다. 물론 속성 값은 추후에 수정하는 것이 가능하다. 그렇지만 좀 불편할 것 같다는 생각이 들 것이다. 사람마다 이름, 나이 등이 모두 다르기 때문이다. 아무튼 클래스를 정의하였으면 객체를 생성할 준비를 마친 것이다. class 내의 모든 함수(메서드)는 첫 번째 파라미터로 self를 전달해야 한다. 물론 이름이 self일 필요는 없다. 아무튼 self는 향후 객체가 생성될 때, 생성되는 객체(인스턴스) 자신을 의미한다. 이것은 class 메서드를 정의하는 규칙이다. 이 부분이 기존 함수와 다른 부분이기도 하다.

이제 객체를 생성해 보자. 클래스는 객체를 생성하기 위한 설계도에 해당하기 때문에 객체를 생성해야 한다. 객체의 생성 방법은 다음과 같다.

■ 객체 생성 방법

객체명 = 클래스이름( )

- 클래스이름 뒤에 ( )를 붙이면 객체가 생성되며, 객체명에 할당됨.
- 클래스이름의 인스턴스를 객체라 하며, 인스턴스와 객체를 같은 개념으로 사용함

human1 = Humanbeing( )
human2 = Humanbeing( )

객체 human1과 human2는 각각 새로운 메모리 공간을 할당받는다. 객체는 비교 대상이 아니다. 왜냐하면 독립적이기 때문이다. 설령 객체의 내부 속성 값들이 같다고 하더라도 서로 다른 메모리 공간에 존재하는 것이기 때문에 비교 결과는 항상 False이다.

클래스를 사용하여 객체를 생성하고 객체를 활용하는 과정을 아래 그림에 제시하였다.

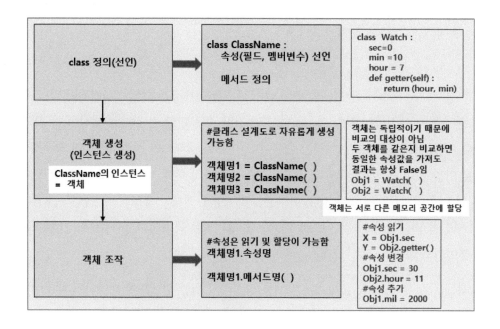

객체와 인스턴스는 사실상 같다. 그런데 인스턴스를 사용할 경우에는 출처를 강조하는 것이다. 인스턴스는 어떤 클래스를 가지고 생성하였는지를 알리기 위해 앞에 소스가 되는 클래스 이름을 붙여서 사용한다. 즉, ClassName의 인스턴스라고 부른다. ClassName의 인스턴스를

객체에 할당하기 때문에 객체와 인스턴스는 같은 것이라고 볼 수 있다. 그리고 위의 그림을 보면 객체의 속성은 읽기, 변경 및 추가가 가능하다.

■ 속성 추가

```
객체명.추가하는속서명 = 값
```

메서드를 호출하는 방법은 다음과 같다.

■ 메서드 호출

```
객체명.메서드명(파라미터전달) #파라미터가 있을 경우에만 전달함
```

아래는 클래스를 정의하고, 2개의 객체를 생성한 후 각 객체의 속성과 메서드를 사용해 보는 간단한 예제이다. 실제 클래스를 정의할 때는 본 예제와 같이 하지 않는다. 이 예제는 제대로 된 클래스를 정의하기 전 단계라고 보아야 한다. 왜냐하면 예제를 보면 모든 속성들이 동일한 디폴트 값으로 설정된 객체를 생성하게 된다. 우리가 원하는 것은 사람마다 이름, 나이, 사는 주소, 취미 등이 다르기 때문이다. 이 예제를 사용하면 객체를 생성한 다음에 다시 각 속성을 변경해야 하므로 코딩이 매우 조잡해진다.

```python
# class2.py

#클래스를 생성해 보자.
class Humanbeing :   #클래스이름이 Humanbeing
    #property : member variable
    name = "홍길동"
    age = 21
    address="대한민국 고조선시 삼국동 조선1번지"
    hobby = "등산"
```

```python
        #method : 행위(행동, 동작) 정의
        def exercise(self) :
            print("경보를  하고 있습니다.")

        def movie(self) :
            print("폭풍의 언덕")

        def study(self) :
            print("프로그래밍을 공부하고 있어요.")

#객체 생성하기
human1 = Humanbeing( )
human2 = Humanbeing( )
print(human1.address)
human1.exercise( )

print(human1 == human2) #속성 값이 같아도 서로 다른 사람 : False
human2.age = 30 #age 속성 값을 변경
print(f"human1.age : {human1.age}, human2.age : {human2.age}")

human1.gloves = "Yes" #객체에 새로운 필드(멤버 변수)를 추가할 수 있음.
print(f"human1.gloves : {human1.gloves}, human2는 gloves 속성이 없음")
```

출력

```
대한민국 고조선시 삼국동 조선1번지
경보를  하고 있습니다.
False
human1.age : 21, human2.age : 30
human1.gloves : Yes, human2는 gloves 속성이 없음
```

10.3 생성자(__init( )__)와 소멸자(__del__( )) 함수

이전 절에서 클래스 정의에 대한 기본적인 것을 배웠다. 그런데, 모든 속성 값들을 임의 값으로 할당하였기 때문에 객체를 생성한 다음에 하나 씩 속성 값을 변경해야 한다. 이러한 불편함을 제거할 수 있는 방안을 파이썬 언어는 제공한다. 바로 __init_( ) 생성자 함수이다. init을 기준으로 양쪽에 __가 있는 것은 직접 사용하지 않고 내부적으로 사용한다는 의미라고 이미 설명

하였다. 즉, 클래스가 내부적으로 사용한다는 뜻이다. 클래스의 인스턴스를 생성하기 위한 작업을 시작할 때 항상 가장 먼저 자동으로 호출되며 해당 클래스의 인스턴스를 self 인자로 받는다. 객체지향 프로그램에서는 이러한 함수를 생성자라 부른다. self를 이용해 생성하는 속성을 인스턴스 변수, self를 이용한 메서드를 인스턴스 메서드라고 한다. 이러한 인스턴스 변수는 각각의 인스턴스(객체)가 독립적으로 관리하는 데이터이다. __init__( ) 함수는 생성되는 객체의 속성(상태) 값을 초기화하거나 필요한 초기 연산을 수행하기 위해 사용한다. 클래스 내의 모든 함수(메서드)는 첫 번째 파라미터로 self를 사용한다는 것은 잊지 않기 바란다. 위에서 학습하였던 예제를 이제는 생성자 함수를 사용하는 방식으로 변경해 보자. 클래스의 인스턴스를 생성할 때 개개인의 속성을 설정할 수 있도록 변경할 것이다. 먼저 다음 사항을 살펴보자.

```
class Humanbeing  :    #클래스이름이 Humanbeing
    name = None
    age = None
    address= None
    hobby = None

    #생성자(Constructor)
    def __init__(self, name, age, address, hobby) :
        self.name = name
        self.age = age
        self.address= address
        self.hobby = hobby
```

위를 보면 멤버 변수를 먼저 선언한 다음에 생성자에서 사용하고 있는 것을 볼 수 있다. name= None처럼 멤버 변수 선언한 다음 __init__( ) 생성자 내에서 self.name이라는 변수가 나오는 데, 이것은 생성되는 객체(인스턴스)의 변수명이 name이라는 뜻이다. 즉, 이러한 인스턴스 변수는 미리 선언하고 사용할 필요가 없다. 왜냐하면, 나중에 클래스 변수를 다룰 예정인데, 클래스 변수에 대해서만 미리 선언해 놓으면 된다. 따라서 위의 코드는 다음과 같이 수정하는 것이 좋다. 인스턴스 변수는 일반적으로 생성자 안에 정의하면 된다.

```
class Humanbeing :    #클래스이름이 Humanbeing

    #생성자(Constructor)
    def __init__(self, name, age, address, hobby) :
        self.name = name    #self.name에서 name은 인스턴스 변수
        self.age = age
        self.address= address
        self.hobby = hobby
```

위에서 설명한 방식을 사용하여 프로그래밍한 예를 살펴보면 다음과 같다. __init__(self, ...)에서 self 다음에는 인스턴스 생성시 전달할 파라미터를 나열하면 된다. 그리고 self는 외부에서 전달하는 인자가 아니라, 생성되는 클래스의 인스턴스 자신이기 때문에 사용하지 않는다. 그리고 생성자 함수에서 외부 인자를 전달할 때는 아래와 같이 클래스의 인스턴스를 생성해야 한다. 클래스 이름 뒤의 괄호 안에 생성자 함수에서 열거한 파라미터를 전달해야 한다.

■ 생성자 함수에 외부 파라미터가 있는 객체 생성

```
obj = 클래스이름(v1, v2, ...)
```

• v1, v2 .. : 생성자 함수에서 열거한 외부 파라미터를 인자로 전달

```
# classInit.py
#클래스를 생성해 보자.
class Humanbeing :    #클래스이름이 Humanbeing
    #아래 선언은 생략 가능함
    #name = None;    age = None;    address= None;    hobby = None

    #생성자(Constructor)
    def __init__(self, name, age, address, hobby) :
        self.name = name
        self.age = age
        self.address= address
        self.hobby = hobby
```

```
#객체 생성하기
human1 = Humanbeing("홍길동", 27, "대한민국 제주도", "프로그래밍 코딩하기" )
human2 = Humanbeing("이대로", 21, "헝가리 부다페스트", "다뉴브강에서 카약타기" )


print(human1.address)
print(human2.hobby)

#새로운 필드(멤버 변수, 속성) 추가
human1.occupation = "프로그램개발자" #객체에 새로운 필드(멤버 변수)를 추가할 수 있음.
human2.shoesize = 255
print(f"human1.occupation : {human1.occupation}, human2.shoesize : {human2.shoesize}")
```

출력

```
대한민국 제주도
다뉴브강에서 카약타기
human1.occupation : 프로그램개발자, human2.shoesize : 255
```

메서드도 호출할 때 파라미터를 전달할 수 있다. 일반 함수의 개념과 같지만, 첫 번째 파라미터로 self를 위치시키고, 두 번째 파라미터부터 호출시 전달하고 싶은 파라미터를 나열하면 된다. 위의 프로그램에서 호출시 인자를 전달할 수 있는 메서드를 작성해 보자. 메서드에서 인스턴스 변수를 사용할 경우에는 "self.인스턴스변수명"으로 사용한다.

```
# classMethod.py

#클래스를 생성해 보자.
class Humanbeing :   #클래스이름이 Humanbeing
    #생성자(Constructor)
    def __init__(self, name, age, address, hobby) :
        self.name = name
        self.age = age
        self.address= address
        self.hobby = hobby

    #method : 행위(행동, 동작) 정의
    def exercise(self, 운동명) : #self 다음 파라미터는 호출시 전달
        print(f"{self.name}이(가) 좋아하는 운동 : {운동명}")
```

```
        def movie(self, 영화제목) :
            print(f"{self.name}이(가) 좋아하는 영화 : {영화제목}")

        def study(self, 교과목) :
            print(f"{self.name}이(가) 하고 있는 공부 : {교과목}")
#객체 생성하기
human1 = Humanbeing("홍길동", 27, "대한민국 제주도", "프로그래밍 코딩하기" )
human2 = Humanbeing("이대로", 21, "헝가리 부다페스트", "다뉴브강에서 카약타기" )

print(human1.address)
print(human2.hobby)

human1.exercise("야구")  #메서드 호출시 전달
human2.exercise("테니스")
```

출력

```
대한민국 제주도
다뉴브강에서 카약타기
홍길동이(가) 좋아하는 운동 : 야구
이대로이(가) 좋아하는 운동 : 테니스
```

인스턴스 변수는 메서드에서 자유롭게 사용할 수 있는 것을 볼 수 있다. 이제는 속성이나 객체를 제거하는 방법을 알아보자. del 키워드를 사용해 속성이나 객체를 제거할 수 있다. 사용 방법은 다음과 같다.

■ 속성 및 객체의 제거

```
del 객체명.속성명
del 객체명
```

프로그램을 종료하거나 객체를 제거하면 소멸자 함수가 호출된다. 소멸자 __del__( ) 함수는 객체가 소멸(제거)될 때만 수행되는 함수이다. 자주 사용되지는 않지만 알고 있으면 좋을 것 같다. 여기서는 간단히 객체가 소멸될 때 객체가 소멸된다는 정보만을 출력해주는 프로그램을 직성해 보자.

```
# 객체소멸자1.py
class Human:
    def __init__(self, name, age, hobby):
        self.name = name
        self.age = age
        self.hobby = hobby

    def intro(self):
        print(f"My name is {self.name}")
        print(f"{self.age}이고, {self.hobby}를 좋아합니다.")

     def __del__(self) :
          print(f"{self.name}의 객체가 소멸되었습니다. ")

h1 = Human("오르시", 31, "배드민턴")
h1.intro()

#hobby 속성을 제거해보자
del h1.hobby   #제거된 이후 속성을 접근하면 에러 발생
del h1   #객체 소멸하기(프로그램이 종료되어도 소멸됨) - 소멸자 함수 호출함
print("프로그램을 종료합니다.")
```

출력

```
My name is 오르시
31이고, 배드민턴를 좋아합니다.
오르시의 객체가 소멸되었습니다.
프로그램을 종료합니다.
```

직사각형과 관련된 간단한 객체를 하나 만들어 보자. 여기서는 객체 생성시 x, y 값을 전달하고 2개의 메서드에서 전달받은 x, y 값을 사용해 면적과 둘레를 알려준다.

```
# 직사각형객체1.py
class Rectangle():
    def __init__(self, x, y):
        self.x = x
        self.y = y
    def area(self):
        return self.x * self.y
    def perimeter(self):
```

```
        return 2 * (self.x + self.y)

rect1 = Rectangle(4, 7)
print("rect1의 면적:", rect1.area())
print("rect1의 둘레:", rect1.perimeter())

rect2 = Rectangle(7, 6)
print("rect2의 면적:", rect2.area())
print("rect2의 둘레:", rect2.perimeter())

#rect1과 rect2의 둘레의 합
print("두 사각형 면적의 합:", rect1.area() + rect2.area())
```

출력
```
rect1의 면적: 28
rect1의 둘레: 22
rect2의 면적: 42
rect2의 둘레: 26
두 사각형 면적의 합: 70
```

10.4 클래스 변수

이전 절까지는 인스턴스 변수에 대해 학습하였다. 클래스는 인스턴스 변수뿐만 아니라, 클래스 변수(Class variable)가 있다. 인스턴스 변수는 생성된 객체가 독립적으로 관리하는 변수이다. 다른 객체가 인스턴스 변수를 변경하여도 자신의 인스턴스 변수에는 영향을 미치지 않는다. 클래스 변수는 생성된 모든 객체가 공동으로 접근할 수 있는 변수이다. 이 변수는 클래스 안의 메모리 공간에 존재한다. 임의의 객체가 공동의 변수인 클래스 변수를 접근하여 변경하면 다른 객체들도 변경된 값을 얻게 된다. 클래스 변수임을 클래스 내부에서 알리는 방법은 다음과 같다. 클래스 변수는 일반적으로 클래스의 상단에 먼저 선언한다.

■ **클래스 내부에 클래스 변수임을 선언하는 방법**

메서드 안에서 "클래스이름.클래스변수명"으로 사용함.

객체가 클래스 변수를 접근하는 방법은 2가지가 있다. 하나는 "객체명.클래스변수명"으로 접근할 수 있고, 다른 하나는 "클래스이름.클래스변수명"으로 접근할 수 있다.

■ 객체가 클래스 변수를 접근하는 2가지 방법(외부에서 읽을 때)

> • 객체명.클래스변수명
> • 클래스이름.클래스변수명
> 주) 클래스 변수에 대한 값의 변경(할당)은 메서드를 사용해서 할 것.
> "객체명.클래스변수명 = 새로운값"은 클래스변수를 해당 객체가 인스턴스 변수로 등록함
> 즉, 인스턴스 변수와 클래스 변수가 모두 존재할 수 있음.
> 클래스 외부에서 "클래스이름.클래스변수명 = 새로운값" 할당은 가능(메서드 사용 권고).

다음은 인스턴스 변수와 클래스 변수의 차이점을 설명하는 그림이다. 인스턴스 변수는 클래스의 인스턴스가 생성될 때마다 상이한 메모리 공간을 할당받아 관리되는 변수이기 때문에 독립적으로 조작이 가능하다. 하지만 클래스 변수는 클래스 변수가 생성될 때 클래스의 특정 메모리 공간에 관리되기 때문에 생성된 모든 객체가 클래스 변수라는 동일한 변수를 접근하여 읽거나 수정할 수 있다.

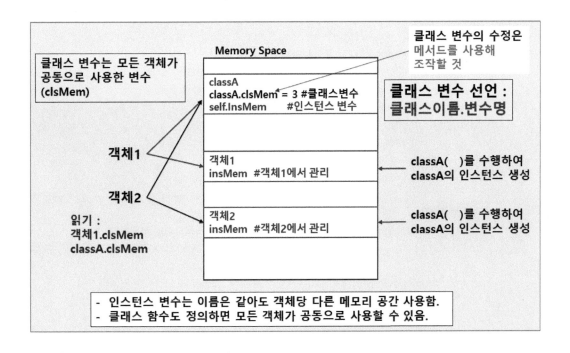

다음은 클래스를 사용하여 생성된 여러 객체들이 공동으로 조작할 수 있는 클래스 변수의 동작을 알아보기 위한 프로그램이다.

```python
# classVariable.py

#클래스 변수를 사용해 보자.
class Humanbeing  :   #클래스이름이 Humanbeing
    #클래스 변수 선언[일반적으로 생성자 전에 선언]
    noOfPerson = 0 #생성된 객체의 수

    #생성자(Constructor)
    def __init__(self, name, age, address, hobby)  :
        self.name = name
        self.age = age
        self.address= address
        self.hobby = hobby
        Humanbeing.noOfPerson += 1   #객체가 생성되면 1씩 증가
        print(f"{Humanbeing.noOfPerson}번째 객체가 생성되었습니다.")

    #method : 행위(행동, 동작) 정의
    def exercise(self, 운동명) : #self 다음 파라미터는 호출시 전달
        print(f"{self.name}이(가) 좋아하는 운동 : {운동명}")

    def movie(self, 영화제목) :
        print(f"{self.name}이(가) 좋아하는 영화 : {영화제목}")

    def study(self, 교과목) :
        print(f"{self.name}이(가) 하고 있는 공부 : {교과목}")
    def __del__(self) :
        print(f"{Humanbeing.noOfPerson}의 객체 중에서 1개를 소거합니다.")
        Humanbeing.noOfPerson -= 1   #객체가 소멸되면 1씩 감소
        print(f"{self.name}의 객체가 소멸되었습니다. ")

#객체 생성하기
human1 = Humanbeing("홍길동", 27, "대한민국 제주도", "프로그래밍 코딩하기" )
print(f"Humanbeing.noOfPerson={Humanbeing.noOfPerson}")  #클래스명.클래스변수명으로 액세스 가능

human2 = Humanbeing("이대로", 21, "헝가리 부다페스트", "다뉴브강에서 카약타기" )
print(f"human2.noOfPerson={human2.noOfPerson}") #객체명.클래스변수으로 액세스 가능
human3 = Humanbeing("영원히", 33, "영국 런던", "축구하기" )
```

```
del human1 #첫번째 객체 제거함
del human2 #두번째 객체 제거함
del human3 #세번째 객체 제거함
print("프로그램 종료")
```

> **출력**
>
> 1번째 객체가 생성되었습니다.
> Humanbeing.noOfPerson=1
> 2번째 객체가 생성되었습니다.
> human2.noOfPerson=2
> 3번째 객체가 생성되었습니다.
> 3의 객체 중에서 1개를 소거합니다.
> 홍길동의 객체가 소멸되었습니다.
> 2의 객체 중에서 1개를 소거합니다.
> 이대로의 객체가 소멸되었습니다.
> 1의 객체 중에서 1개를 소거합니다.
> 영원히의 객체가 소멸되었습니다.
> 프로그램 종료

10.5 상속(Inheritance)

클래스에서 상속은 자식 클래스(Child class)가 부모 클래스(Parent class)로부터 모든 속성과 메서드를 상속받는 것을 말한다. 부모 클래스로부터 속성과 메서드를 상속받으면 자식 클래스는 마치 자신이 직접 작성한 속성이나 메서드인 것처럼 자유롭게 사용할 수 있다. 상속의 개념을 잘 활용하면 효율적인 프로그램을 완성할 수 있다. 여기서 부모 클래스는 수퍼 클래스(Super class) 혹은 베이스 클래스(Base class)라고도 부른다. 한편 자식 클래스는 파생 클래스(Derived class)라고 한다. 자식 클래스가 부모 클래스를 상속받으면 부모 클래스에 있는 속성이나 메서드에 대해 추가적인 코딩 작업을 하지 않고 사용할 수 있기 때문에 사용 방법을 잘 알고 있어야 한다. 또한 자식 클래스는 하나의 부모 클래스만 상속받을 수 있는 것이 아니라, 다수의 부모 클래스들로부터 상속을 받는 것도 가능하다. 다음 그림은 상속의 개념을 설명하기 위한 내용이다.

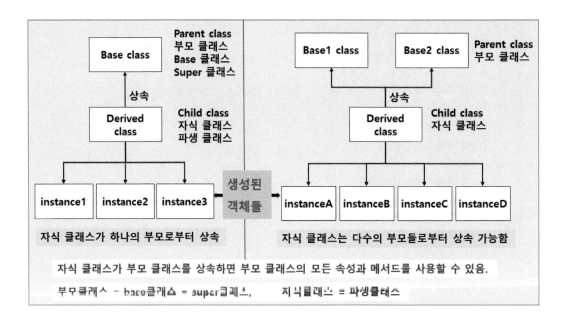

클래스를 사용하는 것은 최종적으로 클래스의 인스턴스인 객체를 생성하여 사용하기 위한 것이다. 자식 클래스가 부모 클래스를 상속받는 기본 문법은 다음 그림과 같다. 자식 클래스를 선언할 때 자식 클래스 이름 뒤의 괄호 안에 상속을 받을 부모 클래스 이름을 전달한다. 부모 클래스를 상속한 자식 클래스는 부모 클래스의 모든 속성과 메서드를 상속받기 때문에 코딩을 효율화할 수 있다.

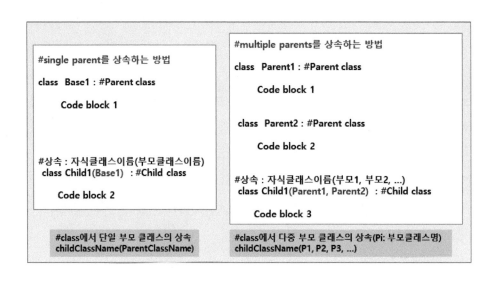

상속의 개념을 설명하기 위해 가장 간단한 예제 프로그램을 작성해 보자. 부모 클래스는 삼각형의 밑변과 높이를 객체 생성 시에 전달받아 인스턴스 변수 a와 b를 설정한다. triArea( ) 메서드는 삼각형의 면적을 계산해 돌려주는 기능을 수행한다. 자식 클래스는 부모 클래스를 상속받고, 추가적인 코딩 없이 모두 부모 클래스의 속성과 메서드를 사용하고 있다. 그리고 자식 클래스에서 추가적인 코딩을 하지 않으므로 pass 키워드만 적는다.

```python
# inheritance1.py

class  Parent1 : #삼각형의 면적을 구하는 부모 클래스
    def __init__(self, a, b) :
        self.a = a  #밑변
        self.b = b  #높이

    def triArea(self) : #삼각형 면적
        return (self.a *self.b)/2

class Child1(Parent1) :
    pass  #부모 클래스를 상속받고 아무런 추가 코딩을 하지 않을 때

triangle = Child1(20, 10)  #밑변이 20, 높이가 10인 삼각형 객체 생성
print("삼각형의 면적 :", triangle.triArea())
```

출력
삼각형의 면적 : 100.0

위의 예제에서 자식 클래스에 사각형의 면적을 계산해 돌려주는 메서드를 추가해 보자. 자식 클래스는 상속받은 삼각형 면적을 구하는 메서드와 새로 정의한 사각형 면적을 구하는 메서드를 갖게 된다.

```
# inheritance2.py

class  Parent1 : #삼각형의 면적을 구하는 부모 클래스
    def __init__(self, a, b) :
        self.a = a  #밑변
        self.b = b  #높이

    def triArea(self) : #삼각형 면적
        return (self.a *self.b)/2


class Child1(Parent1) :
    #부모 클래스의 a : 밑변, b : 높이
    #자식 클래스에서 사각형의 면적을 구하는 메서드를 추가
    def rectangle(self) : #사각형의 면적을 구하는 메서드 정의
        return self.a*self.b


square1 = Child1(15, 12) #밑변 : 15, 높이 : 12
print("사각형의 면적(square1) : ", square1.rectangle())
print("삼각형의 면적(square1) : ", square1.triArea())
triangle = Child1(20, 10)  #밑변이 20, 높이가 10인 삼각형 객체 생성
print("삼각형의 면적(triangle) :", triangle.triArea())
```

출력

```
사각형의 면적(square1) :  180
삼각형의 면적(square1) :  90.0
삼각형의 면적(triangle) : 100.0
```

■ 메서드 오버라이딩(Method Overriding)

메서드 오버라이딩은 부모 클래스에 있는 메서드를 자식 클래스가 새롭게 정의하여 사용하는
것을 의미한다. 단, 메서드 오버라이딩이 적용되려면 부모 클래스의 메서드명과 같은 이름으
로 자식 클래스에서 재정의해야 한다. 일반적으로 말하면, 부모 및 자식 클래스에 동일한 메서
드명이 존재할 때, 객체를 생성하면 현재 사용 중인 클래스에 존재하는 메서드가 우선적으로
사용된다. 자식 클래스의 관점에 설명하면, 부모 클래스에 있는 메서드와 동일한 이름으로 자
식 클래스에서 다시 정의하면, 자식 클래스를 사용해 생성한 객체는 자식 클래스의 메서드를
사용한다는 뜻이다. 따라서 부모 클래스를 사용해 생성된 객체는 부모 클래스에 있는 메서드

를 사용한다.

아래 프로그램은 위에서 제시하였던 프로그램을 메서드 오버라이딩을 설명하기 위해 수정하였다. 이번에는 메서드를 수행할 때, 외부에서 직접 인자를 전달하는 방식으로 구현하고 있다. 생성자와 triArea( ) 메서드를 자식 클래스에서 오버라이딩 하고 있다.

```python
# methodOverriding1.py

class  Parent1 : #삼각형의 면적을 구하는 부모 클래스
    def __init__(self, a, b) :
        self.a = a  #밑변
        self.b = b  #높이

    def triArea(self) : #삼각형 면적
        return (self.a *self.b)/2

class Child1(Parent1) :
    #메서드 오버라이딩
    def __init__(self) :
        pass    #생성자 함수가 아무 일도 수행하지 않음

    #부모 클래스의 a : 밑변, b : 높이
    #triArea 메서드를 재정의함(Method Overridng) : 면적 계산시마다 외부 입력 사용
    def triArea(self, a, b) : #삼각형 면적
        return (a *b)/2
    #자식 클래스에서 사각형의 면적을 구하는 메서드를 추가
    def rectangle(self, a, b) : #사각형의 면적을 구하는 메서드 정의
        return a*b

square1 = Child1( )
print("사각형의 면적(square1) : ", square1.rectangle(10, 20))
print("삼각형의 면적(square1) : ", square1.triArea(10, 12))
triangle = Child1()
print("삼각형의 면적(triangle) :", triangle.triArea(10, 12))
```

출력

```
사각형의 면적(square1) :  200
삼각형의 면적(square1) :  60.0
삼각형의 면적(triangle) : 60.0
```

■ super( ) 함수

super( ) 함수를 사용하기 전에 자식 클래스의 __init__( ) 함수를 재정의 하는 예를 살펴보자. 자식 클래스에서 부모 클래스의 __init__( ) 함수를 추가하려면 "부모클래스이름.__init__( )"과 같이 작성하면, 자식 클래스에서 부모 클래스의 생성자를 포함시킬 수 있다. 여기에 다시 자식 클래스에 필요한 인스턴스 변수를 추가할 수 있다. 이렇게 하면, 부모 클래스에 작성한 생성자 코드를 불러와 사용할 수 있다. 그런데 파이썬 객체지향 언어는 부모 클래스를 의미하는 super( ) 함수를 제공한다. 부모 클래스의 이름 대신에 super( )를 사용하면 된다. 이 함수는 부모 클래스를 표현하는 객체를 리턴 해준다. 즉, 자식 클래스 메서드에서 부모 클래스의 일부 메서드를 포함시킬 때 아주 유용한다. super( )를 사용하면, 부모 클래스의 이름이 변경되더라도 자식 클래스에서 부모 클래스를 상속하는 메서드 부분을 변경하지 않아도 된다. 이러한 방식을 사용하면 프로그램의 유지 보수가 쉬워지는 장점이 있다.

먼저 아래 예제를 살펴보고, 추가적인 설명을 할 것이다.

```python
# init에부모클래스포함하기1.py
'''프로그램을 수행 후, Human.__init__(self, ...)와 Human.intro(self) 를 주석처리하고, super().__init__(name, age)와 super().intro()의 주석을 해제하여 다시 실행해 볼 것'''
class Human:  #부모 클래스(superclass)
    # defining constructor
    def __init__(self, name, age):
        self.name = name  #인스턴스변수는 생성자 안에 할 것.
        self.age = age

    def intro(self) : #자기 소개 메서드
        print(f"My name is {self.name}. I am {self.age} years old.")

class Teacher(Human): #자식클래스(파생클래스, subclass)
    def __init__(self, name, age, subject) : #subject : 교과목
        Human.__init__(self, name, age)
        #super().__init__( name, age) #self는 자동으로 binding됨.(self 사용은 에러발생)
        self.subject = subject

    def intro(self): #메서드 오버라이딩
        Human.intro(self) #부모 클래스의 메서드를 가져옴
        #super().intro()
```

```
        print(f"I am teaching {self.subject}")

# 부모클래스(superclass)
Human1 = Human("David", 40)
Human1.intro()

print("부모클래스의 init함수를 사용할 때, 보모클래스이름.__init__() 사용 가능함")
#자식 클래스
Teacher1 = Teacher("김대한", 35, "English")
Teacher1.intro()
```

출력

```
My name is David. I am 40 years old.
부모클래스의 init함수를 사용할 때, 보모클래스이름.__init__() 사용 가능함
My name is 김대한. I am 35 years old.
I am teaching English
```

위의 프로그램을 수행한 다음 Human.__init__(self, name, age)와 Human.intro(self)를 주석 처리하고, super( ).__init__(name, age), super( ).intro( )의 주석을 해제하여 다시 수행해 보자. 수행 결과는 동일할 것이다. 한 가지 주의할 점은 super( ) 함수 뒤에 따라오는 메서드에서 인자로 self를 사용하지 않는다. 이유는 super( ) 함수가 부모 클래스를 호출할 때는 self를 자동으로 바인딩(Binding)하여 메서드에 전달해주기 때문에 self를 사용하지 않는 것이다. 아래에 정리된 내용을 잘 이해하기 바란다.

부모클래스명.메서드명(self, 파라미터들) 과 super().메서드명(파라미터들) 은 동일한 task를 수행함.
-super( ) 함수 사용시 메서드 인자에 self를 사용하지 않음
[super( ) 함수는 부모 클래스의 메서드를 호출할 때는 self를 자동으로 바인딩해 메서드에 전달해주기 때문에 self를 사용하지 않음.]
- super( ) 함수를 사용하여 부모 클래스의 메서드를 자식 클래스로 불러와 사용하는 것이 유리함

Human.__init__(self, name, age)

super().__init__(name, age)   #self 사용하지 않음

Human.intro(self)

super().intro()   #self 사용하지 않음

▪ 다중 상속(Multiple Inheritance)

자식 클래스는 2개 이상의 부모 클래스를 상속할 수 있다. 여기서는 간단히 2개의 부모 클래스로부터 상속받아 사용하는 방법을 알아보기로 하자. 다시 한 번 강조하지만, super() 함수는 자동으로 self가 전달되지만, 부모 클래스의 이름을 사용하면 self가 넘어가지 않기 때문에 명시적으로 첫 번째 매개변수에 self를 전달해야 한다. 그런데 두 부모의 클래스의 생성자 함수가 파라미터의 개수가 다르고, 넘겨주는 값이 다를 경우에는 클래스 이름으로 생성자 함수를 호출해야 한다. 아래 코드를 살펴보자.

```python
# multipleInheritance1.py

class Base1:  #부모 클래스(superclass) 1
    def __init__(self, name, age):
        self.name = name  #인스턴스변수는 생성자 안에 할 것.
        self.age = age

    def intro(self) : #자기 소개 메서드
        print(f"My name is {self.name}. I am {self.age} years old.")

class Base2:  #부모 클래스(superclass) 2
    def __init__(self, hobby):
        self.hobby = hobby

    def myHobby(self) : #자기 소개 메서드
        print(f"My hobby is {self.hobby}")

class Child1(Base1, Base2): #2개의 부모 클래스를 상속함
    #두 부모의 init 함수의 파라미터의 갯수가 다르고,넘겨준 값이 다르므로 클래스명 사용
    def __init__(self, name, age, hobby) :
        Base1.__init__(self, name, age)
        Base2.__init__(self, hobby)

# 자식 클래스에서 확인해 보기
childA = Child1("홍길동", 25, "운동")

childA.intro() #Base1 클래스를 상속받은 메서드
childA.myHobby() #Base2 클래스를 상속받은 메서드
```

10.6 Private 멤버 변수

클래스를 정의할 때, 특정 속성은 외부에 공개하지 않을 수 있다. 지금까지 사용한 인스턴스 변수와 클래스 변수는 외부에서 "객체명. 변수명"을 사용하여 접근이 가능하였다. 그런데, 주민등록 정보와 신상 정보는 외부에 공개하고 싶지 않을 수 있다. 이처럼 클래스 내부에서만 자유롭게 사용할 수 있고, 객체(인스턴스)에서는 접근을 허용하지 않는 변수를 private 변수라고 한다. 동일한 방식으로 클래스의 메서드도 객체를 통해서는 접근을 허용하지 않을 수 있다. 개념적으로 동일하기 때문에 여기서는 private 멤버 변수에 대해서만 설명할 것이다. 이외에도 외부 파일에서 인스턴스 변수를 접근할 때 허용하지 않을 수도 있다. 아래 간략하게 정리한 표를 살펴보기 바란다. 아래 표에서 "name"은 변수명이나 메서드명을 의미한다.

식별자	설명
_name	_(underscore)가 하나 있는 변수는 외부 파일에서 접근할 수 없음
__name	__(double underscore)이면 클래스 내에서만 접근 가능 (private variable)
__name__	시스템에서 정의한 이름. 필요하면 자동 호출되어 수행함.

아래 예제 프로그램을 간단히 살펴보자. 프로그램의 마지막 줄에 있는 print( ) 문의 주석을 해제하고 객체에서 private 변수를 접근하면 에러가 발생하는 것을 볼 수 있을 것이다.

```
# 접근제한변수.py

'''
_이름 : _(underscore)가 하나 있는 변수는 외부 파일에서 접근할 수 없음.
__이름 : __(double underscore)이면 클래스 내에서만 접근 가능(private variable)
__이름__ : 시스템에서 정의한 이름. 필요하면 자동 호출되어 수행함
'''
#여기서는 private 변수만 확인함
class  TestClass :
    def __init__(self, a, b, c) :
        self.a = a
        self.__b = b
        self.c = c
    def sum3Num(self) :
        return self.a + self.__b + self.c

obj1 = TestClass(10, 30, 70)
#메서드를 활용한 3 수의 합
print(f"세 수의 합 = {obj1.sum3Num()}")

#a와 c는 객체를 사용해 접근 가능함.
print(f"obj1.a={obj1.a}, obj1.c={obj1.c}")

#__b 속성은 객체를 사용해 접근 불가능(실행하면 에러 발생)
#__(double underscore)변수는 클래스 내에서만 접근 허용함
#print(f"obj1.__b = {obj1.__b}") #객체를 사용해 private 멤버 접근 불가함
```

출력

```
세 수의 합 = 110
obj1.a=10, obj1.c=70
#마지막 줄 print( ) 함수의 주석을 해제하고 수행하면 다음과 같은 에러 발생
AttributeError: 'TestClass' object has no attribute '__b'
```

10.7 객체 관련 함수

여기서는 객체(인스턴스) 관련 몇 가지 주요 함수들을 학습할 것이다.

■ isinstance( ) 함수

인스턴스가 특정 클래스(즉, 데이터형)에 속하는지를 조사해 True 혹은 False를 돌려준다.

isinstance(instance, class)
• instance가 class의 인스턴스인지를 조사하여 True/False를 돌려줌

아래 예를 살펴보자.

```
>>> isinstance(3, int) #3이라는 객체가 클래스 int로부터 생성
True
>>> isinstance([1,2,3], list) #[1,2,3] 객체는 클래스 list로부터 생성
True
>>> obj1 = TestClass(10, 30, 70) #이전 예제 프로그램
>>> isinstance(obj1, TestClass) #obj1이 TestClass 클래스의 인스턴스인가?
True
```

여기서부터는 클래스가 내장하고 있는 함수이다. 그런데, 여러분들이 클래스를 정의한다는 것은 새로운 데이터형을 정의하는 것과 같다. 즉, 새롭게 정의한 데이터형의 출력은 어떻게 할 것인지, 대소 관계는 어떻게 수행할 것인지 등을 정의해주어야 한다. __str__( )과 __repr__( ) 함수는 정의하는 클래스 객체의 출력 방식을 정의하는 것이고, __add__( ), __sub__( ), __mul__( ) 등은 클래스로 생성한 객체간의 연산을 정의하며, __le__( ), __lt__( ), __ge__( ), __gt__( ), __eq__( ) 등의 함수는 객체간의 대소 관계를 정의하는 함수이다. 따라서 새로운 데이터형을 정의할 때는 필요할 경우에 이러한 함수를 정의해 주어야 한다. 아래에서 간단히 살펴보자.

■ __str__( ) 함수

객체의 문자열 표현을 돌려준다. print( ) 함수나 str( ) 함수에 객체를 전달해 호출하면 __str__( ) 함수가 호출된다. __str__( ) 함수를 새롭게 정의하면 객체에 대한 출력을 조작할 수 있다. 특히 클래스의 인스턴스를 출력하기 위해 print( ) 함수에 인자로 넘겨줄 때, 출력되는 내용을 정의할 수 있다. 클래스의 인스턴스를 출력하고 싶다면, __str__( ) 함수를 클래스 내에 정의해야 한다.

이 함수를 정의하지 않은 상태에서 클래스 객체의 내용을 print( )문을 통해 출력해 보면, 다음 과 같은 메시지 출력된다. 먼저 __str__( ) 함수나 __repr__( ) 함수를 정의하지 않은 사용자 정의 객체를 사용해서 설명한다.

```
# __repr__ 과 __str__ 이 정의되어 있지는 않은 경우의 출력

#Test1 클래스 정의
class Test1:
    def __init__(self, name, age):
        self.name = name
        self.age = age

# 객체(인스턴스) 생성
t1 = Test1("Bryan", 33)

print (t1)  #str, repr 함수가 정의되어 있지 않으면 참조 주소만 출력됨.
```

출력
```
<__main__.Test1 object at 0x00000201FA08F820>
```

위와 같이 참조 주소만 출력되고 있다. 즉, __str__( ) 함수를 정의하여 클래스 인스턴스의 내용을 print( ) 문을 통해 볼 수 있도록 하는 작업을 해주는 것이 필요하다. 아래는 __str__( ) 함수를 정의하여 print() 함수를 사용해 객체를 출력한 결과를 보여주는 프로그램이다.

```
# strRepr1.py
# __repr__ 과 __str__ (먼저 __str__( ) 함수를 정의해보자)

#Test1 클래스 정의
class Test1:

    def __init__(self, name, age):
        self.name = name
        self.age = age

    # str( )이나 print( ) 함수에 클래스의 인스턴스를 넘기면 수행됨.
    # 즉 객체를 출력하면 아래와 같은 문자열로 출력하는 뜻임
    def __str__(self):
        return f"my name is {self.name}. I am {self.age} year old"

# 객체(인스턴스) 생성
t1 = Test1("Bryan", 33)

print(t1) #객체를 넘겨주면, 클래스에 선언된 __str__( )이 호출되어 실행됨
#print (str(t1))  #str(instance) 도 __str__( )이 호출되어 실행됨
```

출력

my name is Bryan. I am 33 year old

■ __repr__( ) 함수

__repr__( ) 함수도 객체를 문자열로 표현하기 위해 사용한다. 그런데 이 함수는 생성한 문자열을 eval( ) 함수의 인자로 넘겨도 에러가 발생하지 않도록 문자열을 생성하도록 만들었다고 한다. 물론 __repr__( ) 함수에 대한 다양한 설명이 있지만, eval( ) 함수와 연관시켜 설명하는 것이 가장 명확한 것 같다.

eval( ) 함수는 문자열로 된 수식을 계산하여 돌려주는 함수이다. eval( ) 함수를 다시 복습해 보자.

```
>>> eval("10+30") #문자열 내의 숫자 10과 30을 더하여 정수로 돌려줌
40
>>> eval("'abc'+'def'") #두개 문자열 결합하여  문자열로 돌려줌
'abcdef'
```

다시 str( ) 함수와 repr( ) 함수를 간단한 코드를 실행하여 살펴보자.

```
>>> repr("abc"+"def")
"'abcdef'"  #이중 인용부호 안에 단일 인용부호로 문자열을 감싸고 있음
>>> str("abc"+"def")
'abcdef'
```

repr( )에서 처리하여 돌려준 문자열은 eval( ) 함수에서 에러 없이 동작하지만, str( ) 함수에 돌려준 문자열은 eval( )에서 수행할 수 없다. str( ) 함수에서 돌려준 'abcdef'는 eval( ) 함수의 인자의 관점에 해석해 보면, 하나의 변수로 해석되기 때문이다.

```
>>> eval(str("abc"+"def"))
Traceback (most recent call last):
  File "<pyshell#58>", line 1, in <module>
    eval(str("abc"+"def"))
  File "<string>", line 1, in <module>
NameError: name 'abcdef' is not defined
```

repr( ) 함수는 본래 객체 정보를 eval( )에서도 사용 가능한 문자열로 정확하게 표현하기 위한 방편이지만, 우리가 임의로 작성하여 사용할 수 있다. 만약 __str__( ) 함수가 클래스 내에 정의되어 있지 않고 __repr__( ) 함수만 정의되어 있다면, print( ) 함수에서 인스턴스를 출력하면 __repr__( )에서 정의한 내용이 출력된다. 아래 예제를 살펴보자. 클래스 인스턴스를 print( ) 문을 사용해 출력하고 싶으면, __str__( ) 함수나 __repr__( ) 함수 중에서 하나를 정의하여 사용할 수 있다.

```
# strRepr2.py
#  __repr__ 과  __str__ (먼저 __repr__( ) 함수를 테스트해보자.)

#Test1 클래스 정의
class Test1:
```

```
    def __init__(self, name, age):
        self.name = name
        self.age = age

        # For call to repr(). Prints object's information
    def __repr__(self):
            return f'Test1({self.name}, {self.age})'

# 객체(인스턴스) 생성
t1 = Test1("Bryan", 33)

print (repr(t1))
print(t1)  #__str__( ) 함수가 정의되어 있지 않으면, __repr__( )함수가 자동 호출
```

출력

```
Test1(Bryan, 33)
Test1(Bryan, 33)
```

■ __add__( ) 함수

여러분들이 정의한 클래스를 사용하여 객체를 생성하였을 때, 어떤 방식으로 본 객체 간의 덧셈을 수행할 것인지를 정의해 보자. 일반적으로 객체의 특정 속성을 기준으로 덧셈을 구현하는 경우가 많다. 물론 __sub__( ) 함수를 사용하여 클래스를 사용해 생성되는 객체 사이의 뺄셈도 정의할 수 있다. 두 객체(인스턴스) a, b간의 덧셈을 프로그램 상에서는 a+b로 기술하며, 인스턴스간 덧셈 연산에 대해 어떻게 처리할 것인지를 정의하는 것이 __add__( ) 함수가 된다. 아래 간단한 예제를 살펴보자.

```
# class__add__Method.py

class LengthClass :
    def __init__(self, meter, centimeter):
        self.meter = meter
        self.centimeter = centimeter
    def __add__(self, other): #self 다음에 다른 객체(인스턴스) other
        f = self.meter + other.meter
        i = self.centimeter + other.centimeter
```

```
                return f + i/100 #두 인스턴스를 더해서 미터로 리턴함.
        def __str__(self):
            return str(self.meter) + "m " + str(self.centimeter) + 'cm'

length1 = LengthClass(1, 30) #1미터 30센티미터
length2 = LengthClass(2, 93) #2미터 93센티미터

print(f"length1의 길이는 {length1}입니다.") #프린트문에서 __str__( )이 인스턴스에 적용됨
print(f"length1 + length2 = {length1 + length2}미터입니다.")
```

```
length1의 길이는 1m 30cm입니다.
length1 + length2 = 4.23미터입니다.
```

■ __lt__( ), __le__( ), __gt__( ), __ge__( ) 및 __eq__( ) 비교연산

클래스를 이용해 생성한 인스턴스 간의 비교 연산도 정의할 수 있다. 아래 예제에서는 __lt__( )
와 __eq__( ) 함수만을 사용하였다.

```
# classComparatorMethod.py

class LengthClass :
    def __init__(self, meter, centimeter):
        self.meter = meter
        self.centimeter = centimeter
    def __eq__(self, other): #self 다음에 다른 객체
        if self.meter == other.meter and self.centimeter == other.centimeter :
            return True
        else :
            return "Not Equal"   #False를 사용하는 것이 좋음
    def __lt__(self, other) :
        x = self.meter * 100 + self.centimeter #CM로 환산
        y = other.meter * 100 + other.centimeter
        if  x < y :
            return True
        else :
            return False
```

```python
    def __str__(self):
        return str(self.meter) + "m " + str(self.centimeter) + 'cm'

length1 = LengthClass(1, 30) #1미터 30센티미터
length2 = LengthClass(2, 93) #2미터 90센티미터

print(f"length1 == length2 ? {length1 == length2}")
print(f"length1 < length2 ? {length1 < length2}")
```

출력

```
length1 == length2 ? Not Equal
length1 < length2 ? True
```

1. (   )는 객체들을 만들어내기 위한 설계도(청사진: Blueprint)이라고 할 수 있다.

2. (   )는 어떠한 상태(속성)와 행위(동작: 메서드)를 가지고 있는 데이터이다.

3. (   ) 변수는 생성된 모든 객체가 공동(공통)으로 접근할 수 있는 변수이다.

4. 파이썬 객체지향 언어는 부모 클래스를 의미하는 (   ) 함수를 제공한다.

5. 클래스 내부에서만 자유롭게 사용할 수 있고, 객체(인스턴스)에서는 접근을 허용하지 않는 변수를 (   ) 변수라고 한다.

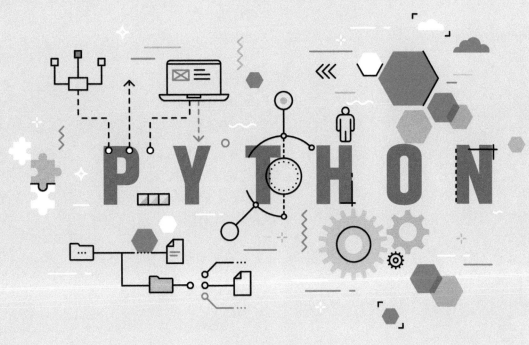

INDEX

손승일 │ • 연세대학교 전자공학과 학사 졸업

• 연세대학교 전자공학과 석사 졸업

• 연세대학교 전자공학과 박사 졸업

• 호남대학교 컴퓨터공학과 교수

• 현) 한신대학교 소프트웨어융합학부 교수

기본에 집중한 파이썬 프로그래밍

1판 1쇄 인쇄 2022년 01월 25일
1판 1쇄 발행 2022년 01월 31일
저   자 손승일
발 행 인 이범만
발 행 처 **21세기사** (제406-00015호)
　　　　경기도 파주시 산남로 72-16 (10882)
　　　　Tel. 031-942-7861　　　Fax. 031-942-7864
　　　　E-mail : 21cbook@naver.com
　　　　Home-page : www.21cbook.co.kr
　　　　ISBN 979-11-6833-011-5

정가 30,000원